旷世雄才
刘玄德

南门太守 著

中国发展出版社
CHINA DEVELOPMENT PRESS

图书在版编目（CIP）数据

旷世雄才刘玄德 / 南门太守著 . —北京：中国发展出版社，2014. 11

ISBN 978-7-5177-0252-8

Ⅰ. ①旷… Ⅱ. ①南… Ⅲ. ①刘备（161～223）—传记 Ⅳ. ①K827＝362

中国版本图书馆 CIP 数据核字（2014）第 227921 号

书　　名：旷世雄才刘玄德
著作责任者：南门太守
出 版 发 行：中国发展出版社
（北京市西城区百万庄大街 16 号 8 层　100037）
标 准 书 号：ISBN 978-7-5177-0252-8
经　销　者：各地新华书店
印　刷　者：三河市东方印刷有限公司
开　　本：700mm×1000mm　1/16
印　　张：16. 5
字　　数：280 千字
版　　次：2014 年 11 月第 1 版
印　　次：2014 年 11 月第 1 次印刷
定　　价：33. 00 元

联 系 电 话：（010）68990625　68990692
购 书 热 线：（010）68990682　68990686
网 络 订 购：http：//zgfzcbs. tmall. com//
网 购 电 话：（010）88333349　68990639
本 社 网 址：http：//www. develpress. com. cn
电 子 邮 件：fazhan@ drc. gov. cn

目　录

第三章 徐州的交锋

第四章 夹缝中求生存

第七章 三分天下

第一章　时事造英雄

楼桑村

东汉幽州刺史部涿郡涿县楼桑村的南头长了棵大桑树，不知道这棵树底下埋过什么，使得它生命力异常旺盛。《三国志》记载，这棵树居然长到5丈多高，远远望去枝繁叶茂像一柄车盖（生高五丈余，遥望见童童如小车盖）。

东汉全国分13个州，幽州是其一，下辖11个郡国、90个县，辖境包括今河北省北部、辽宁省南部、北京市以及朝鲜半岛的西北部。幽州刺史部治所蓟县，故址在今北京市西城区广安门附近，由宣武医院到北京西站这一片。涿郡位于幽州刺史部最南部，辖20多个县，在东汉算是一个大郡。

涿郡郡治涿县，即今河北省涿州市，现在乘京广线南行，出北京约50公里即可看到耸立着两座高塔的古城，这就是涿州市，楼桑树位于今涿州市区东南15里处。

现在，这棵古桑已经看不到了，只能根据史书的记载推测其原貌。汉代一尺约合如今23.5厘米，算起来这棵树有十二三米高，至少有4层楼高，它是什么时候什么人种下的，谁也说不清楚，大概有二三百年的历史吧，楼桑村的名字便来自这棵树。

桑树不是树种里的长寿冠军，能长成这样确实不容易。二十世纪，湖南省炎陵县境内一座海拔一千多米的山上曾发现一株古桑，有21米高，经专家研究认为它的树龄超过500年，被公认为当时世界上最古老的桑树。

在当时的楼桑村，这棵桑树是不是全国最古老的不得而知，但却引起了人们的好奇和关注。晋代史学家习凿齿著《汉晋春秋》中记载，有个叫李定的人善于看风水，专门跑来看了看，发现这棵树不仅高大，而且样子奇特，形如伞盖，李定惊叹道："树下面的这户人家将来一定有贵人出现（此家必出贵人）!"

李定事迹不详，只知道他也是涿郡本地人，大概是一位民间风水师。伞盖指的是车，如华盖车，但那不是有钱就能置办一辆的，那是天子的专车。李定说的“贵人”，不是一般的权贵，暗指的是君王。并没有人请他去相这棵树，是他出于好奇自己去的，所以大家觉得他的话并非恭维。

大家羡慕又嫉妒的眼光不由得聚焦在桑树下的这户人家身上，可看了这家人的境况，大家又有些释然了，因为这家人的日子过得实在不怎么样，说村里别人家出贵人大家信，说这家出贵人，大家觉得戏不大。

这家人姓刘，当家人叫刘弘，他父亲刘雄活着的时候家境还好（刘雄在外地当过县令），但到了刘弘家境就衰落了。不久前刘弘也生病死了。

细查一下，刘家的家世曾经相当显赫过，彼时天子也姓刘，刘家跟天子同宗，也就是汉室宗亲，追溯其族谱，可以推到西汉初年的中山王刘胜。

汉朝由高祖刘邦所建，刘邦死后第四子刘恒继位，是为汉文帝；汉文帝死后，第五子刘启继位，是为汉景帝。接汉景帝班的是他的儿子刘彻，也就是汉武帝。

刘胜是汉武帝的异母兄，父亲在位的时就被封为中山王，所封中山国，相当于一个郡，属幽州刺史部南边的冀州刺史部。刘胜的日子本来过得很自在，但弟弟刘彻继位后，情况发生了改变。

刘彻是一个强人，推行中央集权，不容各封国分治坐大，颁行“推恩令”削其势。汉初，诸侯王的爵位、封地都由嫡长子单独继承，其他子孙得不到尺寸之地。“推恩令”颁行后，诸侯王须将封国分为若干小国，由诸侯王的子孙依次分享封土，地尽为止，封土广大而子孙少的，则虚建国号。

刘彻以强权推行“推恩令”，各王不服也无奈。但是，这项政策到了中山王刘胜这里却遇上了麻烦，不是他不肯分国，而是无法操作，他的儿子太多，分不过来。

刘胜一生无政绩也乏军功，但他在历史上的名气却很大，缘于两方面：一是他的墓被后人打开，在里面发现了文物 6000 多件，足可以建起一座馆藏丰富的博物馆，其中最著名的是金缕玉衣，由近 25000 枚玉片用金丝穿缀而成，精美绝伦，震惊世界；二是他的儿子很多，史书记载有 120 多人，创造了一项纪录。

中山国再大也无法分成 120 多个小国来，最后有的人被封了国，有的人没有封上。《汉书》记载，刘胜 120 多个儿子中只有 5 个被封为侯国，其中一个叫刘贞的儿子被封为陆城侯，他就是楼桑村刘氏的先祖。清代学者潘眉考证，陆城即中山国所辖的陆成县，若按此说，刘贞就是一个县侯，他和他的子孙本应世代在中山国的陆成居住，不应该来到相邻的涿郡。

《三国志》对此有解释，说这个刘贞在陆城侯的位子上并没有待太久，因为酎金事件而被夺去侯爵（坐酎金失侯）。汉制，每年正月初一酿酒，8月酿成，称为酎酒，皇帝每年8月用新酿的酎酒祭祀宗庙，各宗室诸侯按规定出贡金以资祭祀，称为酎金。因酎金事件被治罪，可能是不按时或按数量呈送贡金，但这个可能性较小，因为大家再差钱也不敢在这上面马虎。

汉武帝虽然颁行了“推恩令”，但还嫌不够，经常找理由夺去诸侯的爵位，不按时呈送酎金，立即夺位，按时呈送的，还可以找别的理由，比如说你呈上的金子成色不足，打个比方说，要求24K纯金，你拿18K金糊弄，也下诏夺位。刘贞就这样被夺去侯爵，来到涿郡居住（因家焉）。

所以，楼桑村刘氏的祖先自刘贞起就不再显赫，那还是在西汉，是200多年前的事。现在是东汉，天子虽然也姓刘，但前朝的刘分量自然不足，所谓汉室宗亲，其实已与普通百姓没有两样。东汉末年这样的人很多，虽然姓刘，但却享受不到任何特权、福利，日子过得还不如一般人。

刘弘只有一个儿子，那时只有几岁，和寡母一起生活，日子过得相当拮据，母子俩靠做小生意贩卖鞋子或者织席子挣点钱（贩履织席为业）。

汉代普遍瞧不起商人，有的商人家资巨亿一样社会地位不高，像他们这样的小商贩兼小手工业者在当时地位更是低下，看到这种情况，人们都不再把李定的预言当回事。

但是，刘弘的这个儿子却念念不忘。《三国志》记载，他跟小朋友们在树下玩耍时曾经指着这棵树说：“我将来一定会坐上用鸟羽装饰着车盖的车子，车盖就和这棵桑树一样大（吾必当乘此羽葆盖车）!”

谁家孩子若向小伙伴们说“我将来一定开奔驰”、“我将来一定坐宝马”，大人听了会很高兴，说明他有志向。但这位小朋友的话传出来，却让长辈们大吃一惊，因为那种装饰着鸟羽的葆盖车是天子专用的仪仗车，这个话分明是说我将来一定要当皇帝。

这个孩子有个叔叔听到后，赶紧警告他：“你再不许乱说，你是要让咱们满门抄斩吗（汝勿妄语，灭吾门也）?”

但是，让所有人都想不到的是，50年后，从桑树下走出去的这个孩子果然当了皇帝，他的登基仪式在成都西北的武担山举行，场面很隆重，数百名手下文武一齐劝进、筑坛祭天。在登上祭坛接受皇帝玺绶的那一刻，他心里想必会闪回到故乡村头的那棵老桑树，想起自己骑着竹杆乱跑的时候说出的那句话吧。

他就是刘备，蜀汉的开国皇帝。

伟大的母亲

一个人要成功，靠努力，靠天赋，靠运气，更要靠贵人相助、高人开悟。刘备由草根成为皇帝，一生中有许多这样的贵人和高人，而他生命中的第一个贵人，无疑是他的母亲。

涿州现在只是个县级市，但在历史上它很了不起，因为从这里走出了两位开国皇帝，一个是刘备，另一个是赵匡胤。

刘备出生于汉桓帝延熹四年（161 年），字玄德。婴儿出生 3 个月后由父母取名，供长辈呼唤，而男子的字却是加冠之年也就是 20 岁时才取，取字的一般为父亲或家族长辈，对从小没有父亲后来又早早出去闯荡的刘备来说，取“玄德”这个字更有可能出于自己的意愿。

根据老子在《道德经》中的说法，所谓玄德是指生养了万物而不据为己有，为万物尽了力而不恃其能，助万物成长而不去宰割它们（生而不有，为而不恃，长而不宰，是谓玄德），是一种自然无为、含蓄而不著于外的美德，可以看作刘备在精神品格方面的追求。

刘家的日子过得很紧，主要收入来自母亲贩履织席，刘备也帮助母亲劳动。三国人鱼豢所著《魏略》记载，刘备有一个爱好，爱编织，遇着适合编的材料就会情不自禁编起来，在所有编织材料中刘备最喜欢编的是各类羽毛（性好结毦），说明他的编织水平相当高，编的不只是一些实用物品，还有工艺品。

刘备母亲姓氏不详，一个人拉扯刘备过日子历尽了艰辛，但是她很伟大，她不想刘备将来只是一个小商贩，对刘备寄予了很高的期望，坚持让刘备读书。

在那个时代，读书是寒门子弟晋身上层社会的主要途径。汉朝以经学治天下，通过不断求学，使自己在经学方面达到一定修养，要么在地方上博取足够的名声，被推举为茂才或孝廉，要么进入洛阳太学学习，这两条路都可以让寒门子弟走上仕途，从而彻底改变人生。

只是，虽然没有层层科举选拔，这两条路也都很艰难，茂才或孝廉人数极为有限，而太学只有一所，最终能到那里学习的少而又少。所以，绝大多数寒门子弟早早就放弃了这样的打算。

刘备的母亲坚持让刘备读书，这种锲而不舍的精神也许来自家族的传统。刘备的爷爷刘雄曾幸运地被举为孝廉，并因而成为地方官员，刘备的母亲大概希望儿子继承这种精神，超过他的爷爷。

为了让刘备在学业上有突破，在刘备 15 岁时，母亲做出了一个惊人的决定，送他到本地著名学者卢植开办的私学里读书。

东汉开国皇帝刘秀出身太学，他继位后提倡儒学、奖励名节，扩大太学的规模，完善各郡国的官学，但这些并不足以满足众多学子求学的需要，于是社会上出现了大量私学相补充。东汉私学很发达，仅《后汉书》中所载的私学就有 38 家，其中学生千人以上的 15 家，万人以上的 2 家。

不少学子先在私学学习，学业有所长进后再去考太学，一旦进入太学，也就有了做官的可能。刘备没有直接去洛阳的太学，可能还达不到太学入学的标准。

正是这项重要的决定改变了刘备的人生，因为这个老师实在不是一般人。

卢植字子干，涿郡涿县人，《后汉书》说他身高八尺二寸，约合现在 1.93 米，当时人的平均身高普遍低于现在，所以卢植往人堆里一扎绝对是大高个。一白遮百丑、一高啥都有，卢植长得很排场。《后汉书》还记载，卢植声音洪亮，酒量极好，一次能喝一石酒。

表面看卢植是个武人，适合从军，但他的志向却是经学，他和郑玄一道拜马融为师，奠定了他在学术上的地位。

东汉后期最有名的学者当数郑玄，马融在学术上的名望虽略逊于郑玄，却是郑玄的老师。马融不仅是文化界的泰斗还是外戚，他有一个表姨当过皇后，所以门庭显赫，他办的私学自然也是那个时代的第一私学，能去求学就是一种荣耀。

《后汉书》记载，马大师有个爱好，喜欢一边研修学问一边请些女演员表演歌舞（列女倡歌舞于前）。喜欢做这种事的人很多，但在大庭广众之下做的比较少，马大师性情超脱，他做这些事从来不避学生，讲课讲累了就把私人歌舞乐队叫到讲室里来消遣，别的学生都争着看，只有卢植眼珠都不带转的（侍讲积年，未尝转眄）。

卢植从马氏民办大学毕业回家，谢绝了马老师的挽留，回到家乡办起私学。由于是马融的学生、郑玄的同学，卢植的私学很有名气，不少人到他这里来求学。

《后汉书》记载，卢植所办的私学在缑氏山中，此山在何处不详。《山海经》里有一个缑氏山，在碧山以南500里，山上光秃秃的，寸草不生，蕴藏着丰富的金矿和玉石，但碧山在何处也不太清楚。洛阳附近也有一座缑氏山，唐代著名僧人玄奘就出生于此，但不可能是卢植授徒之所。推测起来，这个缑氏山应该是涿郡附近的一座山。

与同学郑玄一心专注学问不同，卢植的眼界更为宽泛，一边教书，一边关注时事。建宁元年（168年），也就是刘备7岁时汉桓帝驾崩，汉灵帝刘宏继位，皇后之父窦武因为援立汉灵帝有功被拜为全国武装部队总司令（大将军），掌控朝政，窦武想为其族人封爵，卢植听说后，以布衣身份上书窦武劝阻，窦武不听。当年9月，朝廷发生政变，窦武被杀。

此事让卢植名声大振，州里、郡里多次征辟，希望卢植出来做事，卢植都予以拒绝。

不过，卢植是一个刚毅有大节的人，他怀有济世之志，辞赋并不是他的志向。汉灵帝熹平四年（175年），扬州刺史部九江郡蛮人造反，朝廷选人前去平乱，卢植因为才兼文武而被公府选中，由布衣直接拜为品秩二千石的九江郡太守。卢植还真有两下子，到任后三下五除二就把蛮人制服了，由此名声更大。

正当大家对卢植的仕途一片看好之时，他却主动提出辞职，又回到了家乡，继续办他的私学。刘备前去求学，正是卢植从九江郡回来不久。

名师所办的私学自然是名校，即使不要择校费但也不会免费，想必费用比一般私学要高得多，不是谁想进就能进。刘备得以到这里求学，除了母亲辛苦积攒的费用，还有赖于他人的资助。

有可能向刘备提供资助的是他的叔父刘子敬。子敬应该是字，名不详，孙吴的鲁肃就字子敬。多年后刘备在益州成事，孟达投奔，孟达也字子敬，为避刘备叔父的讳，改字为子度。这说明，刘备一直没有忘记这个叔父。

这只是推测，《三国志》中明确记载资助过刘备求学的有刘元起。刘元起也是刘备的同宗，他有一个儿子叫刘德然，一块到卢植的私学求学，刘元起家境好得多，所以常常资助刘备，使刘备在学校的生活费跟刘德然保持一个水平（常资给先主，与德然等）。

对这件事刘德然的母亲很有意见。《三国志》记载，她对丈夫说："各家过各家的日子，偶尔接济一下可以，还能经常这么做啊（各自一家，何能常尔邪）？”

刘元起说：“刘家宗族里的这小子，将来可不是平常人物（吾宗中有此儿，非常人也）！”

魅力青年

刘备的母亲不仅给了他生命、养育了他，而且在并不宽裕的条件下，坚持送他到最好的私学里求学。母亲很伟大，一方面她相信知识改变命运，说明她比别的母亲更睿智；另一方面为了儿子的前途，她愿意承受任何生活压力，说明她比别的母亲更有爱。

作为寒门子弟，母亲含辛茹苦地供养自己上名牌学校，有这样的机会，一定会拼命学习、发愤努力。马融教出了郑玄、卢植，郑玄又教出了崔琰、郗虑、赵商、孙乾等人，他们靠着老师的招牌，日后要么成为著名学者，要么成为高官，算起来，刘备与崔琰等人同辈，如果读书够刻苦，前途不成问题。

然而，刘备并没有做到，他在学习上一点儿都不刻苦，他并不喜欢读书（不甚乐读书），他更喜欢好吃的、好玩的、好穿的（喜狗马、音乐、美衣服），一点儿都不像穷人家的孩子。

刘备成年后，个子长到了七尺五寸，合现在的1.76米，也算个大高个。除了个子高，他还有两个显著特征，一是胳膊长，二是耳朵大。

《三国志》记载，刘备站在那里，手臂自然垂下时，手可以越过膝盖（垂手下膝），他的耳朵很大，自己扭头去看，可以看见自己的耳朵（顾自见其耳）。

正常人两手平举，一般说来左右中指尖间距离等于头顶到足底距离，直立时最长的中指尖也只能达到膝关节上方，指尖要想越过膝盖，只有脊柱向一侧尽力扭曲才行，刘备在自然状态下能做到指尖过膝盖，与常人不同。人的耳朵大小也有常规，一般人不靠镜子是看不到自己耳朵的，刘备一扭头就能看到。

这种长相比较个性，甚至说有点怪异，放到现在，恐怕绝不会拿来夸耀。胳膊长，适合当拉面师傅；耳朵大，那是阿凡达。

可是，在古代相面师看来，长成这样是十足的贵人相，具体来说，就是帝王之相。佛家所谓三十二大人相，垂手过膝是其一，认为凡有此相者好布施，不贪所得，是贵人。

除刘备外，史书上记载垂手可过膝的帝王可以列出一大串来：晋武帝司马炎、陈高宗陈顼、陈武帝陈霸先、前赵皇帝刘曜、后燕成武帝慕容垂、前秦皇帝符坚、后秦皇帝姚襄……，垂手过膝几乎成了帝王的“标准相”。至于耳朵大，至今民间还一直在流传，说这样的人有福。

刘备求学时，有没有人研究过他的长相不得而知，但这个不爱读书的青年，确实展露出一些与众不同的天赋。

《三国志》记载，刘备平时话不太多，喜怒不形于色，非常懂得尊重人，喜欢结交各类豪侠，平时身边总跟着一些追随者（年少争附之）。

现在一般公认的是，智商很重要，但情商比智商更重要，论智商刘备一般，但论情商他很突出，他的特长就是与各种各样的人打交道，让大家佩服他、追随他。

刘备的影响力已经超出了卢老师的私学，远播到社会上。《三国志》记载，冀州刺史部中山国有两个大商人，一个叫张世平，一个叫苏双，他们常来涿郡一带贩马，非常有钱（赀累千金），听说刘备的名声，主要前来相见，相见后觉得刘备不简单，主动拿出不少钱资助他（见而异之，乃多与之金财）。

张世平、苏双要么是刘备的铁杆粉丝，心甘情愿资助，要么觉得刘备日后能成为人物，对他进行风险投资。有了他们的资助，刘备身边的追随者更多了。

有一个人，是刘备的同学，刘备对他很尊重，把他当成兄长来看待，这个人名叫公孙瓒。

公孙瓒字伯珪，幽州刺史部辽西郡人，出身于大族，但因为母亲地位卑贱，只当了郡中小吏。他长得也很排场，嗓门也挺大，又很机智，有辩才（貌美，声音洪亮，机智善辩）。

公孙瓒担任的职务是书佐，是秘书一类的工作，作为一名基层公务员，公孙瓒很快显露出他的能力。《魏略》记载，公孙瓒很会向领导汇报工作，每次汇报都不说那些细枝末叶的琐事，能抓住重点，善于把不同部门的工作汇总起来，从未出过遗漏和错误（每白事不肯梢入，常总说数曹事，无有忘误）。

太守姓侯，很喜欢他，就把女儿嫁给了他，为了更好地培养他，就把公孙瓒送到卢老师的私学里深造。

公孙瓒是工作以后来上的学，他的年龄不详，但比刘备年长，刘备与他很投脾气，成为很好的朋友（瓒深与先主相友），刘备把公孙瓒视为兄长。

母亲送刘备来求学，原指望他通过刻苦学习改变命运，这个目的似乎没有达到。但刘备来卢老师这里读书，的确是改变命运的开始。

刘备成为卢老师的弟子，尽管未必是最优秀的弟子，但也与卢老师建立了师生情谊，至少是镀了金。学问没有多少长进，但结识了公孙瓒等人，对今后的发展帮助很大。

生死兄弟

现在，看看刘备生活的那个时代。

刘备师从卢植是在汉灵帝熹平年间，这是政治异常黑暗的年代，宦官专政十分严重。东汉到了中后期，朝廷逐渐被外戚、宦官和党人三股势力所左右，皇权式微。三股势力中，外戚和宦官最强，他们轮番掌权，彼此恶斗不止。

党人最恨宦官，他们宁可与外戚合作也要反宦官。汉灵帝的上一任汉桓帝刘志在位时，一批正直的官员抵抗宦官专制，遭到宦官的打击报复。陈蕃等朝中重臣为他们申冤，汉桓帝不理，但朝中大臣、地方官员以及民间百姓大多站在党人一边，纷纷指责宦官乱政，为非作歹，排斥忠良。宦官与党人之间的矛盾彻底爆发，最终的结果是导致了第一次“党锢之祸”，党人被禁锢，宦官集团取得胜利。

汉灵帝刘宏并不是刘志的儿子，他是河间王刘开的后人，到了他不过是一个小小的解渎亭侯，刘志死时没有子嗣，结果让他意外当了皇帝。扶持他继位的是大将军窦武，窦武是外戚，又与党人关系密切。窦武任大将军，与太傅陈蕃主持朝政，大量起用在第一次党锢时受处罚的党人，二人密谋铲除宦官。但事情泄露，宦官们绝地反击，他们歃血为盟，就在汉灵帝继位当年的9月发动了政变，史称“九月辛亥政变”。政变取得全面胜利，窦武、陈蕃等人被灭族，刚刚恢复政治生命的党人重新被禁锢，大量党人逃亡，被迫害致死的有六、七百人，这就是第二次“党锢之祸”，朝廷再次被宦官集团把持。

宦官的出现最早可追溯到周朝，一开始他们仅限于干个门卫、打扫个卫生、当个勤务员什么的，他们没有太高的文化，加上身体有残缺，因而有强烈的自卑感，并没有什么地位。

宦官得势起于秦朝，出了一个让同行引为骄傲的人物赵高。赵高之所以被秦始皇所信任，恰恰缘于宦官的弱点，无后和卑贱。历史上有些帝王专喜欢用无后的人，不仅限于宦官，对于一般士人，如果没有后代也会让这些帝王格外看中。也许无后的人野心相对小，势力相对薄弱，容易驾驭。

宦官的卑贱，决定了他可以大权在握，可以一呼百应，却无法站在道德的殿堂里趾高气扬，所以在整个古代，有搞兵变的，有和平演变的，也有逼人禅让的，在这些勾当里宦官通常是从犯，却不是主谋，因为他们的野心还不至于想自己当皇上。

宦官一次次爬上高位甚至权力的顶峰，这是一群缺少深厚学养和道德积淀的家伙，他们没有远大的政治抱负，不在乎对富贵权势的预期收益，只在乎当期利益的取得，所以在政治操守上表现为急功近利和对道德伦理的轻视。

他们长期生活在宫里的一亩三分地，抬头看到的只是那一小片天，生活区域狭小，见识短浅。他们没有节操，因为在后宫这样的地方有节操的人无法生存。他们是充满自卑的一群人，所以更容易激起仇恨和反复。尽管他们中间也曾出现过蔡伦、吕强这样有才识和品德的人，但总体而言，这是一个祸国殃民的小群体。

汉灵帝在位期间，是宦官掌权最长的时期。汉灵帝突破常制一次册封了张让、赵忠、夏恽、郭胜、孙璋、毕岚、栗嵩、段珪、高望、张恭、韩悝、宋典12位中常侍，史称“十常侍”，张让和赵忠最受汉灵帝宠信，《后汉书》记载汉灵帝甚至将这两个阉人比作自己的父母（张常侍是我公，赵常侍是我母）。

光和元年（178 年），汉灵帝在其母亲董太后和十常侍的教唆下公开卖官，朝廷甚至在西园设置了专门机构负责办理此事，规定可花钱买到自关内侯以下至虎贲、羽林等部门的职位，其中地方官比朝官价格高一倍，官吏的升迁也必须按价纳钱。

买官卖官是政治黑暗的最明显标志，但皇帝本人出面买官卖官还属罕见。汉灵帝当皇帝不行，做这些事却很拿手。为了让买官卖官顺利进行，他还发明了拍卖和按揭两种方法，对于热门职位，规定求官的人可以估价投标，出价最高的人中标上任。有些人一时出不起钱，也可以先交一部分，剩余的钱上任后再交。

汉灵帝在西园设立小金库，把买官卖官得来的钱都攒在那里，看着一天天增长的财富，他心花怒放，至于朝政，都一股脑交给了宦官们。十常侍不仅把握了朝廷，他们的父兄子弟遍布州郡，为非作歹，没人敢管。卢植当初不愿意为官，宁愿回乡教书，就是不肯与这样的人为伍。

刘备 15 岁来到卢植那里求学，这一年是汉灵帝熹平四年（175 年）。

刘备在这里只待了 2 年，因为熹平六年（177 年）扬州刺史部的庐江郡发生叛乱。卢植在九江郡平叛有功，朝廷再次征召卢植，拜他为庐江郡太守，前去平叛。卢植虽不愿事奉宦官，但朝廷有难需要自己时他不能袖手旁观，于是前往南方赴任。

卢老师走了，刘备和公孙瓒只好离开。公孙瓒回到郡里，因为是太守的女婿，有背景，所以升了官，当上了本郡的上计吏，负责每年向朝廷上计，相当于郡政府驻京办主任。刘备则没什么具体事干，他既没有去洛阳上太学，也没有在本地官府中谋取一官半职，在政治一片黑暗的情况下，大概这两条路对他来说都不现实吧。

在刘备的履历中，这段日子并不短，大概有六、七年，史书对他的记载却只有三个字：合徒众。

刘备聚集了一帮人，他们非官非商，整天在一起，既不打家劫舍，也不效命官府，能挣钱的时候就挣点儿，没事的时候就喝酒，反正就那么混着，说得好听点儿叫自由职业者，说得难听点儿就叫混混。

不要小看这样的混混，承平时代他们是社会不安定因素，乱世里他们就是强人，混得好就是英雄，对他们来说，不差体力，不差胆量，只差机会。

在这帮人里，刘备和两个人最情投意合，一个叫关羽，一个叫张飞。《三国志》记载，关羽原字长生，后改字云长，河东郡解县人，一般认为，此地为今山西省运城市解州镇，因为犯了什么事，亡命至涿州后与刘备相识，他生年不详，只知道他比刘备小，事刘备为兄长。

正史中关羽的出身只有这些，由于关羽在后世被不断拔高和圣人化，对他身世的记述也逐渐多起来，有的说他的祖父叫关审，父亲叫关毅，妻子姓胡，有的说他在家乡杀了人才逃亡的。

《三国志旁证》引《关西故事》说，关羽本不姓关，为打抱不平杀了本地官员，逃命至潼关，在被盘查时，人家问他姓什么，他随口指关为姓，从此改姓关。在清人戏曲中，关羽本姓冯，铁匠出身，力大过人，爱好武术。

这些传说未必可信，只能说明关羽在后世影响力很大。不过，仅就正史记载的事迹来看，他也是一个神秘的人。关羽改了自己的字，对“行不更名、坐不改姓”的古人来说，改字像改名改姓一样，除了避讳，没有极其特别的理由是不会改的，加上他又四处逃命，说明他有一个复杂而隐秘的出身。

《三国志》对张飞的记载更简单，只说他字翼德，是涿郡本地人，还说他比关羽年龄小几岁，把关羽也事为兄长（羽年长数岁，飞兄事之），其他就没有了。

《华阳国志》记载，刘备与关羽、张飞很投脾气，像亲生兄弟一样（恩若兄弟），平时他们三人寸步不离，吃在一块、睡在一起（寝则同床，食则同器）。

刘备身边不只有关羽、张飞两个，他跟前有一群人，比较有名的还有简雍。《三国志》记载，简雍字宪和，涿郡人。很早便和刘备有交往，在刘备左右（少与先主有旧，随从周旋），一生相随。

《华阳国志》说刘备让关羽、张飞做他的“御侮”。“御侮”语出《诗经》，按照古人的注疏，所谓“御侮”是指武力之臣，是一个职务，负责阻止敌人的突然攻击，类似于警卫员或保镖。

关羽、张飞和刘备私下里是兄弟，不分彼此，但在公开场合二人就以警卫员或保镖的身份跟随左右，刘备坐着，他们就站着，十分恭敬，有时一站就一天（然于稠人文众之中，侍立终日）。

大风暴来了

在刘备领着关羽、张飞混世界的这段时间，东汉王朝的国运日薄西山。一个贪财自私、昏庸无能的皇帝，一群穷凶极恶、垄断权力的宦官，一帮坚守政治洁癖却无能无力的党人，使国败民穷、社会凋零。

弄到这份上，老百姓不造反都不正常了。早在汉安帝时，益州一带便发生了大规模骚乱和农民起义，断断续续前后长达50余年。到汉灵帝时，那里的情况似乎更严重，汉灵帝跟前一帮家伙甚至提出了罢益州的馊主意，想把益州干脆从王朝的版图中分割出去。

此议虽然没被通过，但对于此起彼伏的民变，朝廷越来越力不从心。根据史书统计，汉安帝统治19年，爆发农民起义4次；汉顺帝统治19年，爆发农民起义13次；汉冲帝、汉质帝在位时虽然还只是小朋友，但农民起义也丝毫没有忽视他们，爆发了4次；汉桓帝在位21年，爆发农民起义14次。从汉安帝到汉桓帝不过60来年，有记载的农民起义就多达35次。

这些农民起义来势都很猛，一开始轰轰烈烈，但一旦遭到镇压，很快就沉寂下来。原因很多，有两点很重要，一是缺少明确的思想纲领，二是缺少特别牛的领导。

现在，这种情况即将发生改变，有一个猛人出世了，而且他是个有思想的人。这个人名叫张角，冀州刺史部钜鹿郡人，该郡距涿郡不太远。张角本是个流民，纯粹的无产者，他与别的造反者不同，他有文化。

张角喜欢看书，最喜欢看的是一本叫《太平清领书》的书，传说该书的作者是著名方士于吉，这部书篇幅浩大，分为10部，每部17卷，共170卷。里面内容庞杂，以老庄之道、鬼神信仰以及阴阳五行、神仙家的方术为基础，创造了一套极为神秘复杂的神学体系。这部书里既有老子的宇宙观，《周易》的元气，也谈长生不老的修道理论。

不过，这部书真正想谈的只有一个，那就是政治。书中陈述了一套政治设想，即所谓的太平盛世的建设纲领，书中描绘了太平盛世的模样，阐述了要达到太平盛世必须做到君明、臣良、民顺。

所以，这部书不是教人如何造反的，更像是向君王提出的合理化建议。于吉的学生宫崇把这部书献给了汉顺帝刘保，刘保让大臣们讨论，大家却认为这是妖妄之经，于是把它封存在国家图书馆（东观）里。

汉灵帝的前任汉桓帝刘志一直没有儿子，听说有个叫襄楷的方士很有法术，就诏他进宫，帮助他生个儿子。襄楷不是专科大夫，治疗不孕不育不是他的强项，他能做的就是给皇帝弄一些所谓的灵丹妙药，这是他的特长。

汉桓帝吃了襄楷献上的药，可能有一定效果，甚为欢喜，给襄楷安排了工作，很信任他，处理国家大事遇到疑难问题也常向他请教。汉桓帝不知道的是，这个襄楷是于吉的另一个学生，为了完成老师的宿愿，他旧事重提，再次把《太平清领书》呈上。

不过，汉桓帝的兴趣只在生出儿子，对襄楷的治国建议依然没有太大兴趣。襄楷失望了，最终跟党人搅到了一块，在党锢事件中他因为替党人求情而被治罪。襄楷出狱后依然痴心不改，但这次他对皇帝失去了信心，开始把活动的重点转向民间，成为一名无政府主义者。

张角在一个偶然的机会看到了这部书，也有人说他是襄楷的朋友，二人一见如故，志同道合，一个是理论家，一个是实践者，他们立即联起手来。

张角对《太平清领书》佩服得要命，那些皇帝没有实施的政治纲领张角决心试试。他有两个弟弟，一个叫张梁，一个叫张宝，他们都懂一些民间医术和巫术，张角领着两个弟弟，手持一根九节杖，经常活动在冀州一带，用符水、咒语等为人治病，深得穷人的拥戴。

名气一大，就有人跑来愿意给他当学生，张角开始吸收徒众。来的人越来越多，多得张角吃惊。于是，张角创建了一个民间宗教团体太平道，其纲领、目标、教义、称号、教区组织、口号、宗教仪式、活动内容、传教方式等，都依据《太平清领书》来设计。

当时，社会上有大量的流民，也就是失去土地无家可归的人，这些人都是土地兼并的受害者，看不到前途。太平道的出现，至少给了他们以温暖和希望，所以不用动员，这些人都撵着跑着来入道。

还有一些人，虽不属于流民，但看到这个组织挺厉害，也加入进来。在这些人里，有基层官吏、富有的商人，甚至还有宫里的宦官。

张角自称大贤良师，是太平道的总首领，张梁、张宝称大医，是太平道核心领导班子成员。张角派出8个弟子到四面八方去宣传教义、发展徒众。经过十来年的发展，太平道的势力已遍布天下13个州中的青、徐、幽、冀、荆、扬、兖、豫8州，徒众达数十万人。张角把这些徒众划分为36个教区（方），大的万余人，小的六、七千人，每个教区都设一个渠帅作为首领。

闹出这么大动静朝廷难道不知道吗？其实是知道的，而且很早就知道了。熹平六年（177年），汉灵帝的老师、时任太尉的杨赐和著名党人刘陶分别上书汉灵帝，报告了这个民间组织的动向，请求给予关注。刘陶更指出，据他得到的情报，张角的党羽已经潜入京师，活动于民众和官宦之中，大有觊觎朝廷之意，应速加侦缉，并诏令天下，重赏通辑捉拿张角。

不知何故，如此重要的上书竟然没有下文，后来杨赐因故离职，刘陶找个机会向汉灵帝寻问此事，汉灵帝居然莫名其妙地岔开话题，让他给自己编一本容易阅读的《春秋》。刘陶没办法，只得到图书馆里埋头完成天子交付的新工作。

从各种迹象看，汉灵帝本人确实没把太平道当回事，一来可能觉得太平道弄不出什么明堂，二来可能错误地认为有个民间组织把流民组织起来，教人向善做好事，还挺好。这样的心理其实可以从汉灵帝意识形态变化的蛛丝马迹里寻找答案。汉灵帝此时正开始崇信黄老之学，对老子的思想非常崇拜，他先后两次派人到老子的家乡苦县进行祭拜，他可能认为，太平道这个同样视老子为先师的教派，与他的思想还有些相吻合呢。

但张角不那么想，看着前来投奔太平道的人越来越多，张角知道想收手是不可能了，未来的结果只有两个，要么太平道取代刘汉政权，要么被刘汉政权消灭。

太平道的情报工作做得也很出色，就连宫中的高级宦官封谓和徐奉都成为它的信徒和卧底，朝廷里的消息很快就能送到张角的面前。综合分析各种情报后，张角对形势做出了判断，决定发动武装暴动，推翻现政权，建立太平盛世。

张角把冀州南部与司隶校尉部结合的邺县作为发动暴动的核心地区，由他本人亲自负责，前线总指挥为大方首领马元义，暴动的时间定为汉灵帝光和七年（184年）3月5日。

此时，还是光和六年（183年），即将到来的光和七年是一个甲子年，在60年一轮回的历法周期中，甲子年是新一轮周期的开始，让人联想到新天命的降临。之所以选3月5日，因为这一天是甲子日，甲子年的甲子日，是更为难得一遇的“双甲子”。

这个千挑万选的好日子是否真的有助于成事先不论，但现在距这一天还有几个月，给保密工作提出了巨大挑战。

造反这种事首要的是保密，一旦泄密，准备得再好也将前功尽弃。但是，太平道仗着人多，起义的筹备工作一点都不低调，总指挥部向下发出起义口号：“苍天已死，黄天当立。岁在甲子，天下大吉。”前线总指挥马元义还带着他的骨干分子潜入京师活动，洛阳城里的小孩甚至把起义口号编成了歌谣到处唱，朝廷各办事机构的大门上，也不失时机地出现了用白土书写的“甲子”二字。

这，当然是一个败笔。

起义军内部果然出现了叛徒，这个人的名字学过中学历史的人都应该知道，叫唐周，是张角的弟子之一。光和七年（184年）刚过了年，朝廷接到唐周的密报，整个起义计划暴露。

汉灵帝这才警醒，立即下诏对马元义等人实施抓捕。马元义被抓，汉灵帝下诏处以车裂之刑。

随后清查太平道的徒众，汉灵帝以通令的形式（周章）下诏三公府、司隶校尉，清查在宫省直卫、朝廷各办事机构以及百姓中的太平道信徒，很快查出来一千多人，全部予以诛杀。根据侦察到的线索，要求各州郡同时搜捕张角等太平道骨干分子。

张角等人只好仓促起事，史载他们杀了一个人祭祀上天（杀人以祠天），之后张角称天公将军，张宝称地公将军，张梁称人公将军，以邺县所在的冀州刺史部为中心正式起义。起义军个个头戴黄巾，被称为黄巾军。不过，在官府下达的通通缉文书里，一律称他们为“蛾贼”。

虽然有点儿仓促，但黄巾军一开始仍然打得很顺手，所过郡县，朝廷任命的官员望风而逃，仅10天左右，天下各地都予以响应（长吏多逃亡，旬日之间，天下响应）。

东汉地方政权竟然如此不堪一击，原因有两个：一方面起义军深得民心，有长期准备，来势又很猛；另一方面，东汉正规军主要是南、北军，集中于朝廷，没有真正意义上的地方部队，也就是州郡不典兵，郡、县虽设有都尉，但他们的职责主要是维护社会治安，顶多算警察部队。

南、北二军中，北军主要负责护卫京师，南军算是一支常备军和机动部队，遇到国家有事，南军是主力。但是，数十年来南军一直奋战在西部和北部前线。在西部，朝廷陷入与羌人作战的泥潭，进不能全胜，退无法脱身；在北部，虽然匈奴人暂时消停了下来，但新崛起的乌桓人和鲜卑人跟当年的匈奴人一样强悍不驯，你来我往陷入胶着。

正是在这种情况下，面对已经军事化、虽然打仗不一定在行但打起来不要命的黄巾军，地方治安部队自然不堪一击。黄巾军节节胜利，京师洛阳震动。

汉灵帝慌了，找宦官们商量。宦官平时权大势大，但流血打仗的事从来没想过，也想不出办法。其他朝臣骂架在行，也不怕跟皇帝和宦官吵，但打仗这种事从来没弄过，面对四面开花的局面，一下子也傻了眼。

看来看去，大家都把目光集中到一个人身上，仿佛只有他才能挽狂澜于既倒、扶大厦于将颓。这个人叫皇甫嵩，字义真，目前的职务是北地郡太守，正好出差在洛阳，他是名将皇甫规的侄子。

汉灵帝主持御前会议，特意通知皇甫嵩列席。皇甫嵩不负重望，提出了化解危机的具体方案，要点是即下诏各州郡，组织地方武装，修筑防御工势，制造军器（修理攻守，简练器械），在洛阳周边地区各个方向重点构筑8个战略据点，称为八关，每关设一个都尉，负责军事，保卫洛阳。

皇甫嵩建议，将天子西园小金库里的钱拿出来，还有西园的厩马，用以充实军力。同时推行政治改革，解除党锢，重新启用党人。

对前面几项汉灵帝都认可，从自己的小金库拿钱，虽然有点儿心痛，但国库现在空虚，也只能如此了，对于最后一条解除党锢，汉灵帝仍然犹豫。

从内心里说，汉灵帝比较讨厌党人，这些人一天到晚吵吵闹闹，不是对他进行批评，就是跟宦官找茬。与宦官比起来，汉灵帝更喜欢后者。汉灵帝觉得，当前要解决的是黄巾军，与解除党锢又有多大关系呢？

但很快汉灵帝的思想工作就被做通了，一个叫吕强的宦官，只用一句话就坚定了汉灵帝的决心。吕强说："听说黄巾军也在大量召募人才，如果我们不赦免党人，这些家伙难免会跑到张角那里，那就更麻烦了，真那样后悔都来不及（若不赦宥，轻与张角合谋，为变滋大，悔之无救）！"

汉灵帝虽然平时有点脑子不够数，但这句话还是能听明白的，立即下诏赦免党人，组建讨伐部队，向黄巾军发起进攻。

效命朝廷

光和七年（184年）3月，汉灵帝下令调整朝廷的军事领导机构，任命外戚河南尹何进为大将军，坐镇洛阳，在洛阳城内的都亭设总司令部，指挥整个讨伐兵团。

该兵团包括3支人马，约5万人左右。一支由新任命的左中郎将皇甫嵩率领，一支由新任命的右中郎将朱俊率领，这两支人马讨伐的重点是豫州刺史部颍川郡境内的黄巾军。

刘备的老师卢植平息了庐江郡境内的民变，已经回到朝廷任职。卢植不愿意看宦官的脸色，主动提出希望担任轻闲一些的官职，于是被任命为议郎，他平时与谏议大夫马日磾、议郎蔡邕、杨彪、韩说等人志趣相投，整天呆在国家图书馆（东观）里编校图书，补撰《续汉记》。

由于卢植在平息叛乱方面有经验，被任命为北中郎将，统率第三支平乱的人马。汉灵帝让护乌桓中郎将宗员担任卢植的副手，带领一部分从北军五营中抽调的兵士和临时征募的人马，讨伐冀州的张角。为了便于指挥，汉灵帝下诏卢植持节，即带着天子特颁的信物，代表天子征伐，相当于尚方宝剑。

东汉军制，最高一级的是大将军，相当于全国武装部队总司令，其次是骠骑将军、车骑将军、卫将军，相当于副总司令，再往下是所谓四方、四征、四镇将军，相当于各大军区司令，再往下是各类杂号将军，如奋武将军、讨虏将军、扬威将军等等，名目比较多，各领一军，正规编制下约一万人，相当于军长。

杂号将军以下，还有偏将、裨将，相当于副军长，中郎将比他们还要低一些，相当于师长，汉灵帝比较抠门，情况如此紧急，三大主力的带兵将领连少将都不是，顶多是个大校。

不过，皇甫嵩、朱俊、卢植几个人也顾不上这些，赶紧整顿兵马，来不及训练，直接开上了各自的战场。

不少在以后叱咤风云的人物都参加了这次讨伐行动，皇甫嵩手下有一个骑都尉，相当于骑兵旅旅长，名叫曹操；朱俊手下有一个别部司马，相当于独立团团长，名叫孙坚。

冀州是黄巾军的发源地，也是重灾区之一，卢植率领人马赶到了冀州，与张角亲自领导的黄巾军交上了手。

刘备这一年24岁，还在老家涿郡混世界，听说卢老师回来了，还带着兵，他很兴奋，立即带着关羽、张飞等一干人跑到冀州，找到卢老师，表示愿意效命。

其实，对刘备等人来说，投朝廷还是投黄巾军，那只是一念之间的事。像他们这样没有正当职业和经济基础，又没有背景和靠山的人，正是黄巾军发展的重点对象。只是造反这样的事，说起来容易，下决心有点难。现在背景和靠山来了，刘备不用为要不要领着弟兄们投靠黄巾军而发愁了。

在这里，刘备还遇到了老同学公孙瓒，他也是来投奔卢老师的。公孙瓒在郡政府当了个处级干部，前途还不错，但却遇上了麻烦。这时候，郡太守已不是他的岳父，而姓刘。刘太守不知犯了什么事，被廷尉缉拿，公孙瓒亲自驾车随行进京，一路上悉心照料。

刘太守后被朝廷流放到遥远的日南郡，公孙瓒决定再次随行，他在洛阳郊外的北邙山祭祀先祖："过去我是人子，现在我是人臣，马上要远赴日南。日南有瘴气，大概回不来了，在此与先人作别！"言辞慷慨，看见的人莫不歔欷。

不过，还没到日南郡，刘太守遇到大赦而还。经过此事，公孙瓒的事迹被广泛传播，郡里推举他为孝廉，作为后备干部进行培养，被委任为幽州刺史部辖下辽东属国长史。辽东属国相当于郡，长史相当于郡政府秘书长。

辽东属国是北部边疆，这里常有鲜卑人入侵，公孙瓒虽是文吏，却常领兵与鲜卑人周旋，打起仗来有勇有谋，锻炼了军事才干。

卢植对公孙瓒很欣赏，现在正需要这样的人才，加上公孙瓒被举过孝廉，又有资历，卢植让他担任自己指挥所的秘书长（军司马）。而刘备只是个老百姓，卢植让他率手下人归校尉邹靖指挥。邹靖事迹不详，校尉比中郎将稍低，但也是高级军官，相当于旅长，刘备等人暂时没有被任命职务。

卢植的对手是张角，几仗下来，张角渐渐不支，退到了广宗，此地在今河北省威县一带。卢植下令在广宗城外修堡垒，挖壕堑，造云梯，准备攻城。正在要一举攻下广宗的时候，意外发生了，卢植被解职。

朝廷往前线派来一个人，名叫左丰，是个宦官，他来的目的说是慰问，实际上是监军。汉灵帝重用了皇甫嵩、朱俊、卢植等人，这些人手握重兵，汉灵帝又有点儿不放心。

左丰打仗外行，搞钱却很老练，他依照潜规则向卢植暗示给自己行贿，但几天过去了，丝毫不见卢植表示，左丰于是很生气地回去了。

宦官向前线的将领索贿是一件很普通的事。打仗得花钱，战争预算的制定和拨付掌握在宦官手里，如果不打点好这帮贪官，什么事都干不成。《后汉书》记载，当年在凉州作战的段颎，号称“凉州三明”之一，是员猛将，杀人如草芥，但在宦官面前却低三下四，一味巴结。

卢植不是段颎，他本质上是个学者，这样的人往往有洁癖，所以打心底里瞧不这些宦官。卢植认为，到了现在这种时候，汉灵帝不应该再偏信这些宦官，所以没把左丰当回事，继续做攻城的准备。

但是他错了，左丰回去向汉灵帝报告前线战况，添油加醋说卢植消极怠工，故意不出战，是想邀功。汉灵帝大怒，给卢植派来了一辆囚车，临阵把主将逮捕，押回京师问罪。

接任卢植的人名叫董卓，出身于凉州，在“凉州三明”手下都干过，是相当猛的角色，时任河东郡太守。汉灵帝任命董卓为东中郎将，负责征讨张角等人。刘备是冲着卢老师来的，现在却成了董卓的手下，心情想必郁闷坏了。

董卓是个猛人，很能打，但此君长期在凉州与羌人作战，善长骑兵和野战，属于速度型和力量型选手，拉到河网密布的冀州大平原上一试，居然找不着感觉，他多次想主动出击寻找张角的主力决战，但总扑空。

汉灵帝急了，因为左丰告诉他，只需一顿饭功夫就能拿下张角，卢植怯战，换了个够狠的人上去，一样没效果。这救了卢植一命，他被押到京师本来要受到严惩，但董卓的表现反而印证了当初他稳扎稳打的策略是正确的，于是他仅受到免官的处罚。

董卓也有点儿发毛，他怕成为卢植第二，干脆向汉灵帝上书，直接说自己无能，向天子推荐皇甫嵩代替自己。皇甫嵩和朱俊负责颍川郡，人家那边进展很顺利，战事基本上结束了。

董卓曾是皇甫规的部下，皇甫嵩是老首长的侄子，董卓推荐皇甫嵩，还有这层意思在。于是，冀州前线第二次换将，皇甫嵩的运气极好，还没等拉开阵式，对方的主帅、太平道大贤良师、黄巾军天公将军张角病故了。

张角突然去世给黄巾军造成巨大打击，他的两个弟弟张梁、张宝继续统领黄巾军主力。在皇甫嵩指挥下，朝廷军队在广宗取得了决定性胜利，张梁、张宝先后被杀。朝廷下诏，将张角开棺戮尸，把张氏三兄弟的人头传送京师。

到这一年底，朝廷军队在各个方向都传来捷报，各种战利品以及砍下来的人头不断运到洛阳。汉灵帝下诏将乱军的人头集中起来，上面盖上土，居然像小山那样高，称为“京观”。

刘备等人先后在卢植、董卓、皇甫嵩手下效力，在征讨黄巾军的战斗中立下了战功，但具体情况史书未予记载。传说和演义倒不少，说关羽刀斩黄巾军将领程远志，刘关张三兄弟共战张角、救董卓，刘备箭射张宝等等，这些都没有史料依据。

仕途遇挫

对汉灵帝来说，漫长而难熬的光和七年（184 年）终于以一个个胜利而结束了。12 月，汉灵帝下诏改年号为中平，寓意经过一场大乱天下终于走向了安宁和平。

除卢植等个别人外，参加本次平叛的各级将领都得到了升迁。皇甫嵩功劳最大，汉灵帝下诏封他为槐里侯，拜为左车骑将军，由一名师长直接成为全国武装部队副总司令，大校成了上将，同时还兼任冀州牧。另一位功臣朱俊也被破格提拔，成为右车骑将军，地位仅次于皇甫嵩。

骑兵旅旅长（骑都尉）曹操因作战有功，被任命为济南国相，相当于郡太守。公孙瓒升为骑都尉。以独立团团长（别部司马）身份跟随朱俊作战的孙坚，被破格提拔为长沙郡太守。

刘备因功被任命为安喜县尉。安喜县又称安熹县，属冀州刺史部中山国，县治在今河北省定州市东南。东汉有“三互”法，官吏任职实行籍贯回避制度，一般情况下不能在自己及妻子所在的郡、县为官。

据汉代《百官志》，县尉是县长或县令的属官，主要职责是缉拿盗贼、维护社会治安、征发卒役，相当于公安局长，大县设县尉二人，小县设一人，曹操的第一份工作是洛阳北部尉，就是洛阳县的两个县尉之一。

有人认为县尉相当于副县长，这不太准确。县里面有专职的副县长，是县丞，比县尉地位高，孙坚跟随朱俊打黄巾军之前，曾在南方先后当过3个县的县丞。

基层工作锻炼人，但刘备显然很失望，出生入死才换来个小小的县尉，在县里这个巴掌大的地方，上面还有县丞、县令压着，要混个县令，还不知道得多长时间，再往上的郡太守之类，简直不敢想。

刘备自己还好说，好歹进入了公务员序列，但他手下的一帮弟兄如何安排就成了问题，关羽、张飞等人想必更感到了憋屈。在刘备看来，这恐怕都是上面没人造成的，唯一的后台卢老师被撤了职，功劳再多，上面没人说话也白搭。

一般认为，刘备在这个职务上没干几天就主动辞职了，起因是“鞭打都督事件”。

这件事是有的，记录在《三国志》和《魏略》里，但刘备在安喜县都尉的岗位上干的时间并不短，大约有四、五年左右。

中平元年（184年）黄巾军基本上被平定，刘备离开朝廷的军队到地方任职，而他离开时，应该是中平六年（189年）前后了。

《三国志》记载，在此期间，郡里面的督邮来检查工作，刘备求见，但遭到到督邮的拒绝，刘备一气之下径直入内，把督邮捆了起来，打了200杖，之后把自己的官绶解下系在拴马桩上弃官而去（督邮以公事到县，先主求谒，不通，直入缚督邮，杖二百，解绶系其颈着马枊，弃官亡命）。

督邮是郡太守的属官，《汉书》记载，郡政府一般设有5个部门负责监督考核各县，各部门的负责人称督邮掾（郡监县有五部，部有督邮掾，以察诸县也）。

《典略》的记载较为详细，说刘备上任以后，听说上面正在整顿干部，对于那些因为军功而任职的，将予以淘汰（其有军功为长吏者，当沙汰之），刘备怀疑自己在被淘汰范围内。

督邮来到县里，果然要遣散刘备，刘备提前知道了，他听说督邮住在县政府招待所（传舍），于是到那里求见，而督邮以生病为由不见。

应该说，这个邮督做得也没有问题，遣散一部分在职官吏是上面的精神，甚至都不是州里、郡里定的事，他只是执行者，刘备求见，意图不言自明，督邮不见也是避嫌，谎称有病，是给刘备面子。

但刘备无法忍受，干了几年县尉已经让他觉得不爽，上面不理解、不慰劳，反而卸磨杀驴，让他彻底失望，并把这股气都撒到了督邮身上。

刘备率人来到传舍，硬闯进去，声称接到太守的密令要逮捕督邮（我被府君密教收督邮），把督邮捆了起来，押往郡里。

将出县界，刘备把自己的官绶解下，系在督邮的脖子上，把他绑在一棵树上，鞭打百余下，还不解气，要杀督邮，督邮苦苦哀求，刘备才把他放了。

这一下惹了麻烦，从朝廷的官吏变成了逃犯，刘备只得带着关羽、张飞等一帮追随他的弟兄逃亡。

在《典略》里还记载了另一件事，《典略》认为它发生在鞭打督邮之前。

安喜县归中山国管，中山国国相相当于太守，此人名叫张纯，是渔阳人，他野心极大，联络了自己的老乡、前泰山郡太守张举一同造反，还勾结了乌桓人首令丘力居，形成反叛联盟，声势很大，杀了护乌桓校尉、右北平郡太守、辽东郡太守等一批官员，手下人马多达十余万。

张举自称天子，张纯自号弥天大将军、安定王，势力波及北方四州，一下子把事情闹大了。看到有人要跟自己分庭抗礼，汉灵帝急了，在他看来这比黄巾军还可恶，立即下令北方各州进行讨伐。

青州刺史部也接到了诏书，让他们组织人马来冀州、幽州参战，州里派一名参事（从事）率领，这支队伍里有个叫刘子平的，知道刘备打仗很有一套，就像从事推荐了刘备，刘备于是参加了讨伐二张的行动。

这是一场苦仗，打得很惨烈。有一次刘备等人与叛军相遇，战于旷野，刘备负了伤，躺在地上装死，叛军退去，大伙找到他，用车把他拉走，才拣回一条命（遇贼于野，备中创阳死，贼去后，故人以车载之，得免）。

《典略》认为这件事发生在刘备赴安喜县上任之前，但这个可能性不大。公孙瓒也参加了讨伐二张的军事行动，根据记载此事发生在汉灵帝中平四年（187 年），张角等人失败已经 3 年了，刘备应该早已到了安喜县。

这件事如果是真的，发生在刘备在安喜县都尉的任内更为合理。作为二张反叛活动受害最严重的地区，安喜县无法避开一战，刘备参加了这场战斗，而且几乎付出了生命代价，所以当上面执意要遣散他时，他的反应才会那么强烈。

洛阳行

弃官不仅失职，而且触犯朝廷的法律，殴打上司，更罪不容诛，刘备只得另寻出路。好在，出路总是有的，来自洛阳的消息让刘备觉得很兴奋，他准备到那里开创自己的新事业。

此时已经到了中平六年（189 年），就在这一年的 4 月，汉灵帝驾崩于洛阳南宫嘉德殿，年仅 34 岁，东汉王朝又到了一个关键节点上，注定这一年不会平静。

在讨伐黄巾军及其余党的过程中，以大将军何进为首的外戚势力大增，党人也重新获得了政治生命，他们走到了一起，对付共同的敌人——宦官。

但这并不符合汉灵帝的意愿，他和他的前任汉桓帝一样，自从登上皇位的那一刻起，就被别人操纵，生活在没有亲情、没有安全感的皇宫里，没有亲人，没有真正的亲信，时刻提防宦官，提防外戚，党人不理解，人民埋怨。

在权力的争夺战中他们学会了一个本事，平衡术。他们小心翼翼地平衡各派的势力，借助一派力量打击另一派，哪一方的势力涨上来，就联合其对手把它摁下去。

何进的妹妹是汉灵帝的何皇后，她为汉灵帝生下一个儿子叫刘辩。汉灵帝还有一个儿子，是王美人生的刘协，王美人据说死于何皇后的暗害，汉灵帝对何皇后和她的哥哥已经相当厌恶。

所以，汉灵帝驾崩前把宠信的宦官首领蹇硕叫到病床前，口述了自己的遗愿，希望刘协继位。

真要斗起来，蹇硕斗不过何进，何进身为全国武装部队总司令（大将军），掌握着军权，身边还有袁绍、曹操等一大批追随者。袁绍字本初，出身于“四世三公”的汝南郡袁氏家族，这个家族有着强大的政治基因，是政坛的常青树，袁绍原来的职务是虎贲中郎将，追随何进后被任命为司隶校尉，相当于清代的直隶总督。曹操已离任济南相，回到朝廷任职，担任过议郎等职务，最近被任命为典军校尉。

但蹇硕也有有利条件，汉灵帝虽死，外界却不知道，他们现在发起迅雷行动，果断对何进兄妹动手，仍有成功的可能。纵观汉末历次政变，都是在这种看起来不可能的情况下完成的。

蹇硕召集身边自认为可靠的人，作了精心布置，然后用汉灵帝的名义召何进入宫议事，打算在何进入宫后予以诛杀。何进丝毫没有戒备，还像平时一样进宫，眼看大事可成。

关键时刻有人救了何进，一个叫潘隐的宦官是何进安插在宫里的卧底，他得知蹇硕的阴谋后赶紧跑到宫门外，名义上是迎接大将军，其实是通风报信。何进走到宫门口，看到潘隐不停地挤眉弄眼，何进会意，掉头就走。

何进跑到设在西园的指挥所，召集众人商量对策，大家一致认为天子已出意外，于是立即采取了应对措施。2 天后，刘辩继位，尊母亲何皇后为皇太后，改年号为光熹，以袁绍的叔父袁隗为太傅，与大将军何进共同辅政。

蹇硕已成砧板上的肉，只能任人屠宰，他写信向赵忠、张让等宦官头目求救，赵忠、张让等人认为何进已控制时局，于是牺牲了蹇硕，把他的信呈给何进，何进下令逮捕蹇硕及其同党，处死。

至此，何进的目的已经达到，妹妹当了皇太后，外甥当了皇帝，自己大权在握，他认为可以收手了。但是，在袁绍等党人看来，这才是革命的开始，宦官未除，革命尚未成功，他们接二连三向何进进言，要他一鼓作气，趁势诛杀所有宦官，然后改革朝政。

何进试着与袁绍商量："能不能只诛杀其中民怨较大的宦官，对其他宦官予以宽赦？"

袁绍回答得很坚决："不行，要做就要斩草除根，否则后患无穷！"

何进表示为难："我也同意对宦官全部诛杀，可皇太后不答应，这如何是好？"

袁绍看出来何进的小心思，他想断了何进的退路，于是出了个主意，招外兵入京以逼迫皇太后同意诛杀宦官。

对何大将军而言，这是个很馊的主意，这个主意最终要了他和他整个家族的命。但在袁绍面前，屠户出身的何大将军明显智商不足，他没有看出袁绍的野心，竟然批准了这个计划。

袁绍的真实打算是，把局势弄得再混乱一些，于乱中寻找机会。他利用自己掌握的渠道，迅速向京师周围各路实力派人士发出信息，让他们即刻带兵入京。

这个计划是非常冒险的。天下那么乱，京师之所以始终在可控范围内，缘于洛阳四周设立了8个关口，像8道大门紧紧护卫着京师的安全。东汉自建国之后，还没有一支朝廷中央军以外的军队在事先不接到命令的情况下能进入八关之内。

被袁绍招来的外兵，一路是凉州刺史董卓，当年他主动辞职后又回到了凉州。另一路是并州刺史丁原，袁绍认为他是自己的同党。还有一路是东郡太守桥瑁，在诛杀宦官的斗争中态度比较坚决。

袁绍觉得这些还不够，于是打着何进的名义，派了一批人到各地去联络、募兵，这些人包括张邈、鲍信、王匡、张杨、毌丘毅等，他们都是袁绍的铁杆支持者。

这样，平时肃穆庄严的洛阳一下子热闹了起来。

刘备领着关羽、张飞等人四处流浪，听到洛阳那边乱起来，感到那里有机会，于是来到了洛阳。至于之后的情况，有两种不同的说法。

《三国志》说，刘备等人到洛阳后，跟随毌丘毅到丹杨募兵。毌丘毅和邹靖一样，都做过刘备的上司，但情况不详，只知道他是何进的部下，职务是都尉（大将军何进遣都尉毌丘毅诣丹杨募兵，先主与俱行）。刘备等人跟随他之后担任什么职务，《三国志》也没有记载。

按照《三国志》的说法，刘备等人随毌丘毅走到徐州刺史部的下邳，即今江苏省睢宁县一带，在那里遇到了贼人。这伙贼人，是黄巾军的余部还是土匪，情况也不详。

刘备等人的任务是募兵，剿匪并不是他们的职责，但他们还是参加了剿匪战斗，并再次立了功，因功被任命为下密县丞，该县属青州刺史部北海国，今山东省昌邑县。

另一种说法记录在《英雄记》里，也说刘备参加了募兵，但不是跟毌丘毅去的丹杨，而是跟典军校尉曹操去了豫州刺史部沛国（与曹公俱还沛国，募召合众），那里是曹操的老家。

对后一种说法，在有关曹操的史料中均没有记载，曹操确实曾在沛国、兖州一带募过兵，但那是以后的事，何进谋诛宦官期间，曹操一直在洛阳。

对前一种说法，虽然有些凌乱和矛盾，也没有其他史料作佐证，但推测起来是可能的。刘备等人随着毌丘毅去丹杨募兵，遇到贼人，毌丘毅作为朝廷任命的高级军官，率领手下与贼人作战，是合理的。

完事之后，他们可能没有再去丹杨，因为洛阳的局势发展得很快。董卓、丁原等外兵入京前后，被逼上绝路的赵忠、张让等宦官拼死一搏，他们把何进骗进皇宫，把他杀了。袁绍的异母弟袁术随后率兵攻打皇宫，赵忠、张让等绝大多数宦官都被杀死。

几乎在一天之间外戚和宦官同归于尽，党人简直不敢相信这是真的。但他们却来不及高兴，董卓率领凉州军进入洛阳，把握了朝政，袁绍、曹操、袁术等人纷纷逃离洛阳。在这种情况下，刘备等人再去丹杨就失去了意义，如果有到下密县任职的机会，他一定会去。

按照《三国志》的说法，刘备的这个下密县副县长也没当多久（复去官）。之后，不知道通过什么渠道，他又到了青州刺史部平原国的高唐县，即今山东省今县，担任县尉，后又升为该县县令。

这时候，刘备大约30岁左右。

第二章　群雄初逐鹿

老同学发迹

高唐县属青州刺史部平原国，东汉延平元年（106 年）刘胜被封为平原王，建封国。这位刘胜，与刘备先人同名同姓，是汉和帝的长子。

刘备任高唐县令大约在汉献帝初平元年（190 年），这时，朝廷已被董卓控制，袁绍、曹操、袁术等人在上年底逃出洛阳，之后分别在冀州、东郡、南阳郡等地组织武装力量讨伐董卓。正月，各路人马正式打出反董大旗，大家公推袁绍为盟主，袁绍也当仁不让，自称全国武装部队副总司令（车骑将军），用这个身份授予官职，指挥关东联军。

关东联军共有 11 路，分为 3 个方向：第一个方向是河内郡，包括车骑将军袁绍、河内郡太守王匡，冀州牧韩馥负责后勤粮草供应；第二个方向是东郡的酸枣，包括兖州刺史刘岱、陈留郡太守张邈、广陵郡太守张超、东郡太守桥瑁、山阳太守袁遗、济北国相鲍信以及前骑都尉曹操；第三个方向是豫州，豫州刺史孔伷屯颖川郡，后将军袁术及长沙郡太守孙坚屯汝阳。

3 个方向由北向南，对以洛阳为核心的中原地区形成半包围态势，双方展开了对攻战。

此时的青州刺史名叫焦和，是一个胆小怕事的人，平原国相名叫陈纪，是曹操手下著名谋士陈群的父亲，一个大知识分子。二人均无政治野心，加上青州地处关东联军包围圈的外围，属二线，所以他们没有直接参加讨伐董卓的战斗。

但是，青州并不安宁，因为黄巾军的余部趁乱起事，青州是他们最重要的活动区。《九州春秋》记载，此时青州有一定的实力（军器尚利，战士尚𬶍），但焦和一味避让，不敢与黄巾军交锋，一看见他们就吓得乱跑（望寇奔走）。

焦和还特别迷信，巫祝不离左右，常在军中摆耆筮之物，一见敌人就开始祈祷神灵保佑。这年冬天，黄河上结了冰，黄巾军可以轻易过河，焦和很发愁。有术士骗他，说有一种“陷冰丸”，投于冰上，冰即可消融，焦和相信了，但吃了大亏，“陷冰丸”弄了不少，但冰还是那样，黄巾军渡河而来，焦刺史吓坏了，病死在逃亡途中。

刘备此时只是个小小的县令，刺史都没招儿，他更没办法，黄巾军随时会占领高唐县，所以他必须另寻出路。刘备听说卢植老师在朝中担任尚书，已离开军界，手里也没有什么权，宦官视他为眼中钉，此时不能去找他，否则是给老师添麻烦。

这时，从北面的幽州刺史部传来消息，老同学公孙瓒在那里发展得相当不错，刘备决定弃官去投奔他。

公孙瓒因追讨张纯有功，升为骑兵旅旅长（骑都尉），归幽州刺史节度。此时的幽州刺史不详，但公孙瓒无疑是幽州一带最有实力的人之一。幽州刺史部所辖辽东属国的乌桓人首领贪至王率部向公孙瓒请降，公孙瓒气势更足了。

朝廷于是再迁公孙瓒为师长（中郎将），封都亭侯，命他驻军在辽东属国，与乌桓人作战，贪至王虽然投降，但乌桓人的大首领丘力居不太好惹，公孙瓒打不过他，乌桓人经劫掠青、徐、幽、冀等北方四州。

朝廷本来想用公孙瓒对付乌桓人，发现公孙瓒不行，只得另找办法。看来看去，只有时任宫廷事务部部长（宗正）的刘虞能力最强，于是任命他为幽州刺史，前去收拾北部边疆的局势。

刘虞是正宗的汉室宗亲，汉光武帝刘秀之子东海恭王刘强之后，从祖父到父亲都是“省部级”高官，本人年轻时举过孝廉，当过郡吏，政绩突出，此前已经担任过幽州刺史，在任期间，和鲜卑、乌桓、夫余、濊貊等北方少数部族关系融洽，有一定威望，那时少数部族都按时朝贡，不敢侵扰，百姓中也广为传颂刘虞的功德。

刘虞再回幽州上任大约是中平四年（187 年）前后，汉灵帝还在位。刘虞到任后，与公孙瓒的做法不同，对少数部族主张怀柔，派使者到乌桓各族晓以利害，丘力居等首领有感于刘虞的声名和诚意，也纷纷派遣使者表示愿意归附。

公孙瓒看着不舒服，暗中搞破坏活动。《三国志》记载，公孙瓒派人挑拨朝廷与这些少数民族的关系，甚至不惜派兵在乌桓使者必经之路上埋伏，将使者杀害。但这些办法奏效不大，乌桓各族识破了其中真相，归意坚定，他们就是绕道也要跟刘虞保持联系（胡知其情，间行诣虞）。

中平五年（188年），刺史改州牧，刘虞是首批被任命的3位州牧之一。朝廷表彰刘虞的功绩，还要拜他为三公之一的太尉，封襄贲侯。《英雄记》说，刘虞推辞不受。从儒家标准看，刘虞是模范士大夫，只是这样的朝臣现在越来越少了。遇到升官的事，刘虞总是推让给别人，他先后推荐过的人有卫尉赵谟、益州牧刘焉、豫州牧黄琬、南阳太守羊续等，这些人后来都当上了三公。

稳定了幽州局面，刘虞上疏朝廷，提出了一个让公孙瓒更加郁闷不已的建议：裁撤军队。朝廷只在乎事情办得怎么样，同样的效果，少花钱当然最好不过，就批准了刘虞的建议，这样公孙瓒好不容易积攒来的人马，被撤得只剩下一万来人。朝廷同时命公孙瓒把指挥部设在右北平郡。

公孙瓒对刘虞的意见更大了，这个老头看起来慈眉善目，但手段挺黑，所谓裁军其实是冲着他来的，目的是消弱他的势力，还把自己赶到右北平郡，给他站岗放哨。但慑于刘虞的巨大威望和朝廷的强力支持，公孙瓒不得不忍气吞声，去了右北平郡。

就在公孙瓒唉声叹气的时候，他的机会来了，董卓进入洛阳，天下乱了，公孙瓒重新焕发了生机。

董卓虽然控制了朝廷，发号施令，说一不二，但面对各地反对他的势力风起云涌，董卓心里也没底，除了组织力量与关东联军交战，对没有参加关东联军或者没有公开表态的其他各路地方势力，他想方设法予以拉拢。

当时比较大的几股势力有益州牧刘焉、荆州刺史刘表、徐州刺史陶谦等，再有就是幽州刺史部，相比于关东联军，这些才是真正的实力派。他们不公开反对关东联军，但仍按时派人向朝廷进贡，实际态度很明确，就是不公开与董卓为敌，这也是关东联军最后失败的关键原因。

董卓为拉拢刘虞，给他送来了一顶史无前例的大帽子——大司马。

朝廷最高官职是三公，分别是司空、司徒、太尉，三公下面是九卿，相当于部长。大司马被称为“上公”，比三公还高，本朝开国时汉光武帝曾授给过功臣吴汉，但很快就取消了这一职务。董卓想用这顶空头衔拉住刘虞，至少不让他跑到关东联军那边。

但董卓又使了一招，他同时以朝廷的名义任命公孙瓒为奋武将军，由师长破格提拔为军长，封蓟侯。董卓把公孙瓒抬起来，目的是牵制刘虞。

公孙瓒虽没有刘虞的地位高，但也算是朝廷管的干部，朝廷虽然还姓刘，说了算的却姓董，在公孙瓒看来，自己的地位在上升，对手刘虞的地位实际上下降了，他现在可以公开抗衡刘虞。公孙瓒迅速扩充人马，打着讨伐黄巾军的名义四处行动，不再局限于右北平郡。

正当刘备在高唐县为何去何从发愁时，听说老同学的事业干得这么大，没有犹豫，就做出了前往投奔的决定。

军阀混战

刘备投靠公孙瓒，时间是公孙瓒由中郎将升为奋武将军时，公孙瓒不忘旧情，接纳了老同学，给了刘备了一个军职，独立团团长（别部司马）。

东汉军制由上往下基本单位是军、营、部、曲、屯、队、什、伍，类似于现代军队的军、师、旅、团、营、连、排、班，只是编伍方法有所不同。最下面的伍，就是五人战斗小组，是最基层的战斗单位，主官为伍长；二五为一什，主官为什长；二什为一队，主官为队率；二队为一屯，主官为屯长；五屯为一曲，主官为军侯。算下来，每曲的人数是500人。

再往上，二曲为一部，主官为司马，是1000人，和现在一个团的编制相近，所以司马可以视为团长。再往上，五部为一营，是5000人，主官为都尉或校尉，相当于旅长；二营为一军，人数为10000人，主官一般是各类将军。裨将、偏将相当于副军长，还有一个中郎将，介于都尉、校尉与偏、裨将之间，相当于师长。

别部，是特别部队或者独立部队，别部司马相当于独立团团长，这大概是刘备第一个正式军职，虽不是他军事生涯的起点，却是他走向历史舞台的重要一步。别部司马下面还有军侯、屯长等，相当于营长、连长，关羽、张飞、简雍等人大概担任这样的职务。

公孙瓒已经是军长了，只给了老同学一个团长当，可能是公孙瓒手里的干部管理权限也有限，高级军官须由朝廷任命。但更主要的是，公孙瓒用人方面比较小气，对老同学并没有怎么照顾，毕竟刘备现在也是一员老兵了，参加过讨伐黄巾军和二张的战斗，当过好多年的县级干部。

刘邦当年在老家沛县当派出所所长（亭长），县政府有个名叫夏侯婴的司机（司御）经常来找他聊天喝酒，二人成为好朋友。刘邦成事后，夏侯婴去投奔他，刘邦当场任命他为交通部部长（太仆）。相比之下，公孙瓒魄力小多了。

公孙瓒升任奋武将军后不断扩充实力，对外宣称讨伐黄巾余部，势力逐渐向南发展，在与青州黄巾军的东光之战中，他一次就投入兵力2万人以上，可见实力增长之快。

公孙瓒的快速崛起激化了与朝廷“下派干部”刘虞之间的矛盾，公孙瓒向来没有把这个上司放在眼里，开始对刘虞阳奉阴违，后来干脆明着对抗，刘虞也拿他没办法。

此时洛阳的局势又发生了重大变化，先是董卓冒天下之大不韪废掉天子刘辩，另立汉灵帝另一个儿子刘协为帝，即汉献帝，又在强大的军事压力下放弃了洛阳，临走前杀了袁绍、袁术家族数十口泄气，之后迁都于长安。

董卓的这几手其实挺高明，因为他让关东联军一下子失去了斗争的目标，关东联军本来就很松散，内部意见不统一，董卓一走，他们开始了内斗，拉开了军阀混战的大幕。

在这场混战中，袁绍出手最快，他虽然自称全国武装部队副总司令（车骑将军），但一开始没有自己的地盘，全赖冀州刺史韩馥的收留和支持。袁绍号召力很强，家里几十口人被杀又为他赢得了政治上的同情，袁绍借势逼迫韩馥让出了冀州，幽州以南、黄河以北多成袁绍的势力范围，就连曹操现在都在给袁绍打工，袁绍让曹操当东郡太守。

利益虽然能带来合作，但利益更容易引发斗争。公孙瓒的崛起不仅让刘虞不快，也让袁绍不爽，随后发生了刘和事件，让二人的矛盾彻底爆发，并且还捎上了袁术。

刘和是刘虞的儿子，在朝廷任职，此时的朝廷已迁往长安。汉献帝虽然年幼，又被董卓控制，但他是个很有想法的少年天子，一心想重返旧都。刘和是汉室宗亲，汉献帝对他十分倚重，就派他潜出长安，由武关道出关中，去幽州找刘虞带兵来救驾（天子思东归，使和伪逃卓，潜出武关诣虞，令将兵来迎）。

这个想法不错，但路线有问题，长安去幽州应该往东北方向走，捷径是走河东郡，或者由长安往东出函谷关，武关道是往长安的东南方向走了，大致走的是现在陕南的安康、商洛，再走鄂西北。

武关道一出来就是南阳郡，那里是袁绍弟弟袁术的驻地。袁术发现了刘和，刘和虽然告诉袁术自己肩负的使命（为说天子意），袁术还是把他扣了起来。袁术作为关东联军的一员，理应支持刘和搬兵救驾，扣留刘和的动机实在不清楚，《三国志》的说法是袁术想通过扣留刘和，把刘虞引为自己的外援（术利虞为援）。

袁术答应刘和自己也会出兵西进，让刘和给父亲写信。刘虞接到信，马上决定派数千骑兵南下。这毕竟是件大事，还得跟公孙瓒商量，公孙瓒反对，理由是袁术此人有异志，跟他合作落不下好。

公孙瓒对袁术的判断还是相当准确的，只是刘虞没接受，仍决定派兵。这让公孙瓒反而担心起来，他害怕反对派兵的事被袁术知道，袁术将来恨他（瓒惧术闻而怨之）。为了弥补，公孙瓒也派从弟公孙越率一千骑兵前往南阳郡。

公孙瓒还另有盘算，他让公孙越给袁术捎话，让他扣留刘和，把刘虞派来的数千人马夺去。在幽州的两大势力中袁术更好看公孙瓒，他接受了公孙瓒的建议，吞并了刘虞派来的人马，继续扣留刘和。

可是，刘和却伺机逃出了袁术的控制，他想回幽州，路过冀州时又被袁绍扣下。

这件事当然让刘虞更加深恨公孙瓒。但事情还没完，袁术在南阳郡四处扩张，公孙越虽然是来做客的，袁术也给他派了不少活，让他率部攻打豫州刺史周昂，战斗中公孙越被流矢射中而死。

袁术有点儿头疼了，不知道如何给公孙瓒交代，想来想去，决定把这笔帐算在哥哥袁绍身上，他写信告诉公孙瓒，说公孙越是袁绍杀害的。公孙瓒被激怒，咆哮道："我老弟的死，全因为他袁绍（余弟死，祸起于绍）！"

不怕神一样的对手，就怕狐狸一样的队友。公孙瓒虽然已经认清袁术的本质，却又甘愿与之结盟，结果被暗中算计，还搭上了从弟公孙越的一条命。

经过袁术一搅和，北方局势更乱了，公孙瓒、刘虞、袁绍之间成为互为对手的关系，本来为争地盘公孙瓒已经和袁绍发生了矛盾，这一下于公之外于私也结上了仇，公孙瓒主动出兵攻打袁绍。

袁绍刚刚骗得冀州，韩馥原来的势力需要清洗，内部还需要理顺，对打上门来的公孙瓒袁绍不敢硬拼，提出谈判。最后，袁绍把自己兼任的渤海郡太守一职让给公孙瓒的堂弟公孙范，等于承认渤海郡是公孙瓒的势力范围，公孙瓒才怒气冲冲地撤兵。

渤海郡属冀州刺史部，按理公孙范的领导应该是袁绍，但他专门跟袁绍捣乱，以渤海郡为基地配合公孙瓒把势力往冀州、青州发展。公孙瓒以征讨黄巾军为借口大肆封官，任命严纲为冀州刺史，田楷为青州刺史，单经为兖州刺史，还任命了若干名郡太守、国相以及县令等。

公孙瓒的正式职务只是一名军长（奋武将军），能随便任命省长、市长、县长吗？按规定当然不能，但现在已经乱了套，朝廷在长安，正常的官员选拔任命程序被打乱，任命官员现在流行的是遥拜，或称表奏。

具体程序是，把拟任官员的情况写一份奏表，冲着长安方向跪下叩头，先大骂一通董卓奸贼，然后报告一下任职情况，再叩个头，完事。当然，这也不是谁都能随便整上一出的，得靠实力说话，你能实际控制一个地方，你表奏的官衔才有意义。

袁绍已自称冀州牧，公孙瓒再弄一个冀州刺史，是成心恶心袁绍，并明着来抢地盘。兖州还在冀州之南，目前是群龙无首的状态，在袁绍授意下曹操已在那里扎根，袁术也有一定势力，还有大大小小的地方实力派，公孙瓒任命一个兖州刺史，纯粹是打麻将凑腿子。

公孙瓒任命的刺史里最有战略意义的是青州刺史，焦和死后，袁绍和公孙瓒都盯上了这个地方，袁绍任命自己的儿子袁谭为青州刺史，公孙瓒任命了田楷。

刘备在高唐当过县令，该地属青州刺史部平原国，公孙瓒就让刘备归田楷指挥，主要任务是抢占青州的地盘。

三年平原国

青州刺史部是东汉 13 个州之一，大体范围包括今山东省西北部及胶东半岛一带，下辖平原国、济南国、乐安国、齐国、北海国、东莱郡等郡国，州治临菑，今山东省淄博市东北。

公孙瓒任命的青州刺史田楷事迹不详，不仅田楷，包括另外两位刺史严纲、单经在史书上也没有太多记载，也许是史料淹没散佚了，也许这几位本身也不是多么重要的角色。刺史虽是高位，但公孙瓒的用人观实在与众不同。

《英雄记》说，公孙瓒不喜欢用名门望族子弟，喜欢用小市民，他所宠信的大多是平庸之辈（所宠遇骄恣者类多庸儿），比较有名的是算命先生刘纬台、布贩子李移子、商人乐何3人，公孙瓒跟他们结成异姓兄弟。

《英雄记》甚至说，公孙瓒的字伯圭是后来才改的，一家如果有4个兄弟，他们的字里应该分别有伯、仲、叔、季这几个字，公孙瓒为了表示跟上面这3位异姓兄弟很亲，他自称伯，几个兄弟则分别称仲、叔、季。在公孙瓒的提携下，这些人很快富了起来，身家过亿，公孙瓒还跟他们结成儿女亲家，常把他们比作汉初的开国功臣曲周侯郦商、颍阴侯灌婴。

有人有此很不解，问公孙瓒为什么这么做，公孙瓒回答："那些衣冠子弟本来就很富贵，你要重用他们，他们会认为理所应当，不会感激你（今取衣冠家子弟及善士富贵之，皆自以为职当得之，不谢人善也）。"

看来刘备的这个老同学打仗有一套，但骨子里还是个小市民，刘备以及关羽、张飞等注定在他手下干不出大名堂。

在青州，公孙瓒有两个对手，一个是袁绍的儿子袁谭，另一个是青州的黄巾军。刘备等人如何与他们作战的，史书没有详细记载，只是打了好几仗，立下了战功（数战有功）。

《三国志》记载，刘备等人立了功后，公孙瓒后来又给了刘备一个职务，平原县令，不过是暂时代理（守平县令）。

平原县是平原国的治所，现在仍叫平原县。以刘备的年龄、资历以及投奔公孙瓒以来立下的战功，区区一个县令还要先代理，别说有老同学的交情在，即使没有，也有点儿太憋屈了。

这让人想起了另一个人，项羽。这是个公认的英雄，打仗没得说，但在为人方面也有些独特的地方。《史记》记载，韩信对项羽有一个挺到位的评价："有功当奖时，把刻好的官印留在手里，摩挲来摩挲去，官印上的棱角都磨掉了，仍然舍不得给人（至使人有功当封爵者，印刓敝，忍不能予）。"

在此期间，刘备又结识了两个人，一个是赵云，一个是田豫。

赵云字子龙，冀州刺史部常山国真定县人，即今河北省石家庄市一带。《云别传》说，他身长八尺，合今1.8米以上，长得高大挺拔、仪表堂堂（姿颜雄伟）。常山国属冀州刺史部，但有一部分人不满袁绍，他们聚集起来投奔公孙瓒，这些人就推举赵云为首领，一起来到幽州。

对赵云等人的到来公孙瓒心里很高兴，他原本担心冀州百姓都归附了袁绍，就跟赵云开玩笑道："听说你们家乡的人都投靠了袁氏，你怎么偏偏回心转意跑到这里来呢（君何独回心，迷而能反乎）？”

赵云回答：“天下讻讻，也没人知道谁对谁错，只知道老百姓正忍受倒悬之难。我们那里的老百姓都议论，看谁能施行仁政，倒不是对袁公有成见而私心于您（不为忽袁公私明将军也）。”

赵云在公孙瓒处的军职不详，按照《云别传》记载，赵云和刘备等人一前一后来到公孙瓒处，他们互相接触后，双方印象都很好，很投脾气（得深自结托）。

《三国志》记载，刘备随田楷到青州后，公孙瓒派赵云协助刘备，统领刘备手下的骑兵（主骑）。对于“主骑”还有一种理解，认为这是一个职务，相当于刘备的卫队长，考虑到刘备此时还只是一个独立团团长（别部司马）兼县令，这种理解略显牵强。

赵云之所以能随刘备而来，可能是刘备在公孙瓒那里争取的结果。可惜，没多久，赵云就走了。

《云别传》说，赵云的哥哥这时突然去世，赵云向公孙瓒请了假，回常山国老家奔丧。常山国那时已是袁绍的势力范围，赵云此去还能不能回来难以预料，刘备依依不舍，拉着赵云的手和他告别（捉手而别）。赵云想必也深为感动，他告诉刘备：“我永远不会忘记您的恩德（终不背德也）!”

刘备结识的另一个朋友田豫字国让，幽州刺史部渔阳郡雍奴县人，即今天津市武清县一带，他是主动投奔刘备的，那时他年龄还小，刘备对田豫的才能很赏识（豫时年少，自托于备，备甚奇之）。

田豫跟随刘备，由于年纪小的原因没有留下太多记载，后来刘备到豫州当刺史，田豫那时还跟着刘备。田豫成名是在曹魏时代，这位刘备早期的部属，后来成为曹魏的四代重臣。

刘备代理平原县令一段时间后，公孙瓒又让他兼任了平原国相（领平原相）。先后在4个县当副县长、县长，刘备的职务第一次得到跃升。

平原国在青州刺史部最西端，西边是冀州刺史部的清河国、安平国，目前由袁绍控制，是“袁统区”；南边是兖州刺史部的东郡，曹操先在这里当太守，后来当了兖州牧，是“曹统区”。曹操虽然渐成气候，但在当时名义上仍属袁绍集团，平原国是公孙瓒与袁绍集团斗争的最前线。

推测起来，平原国本不属于公孙瓒，刘备等人到来后通过武力逐渐扩大了地盘，由平原县慢慢拓展，最后占据了整个平原国。公孙瓒知道他的那些拜把子兄弟守不了平原国这样的地方，要论能力还得用老同学，所以任命了刘备。

刘备在平原国前后大约待了3年，具体时间应在初平二年（191年）至初平四年（193年）间。

陈寿写《三国志》手上的材料比较有限，尤其是刘备早年在北方转战这一段，记录得十分简略，3年的时间不并短，《三国志》没有留下任何记载，目前能看到的有关刘备在平原国的史料只有两条，记录在曹魏王沈所著《魏书》里。

一条说当时不仅兵荒马乱，而且还有天灾，百姓受苦，不少人活不下去，就聚众打劫。刘备作为平原国的地方官，对外抵御流寇侵犯，对内广施财物，保境安民。

有人来见刘备，无论什么人，刘备都和他们同席而坐，一起吃饭，没有架子，也从不挑剔，因此众人都愿意归附他（士之下者，必与同席而坐，同簋而食，无所简择，众多归焉）。

刘备一生都轻财好士，喜欢结交各类朋友，能跟形形色色的人打成一片，这正是他超人之处。

另一条是说刘备待人随和，对谁都不设防，结果让刺客钻了空子，差点儿要了他的命。

有个叫刘平的人，刘备不知道怎么得罪了他，一心谋害刘备。刘平买通了一名刺客，让他刺杀刘备。刘备不知道，还跟这个刺客见了面，而且待刺客十分盛情（备不知而待客甚厚）。

眼看刘备将面临灭顶之灾，但刘备的真诚感动了这名刺客，他不仅没刺杀刘备，而且把实情合盘托出，之后离去（客以状语之而去），刘备躲过一了劫。

这个刘平到底是谁，他的后台会不会是袁绍？这些不得而知。之前说过，《典略》记载平原国有个叫刘子平的推荐过刘备，这里又出现了刘平，好像有点巧合，《三国志集解》推测，刘平、刘子平或许是一个人，先是刘备的朋友，后因为某事又和刘备翻了脸。

这种可能性倒也存在，假如刘平或者刘子平是平原国的大户，刘备到来后做事比较有原则，能为百姓着想，也许触犯了他的利益，反目为仇的可能性是存在的。

当然，这只是推测。

北海解围

现在，继续来看初平年间发生的天下大事。

在北方，开始公孙瓒最强，后来袁绍势力逐渐壮大，一个强势军阀，一个新兴军阀，双方在所难免地发生了一场决战，时间是初平二年（191年）底，地点在界桥，今河北省南皮县附近。

公孙瓒主动进攻，他手里有一张王牌，是一支由数千人组成的“白马义从”，号称汉末四大主力之一。袁绍则有针对性地训练了一批“大戟士”，在界桥大破“白马义从”，公孙瓒大败，从此双方攻守易位。界桥之战前刘备、关羽、张飞等人已投靠了公孙瓒，史书没有他们参加此次战斗的记载，推测起来他们这时已经远在平原国。

但公孙瓒的势力仍很强大，攻不行，他就采取了守势，沿易水河北岸修筑了一条立体防线，中间遍布高大的楼台，用以抵抗袁军。为此，公孙瓒继续拉袁术为外援，再加上徐州牧陶谦，形成了一个军事同盟，以袁术为首；袁绍则拉刘虞对抗公孙瓒，加上曹操，也形成了一个军事同盟，以袁绍为首。

两大集团互相攻伐，袁绍打公孙瓒，公孙瓒打刘虞，曹操打陶谦，袁术打曹操，陷入多头混战。荆州牧刘表、益州牧刘焉保持中立，冷眼旁观，江东孙氏尚未崛起，孙坚在一次战斗中死去，长子孙策暂依附袁术。

在长安方面，也发生了大事。

初平三年（192年）4月，出身于并州军的吕布，不满凉州军的欺凌和董卓迁都长安后对自己的冷淡，与司徒王允等人密谋杀掉了董卓。汉献帝命王允负责处理朝廷日常事务（录尚书事），升吕布为奋威将军，享受三公待遇（仪同三司），共同主持国政。

董卓被除掉是一件大快人心的事，他的确恶贯满盈。《后汉书》评论他罪恶滔天、冒犯天地人常道（人之生也难矣，天地之不仁甚矣），《三国志》评论他凶狠残忍、暴虐不仁、自古以来少有（狼戾贼忍，暴虐不仁，自书契以来，殆未之有也)，评价之差都创下纪录。

问题是，王允、吕布除掉董卓后却迷失了方向，手里掌握着天子，看看四下兵戎一片，不知道该怎么往下进行。忙乱中，王允实行了一系列错误措施，董卓的旧部被逼造反，以李傕、郭汜、樊稠、张济等为首的凉州军反攻长安，王允被杀，吕布出逃，投奔南阳郡的袁术。

上面这些事发生在刘备平原国任内，他现在还只是公孙瓒手下众多力量中的一支，个人名望还微不足道，当吕布已名闻遐迩时，放眼天下，还没有多少人知道刘备这个名字。

不久，刘备的名字终于有人提起，这个人还很了不起。

青州刺史部的北海国在今胶东半岛中部，是个大郡，治所剧县，在今山东省昌乐县一带。北海国相名叫孔融，是孔子的二十世孙。汉代独尊儒术，孔子地位很高，孔融由此仕途颇为顺利，并在士林中享有盛名。何进主政时对孔融很看中，任命他为监察部副部长（侍御史），后任北军联席参谋长（北军中侯）、虎贲军指挥（虎贲中郎将）。

董卓把持朝政，要废掉刘辩另立刘协，孔融与董卓争辩，言辞激烈，董卓怀恨在心，但考虑到他有巨大声望，不敢直接加害，而是改任他为参事室参事（议郎），随后又暗示有关部门举荐孔融到北海国为相。

这是董卓的阴谋，那时北海国的黄巾军正闹得很厉害，董卓认为孔融就是一介文人，让他去无异于送死。哪知道孔融不仅书读的多，还有两下子，到北海国后立即召集士民聚兵讲武，又下发檄文讨伐贼寇，给周边郡县长官写信请求互相配合协同，局面很快稳住。孔融还修城邑，建学校，大力发展文化事业，举荐贤良，北海国的局面一时大为改观，百姓感念恩德，称孔融为“孔北海”。

但是，这些措施无法根本解决北海国面临的现实威胁。后来黄巾军管亥部攻打北海国，情势紧急，孔融看了看周边的情况，觉得平原国刘备有一定实力，于是派人到平原国，向刘备求救。

派来的人叫太史慈，老家在青州刺史部东莱国，史书说他身高七尺七寸，只比赵云矮一点儿，有一副美须髯，是个神射手，猿臂善射，弦不虚发。他在郡里当过小吏，后来得罪上级避难辽东。孔融听说太史慈的名气，多次派人拜望太史慈的母亲，送上厚礼。

太史慈从辽东回家看望母亲，正遇上黄巾军围城，母亲对他说：“虽然你和孔北海没见过面，但你走后孔北海对我赡恤殷勤，比起故人旧亲有过之而无不及。他如今被贼人围困，你应赴身相助。”

当时孔融已撤出剧县，被黄巾军围在都昌。太史慈乘夜突破包围冲进城，见到孔融，请求让他带兵出击敌人，孔融没听，黄巾军围城日急。孔融想派人去刘备处求援，没人敢应，最后太史慈请求一试。

太史慈严装饱食，带上箭囊，摄弓上马，另牵引2匹马随自己身后，马上各撑着一个箭靶（带鞬摄弓上马，将两骑自随，各作一的持之），开门出城。围城的黄巾军一看，十分惊骇，不知道这个人想干什么。

太史慈引马来到城壕边，插好箭靶，不慌不忙在那里搞起了射箭练习，射毕，入门回城（出射之，射之毕，径入门）。第二天这样，第三天仍这样。

围城的人放松了警惕，太史慈再出来射箭，外面的人都懒看再起身看，太史慈抓住机会，打马加鞭突入重围，趁敌人惊讶之际绝尘而去。黄巾军追赶，被太史慈用弓箭射杀数人，箭无虚发，没人再敢追。

这段记载并不是出自《三国演义》，而是《三国志》，太史慈是个奇才。

到了平原国，太史慈对刘备说：“我是东莱国人，和孔北海并无骨肉之亲，也不是老乡故友，只因为慕名而相知，兼有分灾共患的情义。现在管亥暴乱，孔北海被围孤身无援，危在旦夕。久闻使君您有仁义之名，能救人急难，因此孔北海盼望着您的相助，这才让我冒刀刃之险突出重围，从万死之中捎信给使君，望使君知悉！”

刘备和孔融并不相识，也没见过面，但刘备知道他的大名，虽然同为青州刺史部的国相，但自己和孔融远不是一个重量级的人物，听完太史慈的话，刘备郑重问道：“孔北海难道真知道天下还有一个刘备吗（孔北海知世间有刘备邪）？”

刘备有点儿激动，立即挑选3000名精兵跟随太史慈返回都昌，黄巾军知道援兵到了，解围散走，孔融渡过一劫。

当时的青州刺史部已陷入各派纷争的混乱局面，加上黄巾军搅局，地方上遇到难题只能自行解决或相邻郡县互助，孔融作为朝廷任命的官员，又是儒士出身，他既不属于公孙瓒一派，也不属于袁绍一派，所以他没有向公孙瓒任命的青州刺史田楷求援，也没有向袁绍任命的青州刺史袁谭求援，他想到的反而是刘备。

这件事透露出一个信息，刘备在平原国已经获得了较大的自主权，他不必请示自己的上级田楷就可以调兵。而这二三年来，刘备在平原国并没有碌碌无为、混吃等死，虽然他还人微言轻，但也在想法设法扩充自己的实力，一次可以借出3000精兵，对一个郡国来说，已经相当可观了，说明刘备至少拥有了几千人的实力。

未雨绸缪

到了初平四年（193年），天下形势又有了新的变化。

一个变化是吕布。他从长安逃出来投奔袁术，他的马脖子上挂着袁家仇人董卓的人头，原以为袁术会感激他厚待他，没想到袁术是个老油条，嘴上说感激，暗地里是百般防范，甚至想策反吕布身边本来就少得可怜的人马。吕布为保命，离开袁术北上，先去河内郡投奔同是并州军出身的张杨，在那里也待不下去，最后投奔了袁绍，袁绍正在用人之际，就收留了他。

袁绍也听说吕布此人名声不好，他早年做过并州军首领丁原的办公室主任（主簿），深得丁原信赖，但被董卓收买杀了丁原。跟随董卓后，董卓收他为义子，但最终仍然反目，杀了董卓。袁术、张杨不敢留他，主要考虑的是这些。

但是袁绍现在急缺人手，北面要对付公孙瓒，南面要对付袁术，他处在两面作战的境地，打得很辛苦，偏偏这时左翼又出了问题，黑山军首领张燕受公孙瓒挑唆与他对敌。

这个张燕就是张飞燕，黑山军打仗有独特之处，他们主要活动的太行山区地形又很复杂，袁绍几次派兵清剿都找不着感觉，处于被动状态。吕布来投，袁绍欣然接纳，交给他一项任务，让他去打张燕。

吕布出身于北部边境九原郡，号称飞将，善于骑兵机动作战，飞将对飞燕才是棋逢对手，吕布把张燕的黑山军打得落花流水。那句“人中吕布、马中赤兔”的名言，就是这时叫开的。

另一个变化是曹操，还在上一年，兖州刺史刘岱死于黄巾军之手，州中一时没有主官，时为东郡太守的曹操拾了个便宜，在兖州本地人士陈宫、张邈等人支持下当上兖州牧。

这个职务既不是朝廷任命的，也不是袁绍表奏的，是曹操在与黄巾军交战中的出色表现所赢得的，是“天努力、人帮忙”的结果。曹操上任后不负重望，在济北与青州黄巾军主力进行了决战并大胜，曹操精选黄巾军战士编成一支青州军，实力大增。

但对外讲曹操仍然是袁绍集团的一部分，按照袁绍的战略安排曹操不断向南发展，这就和徐州牧陶谦有了矛盾。

还有一个变化，发生在公孙瓒和刘虞之间。

公孙瓒虽然在界桥失利，但实力仍然相当可观，双方又发生了一些较大规模的战斗，互有胜负，形成对峙局面。史书记载他们互相掠夺老百姓，弄得田野里连青草都看不到了（互掠百姓，野无青草）。

公孙瓒看到南线战事暂时无法取得突破，就把着力点放在巩固幽州内部上，他决定跟刘虞彻底翻脸。作为公孙瓒的上司，刘虞对公孙瓒的愤怒也到了无以复加的程度，这个老头一向待人谦逊，脾气也好，就这样也经常被气得要死。刘虞通知公孙瓒来开会，公孙瓒每次都推说有病不来。

初平四年（193 年）冬天，忍无可忍的刘虞先动了手，调集 10 万人马攻打公孙瓒。当时公孙瓒在蓟县，他的人马分散在各地，刘虞发动突然袭击，公孙瓒再能打也有点儿扛不住，关键时刻公孙瓒在刘虞身边安插的一名卧底发挥了作用。这个卧底叫公孙纪，因为跟公孙瓒同姓，二人以前来往就比较多，后来发展成公孙瓒的耳目，此时在刘虞身边担任参谋。公孙纪及时把情报送出，为公孙瓒防守反击赢得了时间。

刘虞大军开到蓟县城外，刘虞下令：“只杀公孙瓒一个人，不要伤及无辜。”他同时命令士卒注意战场纪律，不要毁坏百姓的房屋，不拿百姓一针一线。

刘虞确实是个好人，是个有德之人，是幽州人民的好领导，但不是一个好统帅。作为 10 万大军的统帅，刘虞此时考虑的应该是如何取胜，如何为 10 万条生命负责。

刘虞所部官兵打起仗来畏手畏脚，攻了半天也拿蓟县城没办法。公孙瓒瞅准时机，晚上派数百名精锐出击，一边攻击一边顺风放火，刘虞军大乱，刘虞只得携带家属和一部分士兵退到上谷郡的居庸县，即今北京市延庆区一带，公孙瓒追击，围城 3 日城破，将刘虞及家人抓回蓟县。

开始公孙瓒没打算杀刘虞，州政府的往来文件还让他看（犹使领州文书）。但后来，凉州军阀控制下的朝廷心血来潮，派使臣来幽州，增封刘虞的食邑，并给了刘虞一个督六州事的新职务。这六州是幽州、并州、青州、冀州、兖州、凉州，也就是整个北中国，朝廷让刘虞集这6个州的军政大权于一身，这将是史无前例的职务。

但对刘虞来说已经毫无用处，即使他不是公孙瓒的阶下囚也无力调度目前实际控制着这6个州的公孙瓒、袁绍、曹操、吕布、刘备、袁术等人。

长安朝廷在任命刘虞的同时还升公孙瓒为前将军，督幽州、并州、青州、冀州四州，范围比刘虞小一些。公孙瓒面临着选择，如果承认朝廷的任命，那刘虞仍然是自己的上司；如果不承认朝廷的任命，就要给个说法。

公孙瓒想来想去，旧事重提，向朝廷使臣揭发刘虞曾与袁绍合谋造反，说刘虞自己想称帝，然后借用朝廷特使的名义将刘虞斩首。刘虞在幽州多年，深得民望，有不少追随者，公孙瓒杀了刘虞，在幽州的势力虽然扩大了，但也因此埋下了祸根。

作为公孙瓒的属下，刘备越来越深切地感受到公孙瓒的事业即将到头。除了与众不同的用人政策，在其他方面公孙瓒也常有另类之举。《英雄记》记载，部将被敌人所围向公孙瓒求援，公孙瓒坚决不出兵相救，理由是，如果救了这一个，以后将领们再遇到类似情况就有了依赖心理，就不会力战了。如果不救，以后大家肯定会奋力自救（救一人，后将恃救不力战，今不救此，后将当念在自勉）。

这个说法貌似有理，但人都有求生本能，在生死考验面前有人选取玉石俱焚，也有人选择投降以求活命。《三国志》记载，公孙瓒手下的渔阳郡太守邹丹被袁军包围，公孙瓒坚持不发救兵，坐视邹丹被杀。这件事提醒了公孙瓒手下的其他将领，危急关头都自谋出路。后来袁军北上，公孙瓒手下将领的普遍心理是靠自己的能力肯定守不住，靠外援又不可能（守则不能自固，又知必不见救），干脆主动投降。

公孙瓒大修易水河防线，花费巨大人力物力，单从攻防战术看似乎有一定可取之处，但从战略层面看就是一大败笔。群雄争霸的要点是抢占地盘和人口，躲在城堡里不谋求发展是土财主干的事，结果只能被别人慢慢吞没。

给公孙瓒出这些主意的肯定是他那帮亲家，这些人做个小买卖可以，却制定不出正确的战略规划来。《英雄记》提到一个人叫关靖，也是公孙瓒宠信的人，此人是一名酷吏，只会溜须拍马讨领导高兴，没什么大谋略，公孙瓒对他极为信任。

要干成大事，少不了最顶尖的人才，所以袁绍、曹操等人一边抢地盘一边抢人才。公孙瓒靠一己之勇起家，开创了不小的局面，但发展到一定阶段，就应该把人才战略放在最突出位置，但他偏偏不重视人才，也不会识才、用才和留才，平时围在身边的是一帮“庸儿”，几乎没有一个顶尖人才。

跟着老虎能吃肉，跟着狗只能吃屎。看着公孙瓒一天天沉沦，刘备已经能判断出最终的结局了，是为这个老同学陪葬还是另寻出路？这是摆在刘备面前最现实的问题。

郯县保卫战

这时，刘备的机会来了，提供这个机会的是徐州牧陶谦，或者更准确地说是兖州牧曹操。

从地图上看，兖州在青州以南，徐州在兖州以南，刘备的南面是敌方阵营里的曹操，曹操的南面是盟友陶谦。

在袁绍的授意和支持下，曹操把扩张的矛头对准了徐州，曹操整顿兵马正要出征，却发生了一桩轰动一时的血案，加速了曹操对陶谦的征讨，并让这种征讨由抢地盘变成了复仇。

曹操起事后父亲曹嵩为避战乱率全家数十口人来到徐州刺史部的琅琊国避难，这里是曹操夫人卞氏的家乡，靠近大海，春暖花开，更重要的是比较安全。

曹操要和陶谦交战，必须先把父亲弄出来，否则一旦开战全家几十口人就成了陶谦的人质。兖州刺史部所属泰山郡与琅琊国相邻，初平四年（193 年）夏天，曹操派泰山郡太守应劭去办这件事。

应劭是个学者，是《风俗通义》的作者，但不是曹操的嫡系。不知道是他的办事能力不行，还是对领导交办的事不上心，这件事不仅没办成，还搭上了曹家几十口人命。

《世语》记载，陶谦大概也想到了曹嵩，想派人把曹嵩等人接到徐州，但晚了一步，曹嵩一行已离开了琅琊国，陶谦派去的人于是追赶，在泰山郡的华县一带追上，曹家人在这里等应劭来接应，还以为这是应劭的人，没有防备，结果全部被杀。

《后汉书》的记载跟这个差不多，说曹嵩一行人已经进入泰山郡的辖区，应劭派来的人也已经接应上，但此时遭遇陶谦所部突然袭击，全家人被杀。又补充说，这件事不是陶谦派人干的，陶谦手下一个将领此时驻扎在距事发地华县不远的地方，他手下的士兵听说曹家人很有钱，就在路上设伏，在华县一带把曹家人杀了。

《吴书》的记载却完成不同，称陶谦听说曹嵩想儿子，就派部将张闿带领 200 人护送，曹家人很有钱，值钱的东西就装了 100 多车，张闿等人见财起了异心，在华县一带把曹家人都杀了，抢光东西，跑到淮南去了。

这趟劫杀没有留下活口，所以真相无从还原，造成记载的严重分歧。不过结果是一样的，曹嵩以下数十口人全部死了，其中包括曹操的弟弟曹德。

在曹操看来，这件事就是陶谦干的，因为只有他敢干，也只有他有能力干，至于真相到底如何，曹操已经懒得去探究了。前不久，曹操刚跟主动找上门来的袁术打了一仗，部队正在休整。曹操下令停止休整，全部进入临战状态，他亲自领兵杀往徐州，找陶谦报仇雪恨。

双方的整体实力不相上下，但曹操的军队更精于训练，又在战斗中经受过磨砺，从士气到战斗力都更胜一筹。然而，让曹操吃惊的是，还没等他打上门去，陶谦主动发起了进攻。

陶谦的底气来自于他最近新添了不少人马，实力大增。《后汉书》记载，这一年夏天中原及华北地区出现了罕见的自然现象，正值炎夏却刮起了寒风，像冬天一样（寒风如冬时）。这种神奇的自然现象鼓励了那些想造反或者正在造反的人，在他们看来这是天亡刘汉的又一明证。

徐州刺史部下邳国有个叫阙宣的人领头造反，响应他的人很多，当他看到上天也出来惩戒当权者时，于是不再客气，自称天子。从张纯开始，造反者越来越大胆而直接，不再像张角那样遮遮掩掩。朝廷虽然远在长安，对这样的事也不能沉默，命令徐州牧陶谦予以讨伐。

陶谦是个务实主义者，同样一件事，有人看到了主义，有人看到的却是生意。阙宣此时势力已经相当大，与其跟他斗得两败俱伤，不如联合。陶谦一方面派人跑到长安再次向天子宣誓效忠，另一方面与自称天子的阙宣称兄道弟，阙宣被他收编了。

曹家血案发生后陶谦知道难躲此劫，干脆来个先发制人，向兖州发起了进攻，主攻方向是泰山郡，这里曹军的防守相对薄弱，兖州刺史部所属的泰山郡、任城国有许多地方被陶谦占领。

面对陶谦的进攻，曹操兵分三路应对：一路由部将夏侯惇留守鄄城、濮阳等后方基地；一路由部将曹仁率领，由东郡的北部进入东平国、任城国，进而到泰山郡进攻那里的陶谦所部；一路由曹操亲自率领，由济阴郡南下，进入已为陶谦控制的豫州刺史部沛国，进而攻击徐州刺史部的彭城国，直捣陶谦的大本营郯县。

三路人马中最后一路是主力，陶谦从东面打上门来，曹操来个避实就虚，转而从南面直取徐州的核心，对于失去先发优势的曹军来说，这是正确的。

曹操下了决心，不达目的誓不回军。离开鄄城前，曹操告诉夫人卞氏："如果我回不来了，就领孩子们前往陈留郡投奔张孟卓（我若不还，往依孟卓）。"张孟卓是张邈，在洛阳时代与袁绍、曹操都是好朋友，目前是兖州刺史部所辖的陈留郡太守。

此时是初平四年（193 年）秋天，南路的曹军在曹操亲自率领下势如破竹，一口气拿下十几座陶谦占领的城池，直逼徐州境内的战略要地彭城，逼得陶谦赶紧从右路撤军，亲自来战。

陶谦这才发现，凭他的实力很难打过曹操。为此，他一边在彭城积极备战，一边向盟友求救。

陶谦的盟友是袁术和公孙瓒，想必这两个地方他都派人去了，但最后有回应的只有一个。袁术又奸又滑，眼里一向只有利益没有情谊，即使接到陶谦的求援，他也不行动，至少不会立即行动，加之不久前刚刚被曹操揍过一顿，损失不小，所以没来。

身在易水河畔高楼里办公的公孙瓒，接到陶谦的求援没有置之不管，他虽然不怎么高明，但知道陶谦一旦被消灭，袁绍的势力将倍增，自己跟袁绍争也就彻底无望了。

为此公孙瓒做出决定，派人支援陶谦。但是，公孙瓒舍不得派出自己的嫡系去，他给青州刺史田楷下令，让田楷率刘备前去支援徐州。

就战场形势而言，派田楷、刘备去支援并没有错，因为他们距徐州最近。但是，公孙瓒给他们的人马相当可怜。《三国志》记载，刘备带往徐州的只有 1000 多人，对比一下当初增援孔融，刘备随便就精选 3000 人出来，说明公孙瓒把刘备手下的大部分人马都扣下了。

这是公孙瓒留的一手，此去徐州十分险恶，结果如何很难预料，也可能助陶谦反败为胜，也可能肉包子打狗一去不回，少派点儿人马，损失就小点儿。

同时，公孙瓒对老同学刘备未必十分放心，刘备投奔以来，展现出相当的能力，但始终在公孙瓒集团核心层之外，地位还不如田楷。公孙瓒自知待刘备一般，所以老同学此去还能不能再回来很难说，扣住人马，就是防他不回来。

如果心疼这些好不容易积攒来的人马不去徐州，刘备可以找个理由推脱掉，但今后还得在公孙瓒手下混日子，经过权衡，刘备决定去。

《三国志》记载，除了这1000多人，刘备还收拢了一些乌桓骑兵，还有数千饥民（时先主自有兵千余人及幽州乌丸杂胡骑，又略得饥民数千人），把他们临时编组起来，好歹也有近万人，打仗管不管用，作为援军至少气势是足的。

就在刘备由青州赶赴徐州的时候，彭城战役结束了。

彭城即今江苏省徐州市，周边泗水、汳水交汇，自古以来便是兵家必争之地，也是大兵团交战的理想战场。400年前刘邦和项羽曾在此有一场大战，结果刘邦完败，项羽险些把刘邦生擒。

曹操、陶谦在此决战，战事最后呈现一边倒态势，曹军大胜，陶谦所部有近万人被杀，陶谦撤军，向东退到徐州的大本营郯县，即今江苏省郯县县。曹军继续追击，在郯县以东的武原与陶谦主力部队又进行了一场恶战，并再次取胜，兵临郯县城下。

郯县危在旦夕，刘备就是这时候到的。

刘备的到来让惊魂未定的陶谦大喜过望，立即从手下最精锐的丹阳兵中抽出4000人拨给刘备，增加其实力。

《三国志》记载，田楷是和刘备一块来徐州的（楷与先主俱救之），但史书对田楷的记载很少，只模糊地说了一句“从此之后刘备脱离了田楷，归附陶谦（先主遂去楷归谦）”。

田楷并没有死在徐州，他后来还参加了公孙瓒的易京保卫战，对史书的这句话可以有不同解读：一种理解是陶谦为刘备增兵后，刘备正式脱离公孙瓒集团，投奔了陶谦；另一种理解是，刘备人马增加后，不再由田楷指挥，而归陶谦直接指挥。

分析一下，后一种理解似乎更准确，至少在刘备刚来时，还没有明确他是公孙瓒的人还是陶谦的人。

刘备等人的加入，使徐州军的战斗力大为提高，曹操吃惊地发现，一路顺风顺水，但打到郯县却遇到了麻烦，面前这些已溃不成军的徐州军突然像变了个人，任由他们轮番猛攻，郯县岿然不动。

郯县攻防战是曹操、刘备这两个老对手第一次正面交锋，只是曹操的大名刘备已如雷贯耳，而刘备的事曹操未必知道多少，即使《英雄记》关于刘备早年随曹操赴下邳募兵的记载确有其事，他们已经相识，但双方多年未联系，刘备在曹操心里恐怕也早已淡忘了。

现在，对曹操而言，还要不要继续攻城成为一个难题。从大本营鄄城到郯县的直线距离超过上千里，曹军远道而来，虽然节节胜利，但自身消耗也很大，士卒减员，战斗力下降，将士都很疲惫，长期围城很不现实，因为这里毕竟是敌占区，敌人的后援会逐渐聚集，而自己的队伍将面临后勤补给问题。

曹操最后放弃攻城，回师兖州。

再战徐州

过了年，在长安的汉献帝刘协下诏改年号为兴平。

曹操回师兖州后，按说应该做一段时间的休整，但他几乎没有停留，春天都没过，他又第二次南征徐州。

曹操肯定认为，首次南征没达到目的，主要原因是人马不够，打到郯县时自己也精疲力尽了。所以这次再征曹操做了充分准备，他把攻防部队进行调换，让一部分参加徐州战役的人马留下守兖州，让之前负责留守的部队参加南征。虽然时间仓促，这样做多少可以解决一些部队战斗力的问题。

当然曹操觉得这样还不够，他向袁绍求援，公孙瓒派田楷、刘备率部参战后，已经不是兖州和徐州之间的战役了，演变成了整个北方的大战，袁绍理应参与。

袁绍果然很痛快地答应了曹操的请求，给他派来了一支生力军，带兵的将领叫朱灵，带来的人马共三营。之前说过，“营”是汉朝军制的单位之一，由5个部组成，每部1000人，3个营就是1.5万人，这不是小数。

有了袁绍的大力支持，曹军士气大增。曹操留夏侯惇、荀彧、陈宫、程昱等人分率一部分人马留守兖州几处要地，其中鄄城是他的大本营，曹操自己和手下大多数人的家眷都在这里，由荀彧、程昱留守；夏侯惇驻守在黄河上的重要渡口和战略要地濮阳；陈宫负责处理地方日常政务，并督办粮草，为前线提供后勤支持。

二征徐州，曹操改变了主力部队的攻击路线，上一次东面佯攻、南面主攻，这一次来个颠倒，从东面主攻，南面佯攻配合。曹操派少部分人由兖州刺史部的济阴郡、山阳郡向徐州刺史部的彭城国、下邳国方向攻击，主力部队绕到泰山郡，攻击徐州刺史部北面的琅琊国和东海郡。

陶谦的大本营郯县就在东海郡，曹操之所以选择这个路线，是想避开陶谦重兵把守的彭城、下邳防线，攻击其相对薄弱的北部地区，直捣大本营，增加打下郯县的胜算。

陶谦听说曹军又来了，很紧张，但搞不清楚敌人的主攻方向。刘备刚来，对徐州事还弄不明白，陶谦于是向另外一个人请教，结果这个人把陶谦坑苦了。

这个人名叫笮融，是陶谦目前最信任的人，也是汉末历史上相当另类的一个人。他曾被陶谦任命为下邳国相，擅长溜须拍马，深得陶谦信任，掌握不小的实权。笮融人品极差，对下黑同事，对上哄领导，欺压百姓，贪污腐化，背着陶谦搞了不少钱。

这当然不算另类，笮融与众不同之处在于他有了钱不乱花，不挥霍，而专心于一项在当时很新鲜也很时尚的活动，礼佛。

佛教当时虽然已传入中国，但总体而言还属于初级阶段，信佛的人并不多。笮融无疑是佛教早期的狂热信奉者之一，他在下邳国广修佛寺，命令人民日夜颂读佛经，每到佛祖诞辰日就举办盛大的浴佛会，每次活动费用多达上亿钱，都由笮融自己掏腰包。

陶谦找笮融商量事，笮融就搬出佛教经义来忽悠陶谦，佛教有一套博大精深的理论，笮融未必搞得太明白，但忽悠陶谦足够了，陶谦经常被笮融弄得一头雾水，可他偏偏吃这一套，越是高深不解越觉得有道理，很多重大决策都听笮融的意见。

这一次，陶谦问笮融曹军主力会从哪个方向来，笮融以他一贯的风格煞有介事地说："我来问问佛。"昏天黑地搞了一通，笮融告诉陶谦，曹操会从西方来，也就是从彭城、下邳方向来。

陶谦深信不疑，把重兵摆在了彭城、下邳一带。为加强那里防守，陶谦还表奏刘备为豫州刺史，让他率所部驻扎在小沛。

结果曹军主力却突然从泰山郡杀出，防守在徐州北部的陶谦守军始料不及，徐州刺史部辖下琅琊国有5座城池被曹军接连攻占。史书记载，曹军攻下这几个地方后大搞屠杀活动，使城池一片残破（多所杀戮，所过残破）。

具体哪5座城池史书没有记载，但肯定少不了距琅琊国治所开阳不远的阳都县，这是一座沂水河边的小城，美丽而富庶，深得齐鲁文化的滋润，人杰地灵。可是，军纪严重糟糕的曹军打破了这里的平静，使这里生灵涂炭，瞬间成为人间地狱。

曹军将士不会注意到在这个县城里有一位14岁的少年，正用一双愤怒的眼睛看着他们的所作所为。少年看到的一切潜移默化地影响到他今后的人生，使曹军在未来的岁月里增添了一个十分可怕的对手。多年后，这个少年的麾下有了千军万马，一次次重创曹军，这个少年的名字叫诸葛亮。

陶谦听说曹操亲率大军从琅琊国一路南下直取郯县，惊慌之极，赶紧派人到彭城、下邳一带调人马过来增援，同时通知在小沛的刘备，让他火速率部来郯县。

陶谦让人找笮融来问问怎么回事，结果陶谦差点没被气死，笮融早已不知去向。一查发现笮融前几天已经领着手下的人以及平时追随他的信徒共1万多人逃往广陵郡去了。

陶谦很生气，但无可奈何。曹军进兵速度极快，马上就打到郯县，而自己的援军还迟迟未到。在此情况下，陶谦恐怕也产生过一走了之的念头，学一回笮融，撇下徐州百姓溜回丹阳郡老家养老去。

但陶谦的养老计划并没有最终付诸实施，眼看郯县唾手可得，曹军却做出了一个出人意料的举动，他们撤军了。陶谦不相信，派人赶紧去侦察情况，回来报告说，曹军确实撤了，撤得还很彻底。

看来不是要诈，那原因只有一个，曹军的后方出事了。的确如此，就在曹军一路高歌猛进时，兖州方面出了大事。

曹操在兖州也留了一些人马，但兖州当时还有一支重要的力量，不在他的实际控制下，这就是陈留郡太守张邈，也是当初关东联军的11路人马之一。

张邈和袁绍、曹操是早年的朋友，他现在是曹操名义上的下属，但他与袁绍、曹操之间的关系相当微妙。《后汉书》记载，袁绍当了关东联军的总负责人，时常流露出骄傲自满的样子（有骄色），张邈批评过他（邈正义责之），让袁绍下不了台。

袁绍是个外宽内忌的人，《后汉书》说他密令曹操除掉张邈。大概《三国志》觉得这有点儿不可思议，所以它的记载稍有不同，没说袁绍的密令，而是说张邈自已担心曹操终有一天会按照袁绍的命令杀了他，心里很害怕（邈畏太祖终为绍击己也，心不自安）。

张邈跟曹操之间的关系也不像表面看起来那样好，曹操在己吾起兵，当时是张邈给了他很大帮助，己吾就在张邈的地盘上。酸枣会盟时，曹操连正式的名衔都没有，在张邈心里曹操只是跟着他混的小兄弟。但后来小兄弟一步步发展壮大，先当太守跟自己平级，后来当上州牧，一跃成为自己的顶头上司。张邈表面不说，但内心里看曹操的心情一定相当复杂。

这时，另一个对曹操不满的人主动来找张邈，这个人是陈宫，兖州刺史部东郡人，当初正是在他的竭力撮合下曹操才当上了兖州刺史。这个人很有能力，也得到曹操的信任，让他和夏侯惇、荀彧等人留守兖州。

陈宫不满曹操，是因为曹操不顾本土人士的反对执意攻打徐州，当初兖州人士拥护曹操当上兖州牧，看中的是他保土安民的能力，打跑了黄巾军，大家都挺高兴，但出去打别人，不管出于什么理由，本土派都强烈反对。曹操大军出动，数万人一去几个月，吃喝穿用，补充兵源，都出自兖州地方，所以有一部分人鼓动陈宫找张邈想办法。

陈宫给张邈出了个主意，趁曹操率主力远赴徐州之际一举夺下兖州，把曹操赶走。张邈经过思考，认为可行，决定秘密实施。为了更有把握，张邈和陈宫商议把吕布接来，打着他的旗号反曹。

吕布原来在袁绍手下打黑山军，在吕布的努力下，黑山军被打败，退到太行山深处，袁绍左翼的威胁解除。

吕布有个毛病，爱摆功，这时他的老毛病又犯了，认为给袁绍立下大功，开始向袁绍要这要那。吕布对袁绍手下的将领也不太客气，有点儿看不起他们，原因是这些人的官职都不是朝廷正式任命的，没有含金量（轻傲绍下诸将，以为擅相署置，不足贵也）。

《三国志》记载，吕布向袁绍提出增加所部人马，这触动了袁绍的敏感神经，自然不会答应。《英雄记》记载，吕布于是向袁绍提出去洛阳一带发展，袁绍顺势表奏他为司隶校尉（布求还洛，绍假布领司隶校尉）。

吕布已经让袁绍感到了头疼，袁绍的真实想法是除掉此人。但公开干是不行的，那将留下过河拆桥的印象，不管吕布既往历史如何，毕竟杀了自己的仇人，帮自己打跑了黑山军，怎么说都是个功臣。

袁绍决定秘密除掉吕布，表奏完吕布，又拨付给他3000甲士，陪他去洛阳上任。快过黄河时，袁绍的人准备动手。但吕布早有预料，他使出一计，晚上故意让袁绍人的住在自己大帐外，半夜里让人在帐中弹筝，而自己悄悄逃走。袁绍人的冲进来，只能向着吕布的床乱砍一通。

袁绍接到报告，吓得够戗，问左右谁愿意带兵去追吕布，飞将的威名居然让袁绍手下众将无人敢应（募遣追之，皆莫敢逼）。袁绍害怕吕布报复，下令关闭邺县城门，严加防卫。

吕布没有去找袁绍报仇，他有点儿心灰意冷了，走投无路之下，打算再去河内郡投奔并州老乡张杨。

陈宫、张邈了解到这些情况，他们在半路上把吕布截住，秘密接到陈留郡。

对已经成为咸鱼的吕布来说，没想到还有翻身的机会，他肯定会想，这是上天赐给他的最后机会，如果不接受，老天爷都不答应。

张邈、陈宫和吕布密议后，决定对曹操的留守人马进行突然袭击。张邈派人通知鄄城的荀彧，说吕布将军知道曹将军攻打陶谦，特意来帮忙，请提供粮草。

这一招是想诈取鄄城，但这个主意相当蹩脚。吕布的政治立场已基本明朗，他虽然帮袁绍打过仗，但目前是袁绍要抓的人，曹操是袁绍的盟友，目前听从袁绍的指挥，吕布怎能帮助曹操呢？不用说曹操的首席谋士荀彧，就是随便一个人也能看出问题来。

粮草不仅没要到反而给荀彧报了信，此时荀彧和程昱在鄄城，夏侯惇在濮阳，距此两地相距近百里。荀彧、程昱马上判断出情况有变，张邈可能已经反叛，听口气吕布也到了兖州，情况十分危险。

荀彧迅速作出两项部署，一方面派人火速前往徐州前线给曹操报信，另一方面派人通知夏侯惇放弃濮阳，率所部到鄄城会合，固守待援。

夏侯惇接到荀彧的情况通报大吃一惊，立即率所部人马，放弃辎重，轻军前往鄄城。半路上，夏侯惇与吕布率领的人马相遇，夏侯惇无心激战，退向鄄城，吕布也无心恋战，他更看中夏侯惇刚刚退出的濮阳。

没想到反曹势力如此强大，仅鄄城内就有不少人暗中寻机与张邈、陈宫里应外合。夏侯惇进入鄄城后，跟荀彧、程昱一道连夜查获想谋反的几十个人，全部处死，稳定了鄄城的局势。

兖州各郡县都响应张邈、陈宫，兖州有80多个县，没有反叛曹操的只剩3个，鄄城、范县和东阿县。

豫州刺史

曹操得到后方发生反叛的消息，哪里还顾得上徐州，赶紧撤兵回援。

《三国志》记载，刘备和陶谦的部将曹豹率部在郯县以东阻击曹军（谦将曹豹与刘备屯郯东，要太祖），但被曹军打败。这一仗曹操已没有心思打了，刘备、曹豹也未必真敢与曹军拼命，能解郯县之围就行了。

陶谦躲过一劫，但吓得不轻。郯县之围化解后，刘备继续回到小沛，当他的豫州刺史。

小沛是沛县的俗称，即今江苏省沛县，这里虽然与徐州刺史部的彭城国近在咫尺，却是豫州刺史部的辖区，刘备这个豫州刺史总算没有流亡办公。

豫州刺史部在东汉13个州里面积不是最大，人口也不是最多，却是最核心的一个州，范围大约相当于今河南省南部和东部，安徽省北部、江苏省西北部以及山东省的西南部，下辖颍川郡、汝南郡、梁国、沛国、陈国、鲁国等6个郡国，有97个县，治所在沛国谯县，即今安徽省亳州市，曹操的老家。

豫州是四战之地，目前的主要势力是袁术，袁绍、曹操、陶谦都有涉足，关东联军起兵时，豫州刺史叫孔伷，是朝廷正式任命的。孔伷死后，袁术先任命了孙坚，后任命了郭贡，袁绍先任命了周喁，后任命阴夔，加上现在的刘备，豫州同时有好几个刺史。

在现在的豫州刺史中郭贡控制的范围最大，张邈、陈宫起事后，郭贡曾率数万人赶到兖州，想浑水摸鱼，被荀彧劝退，可见他的实力不一般。陶谦作为徐州牧，在豫州控制的地盘仅限小沛一带。也就是说，这个豫州刺史跟光杆司令差不太多，时刻面临着被别人赶出豫州的危险。

如果摊开地图看，陶谦给刘备的这个差事，也绝对算不上美差。

小沛的地理位置很微妙，它虽然属于豫州刺史部，却远离豫州刺史部的中心地带，像一把剑插在兖州刺史部和徐州刺史部中间。如果曹军从南面攻徐州，进入徐州之前的第一站就是小沛。

小沛是徐州的最前线，也是目前最危险的地方，刘备的这个豫州刺史不是好当的，他得替陶谦挡箭。

这就是陶谦如此大方的原因，在他眼里小沛是徐州战略上的缓冲区，有了这顶钢盔戴在头上，陶谦做梦都能踏实些。

曹操回师兖州，与吕布、张邈、陈宫领导叛军陷入苦战，这一仗是曹操军事生涯的低谷，打了一年多。

在曹操忙于兖州事务的时候，徐州和小沛的局面相对缓和，刘备这个新上任的豫州刺史稍微能轻松一些，用不着天天过着枕戈听漏的日子。

作为一州之长，刘备可以牵头组建自己的办事机构，刘备聘请豫州名士陈群为副州长（别驾）。

陈群是豫州刺史部颍川郡人，说起颍川郡陈氏家族，在当时特别有名。陈群的爷爷叫陈寔，一生没做过多大的官，当过几次幕僚，最大的官是太丘县县长，史称陈太丘。他大多数时间都居住在乡里，但平心率物，德冠当时，被视为一代宗师，官府多次征辟都不去。

杨赐、陈耽等人每次拜公卿之位都说："陈寔未登大位，我愧先登。"三公每有遗缺，大家都认为应归陈寔，朝廷一次又一次征命，陈寔都不应，后来干脆闭门悬车，告示众人自己已在家养老。

一天晚上，一个小偷溜进陈寔家，躲在屋梁上想寻机偷窃。陈寔发觉，但未喊人捉拿，而是把子孙们叫到面前训示："今后每个人都应努力上进，勿走邪路。作坏事的人并非生来就坏，只是平常不学好……"小偷听完一番教导，感惭交并，下地叩头请罪。陈寔勉励他改恶从善，并赠他丝绢布匹，这就是"梁上君子"典故的由来，后人用陈寔遗盗比喻义行善举。

陈寔与儿子陈纪、陈谌都名重于世，时人称"三君"，陈纪就是陈群的父亲。颍川郡还有一个名士辈出的家族，就是荀彧所在的荀氏。一天，陈寔前去拜访，因家里穷，雇不起仆人，就让陈纪驾车，陈谌持杖随后，孙子陈群那时还小，坐车里由爷爷抱着。这一图景被人看到，受到世人追捧，称为"三君出行"。

中平四年（187），陈寔病故于家中，享年84岁。大将军何进以下官员纷纷派人前去吊祭，海内赴祭者多达3万人，专门负责制作孝服的就有上百人。司空荀爽、宫廷事务部部长（太仆）韩融等亲自出席葬礼并披麻戴孝，执子孙礼者有上千人，大学者蔡邕撰写碑铭，其中有“文为世范，行为士则”之句，世人又称陈寔为文范先生。

20年后，有个12岁的放牛娃来到陈寔墓前，当他看到陈寔的碑文后激动不已，尤其是“文为世范，行为士则”对他更为激励。感佩之余，他立下志愿，要成为陈寔那样道德高尚、受人敬仰的人。这个少年姓邓，为表达对陈寔的怀念，他把自己的名字改为邓范，字士则。后来，同族中已有叫邓范的，他不得已改名为邓艾。

陈群虽不在“三君”之列，但在历史上名气也不小。他还很小时，爷爷陈寔就认为这个孩子与众不同，对人说：“此子必定兴旺吾宗。”孔融一向瞧不起人，他的年纪介于陈纪、陈群父子之间，孔融先结识陈纪，以友相称，算是平辈。后来孔融又结交陈群，视陈群为友，再见陈纪，视为长辈（先与纪友，后与群交，更为纪拜）。

据邯郸淳所作《鸿胪陈君碑》记载，刘备担任平原国相之前，陈纪也担任过这个职务，汉灵帝驾崩后，陈纪对政治失望，去官回家居住。

此时，陈纪、陈群父子应当在颍川郡，该郡与小沛相隔遥远，但既属于豫州刺史部，刘备征辟陈群也属正常。这说明，刘备并没有把豫州刺史看作一个空头衔，他在努力增加实力，扩大影响力。

除陈群外，刘备还以豫州刺史的名义举荐袁涣为茂才。

袁涣是豫州刺史部陈国人，父亲袁滂曾做过司徒。袁涣虽是高干子弟，却清静守礼，为人低调。在本郡当过人事处处长（功曹），因为看到郡中遍布奸吏，不愿与他们为伍，弃官而去。

后来袁涣还当过侍御史，谯县县令空缺，朝廷任命，他不去。刘备于是以豫州刺史的名义推举他为茂才。茂才即秀才，为避刘秀的讳改称茂才，是汉代荐举制的另一种重要形式，推举的都是才能优秀的人。

但袁涣后来并没有跟着刘备干，他先后寄身于袁术、吕布，最后到了曹操那里，因为才干突出被曹操赏识，成为曹魏名臣。袁涣虽然未能事奉刘备，但对刘备的推举一直心存感激，刘备去世时，大家都跑去向魏文帝曹丕祝贺，唯独袁涣不去。

刘备来到小沛后，家庭情况也有所变化，他娶了本地人甘氏为妻。

《三国志》记载，刘备似乎此前已经娶过妻，但他的命不好，娶一个死一个（先主数丧嫡室），甘氏自此追随刘备，刘备的家务事都由她来管（常摄内事）。

至于刘备的母亲，自从送刘备去上学，后面的事史书再无记载。刘备早年奔波在外，危险而辛苦，不可能把母亲带在身边照顾，但至少当了平原相以后，日子逐渐稳定下来，可以接母亲一起生活了。没有文字记载，很大的可能是她已经不在人世了。

在来小沛前，刘备身边主要有关羽、张飞、简雍、田豫等人。到小沛后，除陈群外，至少还有2个人加入，一个是刘琰，一个是陈到。

刘琰是青州刺史部鲁国人，刘备在豫州开府办公，任命他为州政府参事（从事）。《三国志》记载，刘琰也是汉室后裔，具体传承不详，和刘备算是同宗同姓。刘琰长得风流倜傥，善于谈论，刘备对他很不错（厚亲待之）。

刘备出去办事，或者和重要人物谈事，都把刘琰带上（随从周旋，常为宾客）。刘琰一直追随刘备到益州，虽然能力有限，也没有建立过特别的功绩，但一直位居高位。

陈到又名陈叔，豫州刺史部汝南郡人，为人忠勇，从此时开始跟随刘备，成为刘备手下重要将领之一。这时候赵云还在老家，陈到等于先赵云正式加入刘备集团，以后他的名字常与赵云在一起，只比赵云稍逊一些（名位常亚赵云，俱以忠勇称）。

从幽州一路跟随刘备来豫州的田豫却突然向刘备提出回去，理由是家中有老母需要照顾（以母老求归）。刘备舍不得他走，但人子尽孝是最大纲常，刘备只得和他洒泪相别。田豫回到幽州，被公孙瓒任命为东州县令，公孙瓒失败后，田豫在曹魏做官。

和田豫分手时，刘备流着泪说："恨不能与君共成大事啊！"

刘备心中的大事田豫也许并不太明白，那时候天天都在打仗，每天都在为活命而发愁，很少有人思考更长远的事情。刘备辗转来到徐州，虽然仍寄人篱下，但他没有放弃对未来成就一番大事的追求。

第三章　徐州的交锋

天上掉馅饼

曹操撤兵后，徐州的形势得到缓和，曹操一时半会儿难以从与吕布、张邈的苦战中脱身，袁绍还要对付公孙瓒，黄巾军余部受到重挫，目前处于低潮，唯一游手好闲又不安分的袁术，此时在荆州牧刘表的强大压力下离开了南阳郡，向扬州刺史部寿春方向转移，目前一心向南拓展。

对陶谦来说，这时是难得的战略机遇期，他应该抓住这个空档，厉兵秣马，以备与曹操再次决战。可是，陶谦却提不起精神来，病了。

据史书记载，陶谦的年龄比曹操大20多岁，比袁绍、袁术也大10多岁，比刘表大10岁，比刘备大了将近30岁，在群雄中是位老同志。陶谦年轻时很有才，也很桀骜，属于典型的愤青一类人物。成为一路诸侯后性情大变，变得保守持重，也变得胆小怕事。

陶谦已经63岁了，在人的平均寿命大大低于现在的古代已经到了“烈士暮年”，是可以交代后事的年龄了。

一般人会把事业交给儿子，《吴书》记载，陶谦有2个儿子，一个叫陶高，一个叫陶应，但陶谦不想让他们接班，这2个儿子也没有当官（谦二子，商、应，皆不仕）。

陶谦并非淡泊名利，只是他深知权力是诱惑也是陷阱，如果自己的儿子能力平平，把权力交给他们等于害了他们，所以陶谦是明智的。当前，徐州经过两次战火，已经成了一个烂摊子，曹操大军注定还会再来，陶谦更不会把这样的烂摊子交给儿子，陶谦在寻找更合适的接班人。

说起来陶谦手下也是人才济济，孔融、张昭、许劭、王朗、赵昱、麋竺、陈登等一批汉末风云人物要么在陶谦手下供职，要么正在陶谦这里做客。

北海国相孔融是被迫无奈来到徐州的。《后汉书》记载，刘备帮孔融打退管亥后，危机暂时化解，刘备表奏孔融代理青州刺史（刘备表领青州刺史）。这条记载匪夷所思，青州刺史是公孙瓒所表的田楷，刘备以一个国相的身份如何表奏别人当刺史，更何况这个刺史位子上还坐着自己现在的顶头上司？

其实想想也是有可能的，《后汉书》说刘备表奏孔融是在孔融来北海国上任的第6年（在郡六年），董卓下放孔融到北海国是初平元年（190年），第6年是兴平二年（195年），这时候刘备已当上了豫州刺史，已经脱离了公孙瓒集团，他是以豫州刺史的身份表奏孔融代理青州刺史的。

孔融虽然代理青州刺史，但手里却没有实权，也没有地盘，在政治上他既不倒向公孙瓒，也不依附袁绍、曹操，孔融的一生都是坚定的保皇派。《后汉书》记载，孔融认为袁绍、曹操终究要废除汉室，坚决不与他们合作（融知绍、操终图汉室，不欲与同），有个属下劝他跟袁绍等人不妨拉拉关系，孔融大怒，把他杀了（劝融有所结纳，故怒而杀之）。但孔融只是一个文人，虽然志向颇高，一向想解除汉室的危难，却缺乏实干才能，所有理想没有一件成功（融负有高气，志在靖难，而才疏意广，迄无成功）。

孔融还在北海国时，袁谭来攻，从春天打到夏天，孔融手下只剩下几百人，流矢雨集，戈矛相接，孔融仍然凭几读书，谈笑自若。城陷，孔融出逃，家眷做了俘虏。走投无路之下孔融来到徐州，暂时在陶谦处栖身。

以后在江东扬名的张昭是徐州刺史部彭城国人，少时好学，擅长书法，精于《左氏春秋》，与琅琊国人赵昱、东海国人王朗一道闻名，互为友好，陶谦慕其名，察举他为茂才，但被张昭拒绝。陶谦认为张昭瞧不起他，一怒之下把张昭囚禁。赵昱那时在陶谦手下供职，经他营救，张昭得以释放。

王朗曾师从太尉杨赐，由于杨赐还教过汉灵帝和何进，所以王朗的师承关系异常显赫，因为老师的引荐，加上他学问好，王朗曾在朝中为官。杨老师去世后，王朗不愿在京城混日子，弃官回家。陶谦推举他为茂才，和张昭不同，王朗接受了，被任命为州政府人事处长（治中从事），主官员升迁考核。

许劭是豫州刺史部汝南郡人，跟袁绍是同乡，论在当时的知名度，张昭、王朗跟他比还差不少，因为他和从兄许靖是当时最著名的评论家，以品评人物而知名当世，他们每个月都要对当下的人物进行一次品评，人称为“月旦评”，曹操那句“清平之奸贼，乱世之英雄”就是许劭给的。

家乡动荡，许劭想到淮南避难，经过徐州时被陶谦留下，陶谦以礼相待，照顾得十分周到。

赵昱的名气相对小些，陶谦聘任他为副州长（别驾），赵昱不想接受，称说有病。陶谦让人给他带话，要给他点儿颜色看看（欲威以刑罚），赵昱才答应做官。

陈登是徐州刺史部下邳国人，少年时便怀有扶世济民的远大志向，博览群书，融会贯通。25岁被举为孝廉，任东阳县长，有政绩。陶谦提拔他为典农校尉，负责垦殖，开拓耕地，兴修水利，发展农业生产，减少饥荒（巡土田之宜，尽凿溉之利，粳稻丰积）。

汉末曹操屯田成就了霸业，其实曹操并不是汉末第一个搞屯田的，陈登搞屯田比曹操早了好几年，曹操是向他学的。

陶谦打定主意把班交给外人，他把以上这些人都打量一番，但又都不满意。论名气，许劭、孔融最大；论学问，张昭、王朗不低；论才干，赵昱、陈登不错。

但是，名气大的能力差，学问好的缺实践，有实践的又不放心。有的人有雄才却无大略，有的人有大略但无雄才，有的人既无大略也无雄才。交班不是小事，不是一交了之，所托非人，势必连累自己及后人。

最后，陶谦想到了刘备，这个人来徐州虽晚，但雄才大略兼具，手下人马虽然不多，但战斗力很强，让他主持徐州事务，陶谦觉得比交给其他人更放心。

想好后，陶谦把副州长（别驾）叫来，告诉他自己可能不行了，徐州今后的大事，只能交给刘备了（非刘备不能安此州）。现在给陶谦当副州长（别驾）的人名叫麋竺，徐州刺史部东海国人，是个大富商，他们家世代经营垦殖、贸易，家里有仆人、奴婢上万人，家产好几亿（祖世货殖，僮客万人，赀产钜亿）。

做完这番政治交代陶谦就死了。《三国志》记载，尽管陶谦囚禁过张昭，张昭还是为他写了祭文。

麋竺跟众人商量，多数人拥护陶谦的决定，于是大家推举麋竺率徐州官民代表团前往小沛迎接刘备，为了表示隆重，同时也担心刘备推辞，陈登、孔融特意同行。

刘备听说陶谦的死讯，原本没有太多在意，还在看谁会接替陶谦主政，听麋竺等人一说，刘备简直不敢相信，这个人竟然是自己。

但刘备不敢冒然接受，他在徐州还没有左右时局的实力，目前手下也只有几千人马，活动范围仅限小沛周边。在徐州周围，有袁绍、曹操、袁术等环伺左右，水有多深实在摸不清。

在和迎接团座谈时刘备表示推让，无非说些自己才不足用、德未服人等等。

陈登说："现在汉室陵迟，海内倾覆，立功立事，在于今日，徐州户数超过百万，虽然有点委曲您，但仍然希望您能屈尊就任（欲屈使君抚临州事）。"

刘备继续客气："袁术先生在寿春，离这儿也不远，袁先生家四世五公，海内所归，这个位子应该由他来坐（袁公路近在寿春，此君四世五公，海内所归，君可以州与之）。"

陈登说："袁术这个人既骄且豪，不是治乱之主，我们可以帮助阁下组织起十万军队，上可以匡主济民，成就春秋五霸那样的事业。下可以割地保境，在史册上留下英名。"

刘备仍然犹豫，陷入思考，孔融见状急了。

孔融说："袁术这个人不是忧国忘家之人，顶多是坟墓中的枯骨而已（冢中枯骨），又何足挂齿？现在百姓拥护的是有能力的人，天赐良机，您要不接受，将来后悔都来不及（今日之事，百姓与能，天与不取，悔不可追）。"

刘备一向敬重孔融，见他发话，而且看到火候也差不多了，于是不再推辞，随同迎接团前往郯县，就任徐州刺史。

但是，也有人反对，这个人是孔融的好朋友、刘备手下的豫州副州长（别驾）陈群。

《三国志》记载，陈群劝刘备："袁术的力量现在还很大，如果您此时去徐州就任，一定招致他的怨恨，袁术和吕布联手，您即使得到徐州也难以成事（袁术尚强，今东，必与之争。吕布若袭将军之后，将军虽得徐州，事必无成）。"

应该说，陈群的眼光是独到的，判断是准确的，后面的事正如他的预言一样。只是陈群没有告诉刘备怎么做才能抓住眼前的机会趋利避害，在可以看得见的机会面前，不可预知的风险往往显得不那么重要。

另外，刘备即使放弃了这次机会，就能避免与袁术的碰撞吗？也不一定。人已在江湖，身不由已，没有风险要去，有风险也得去。

有人认为，《三国志》里陈群的这番话有事后补缀的嫌疑，因为陈群提到的吕布，此时还看不出来要到徐州抢地盘的意思，吕布正陷入和曹操的苦战中，已经处于明显的劣势，袁术要联手夺徐州，合作的对象应该是曹操，吕布与袁术合作是以后的事。

徐州很乱

一般说来，刘备离开平原国南下，是事业的重要转折点；担任豫州刺史，事业跃上了一个新台阶；入主徐州，才是事业发展的里程碑。

在有些人看来，刘备从默默无闻到突然崛起只用了短短两三年时间，与其他创业者相比，他花的时间最短，付出的努力也似乎最小。但是，一份耕耘有一份收获，正是由于付出的代价小，收获的果实自然不能要求那么高。

刘备被众人推举就任的是徐州刺史，而不是陶谦之前担任的徐州牧。刺史和州牧虽然都是一州之长，但分量是不一样的。刺史最早只是监察官，相当于派到各州的检查组组长，品秩只有六百石，跟县令一样，低于品秩二千石的郡太守。只是后来各地局势混乱，刺史逐渐成为一州的军政长官，地位才日趋显赫。

刺史虽然实权大增，但以前的制度规定都没有改，管理一州事务多少有点儿名不正言不顺，朝廷意识到这个问题，后来改刺史为州牧，品秩提高到二千石，但州牧只授予那些资历老、名望高的人，资历、名望达不到的，仍然是刺史。

刘备来到了他战斗过的郯县，与徐州各界人士见面，表面淡定，内心却有点儿激动。激动过后，认真审视徐州的具体情况，刘备又有点儿高兴不起来了。

徐州刺史部下辖 2 郡 3 国，从北到南依次是琅琊国、东海郡、彭城国、下邳国、广陵郡。琅琊国和东海郡的大部分地区目前被一帮人实际控制，这帮人的头目叫臧霸，小名奴寇。

臧霸是兖州刺史部泰山郡人，父亲叫臧戒，在县里面担任过监狱长（狱掾）。泰山郡太守喜欢随便杀人，臧戒拒绝执行命令，惹怒太守，把他抓了起来，要押送到郡里治罪。

臧霸当时只有 18 岁，听说后马上聚合了几十个人，在半道上把父亲劫下，之后带着父亲还有一帮人逃亡到徐州。臧霸以勇壮闻名，黄巾起义爆发后陶谦在徐州募兵，臧霸加入陶谦的队伍，由于作战勇敢，被升为骑兵旅长（骑都尉）。

在陶谦与曹操的两次战斗中没有臧霸参战的记载，可能他负责驻防在外围地区。陶谦手下的孙观、吴敦、尹礼等都出身于泰山郡，臧霸和他们抱成一团，又拉拢了陶谦任命的东海郡太守昌豨，几个人发展成一个组织，表面服从陶谦领导，其实只听臧霸的。

陶谦拿他没有多少办法，只能睁只眼闭只眼，只要他们不闹事就行。陶谦一死，臧霸领着孙观、吴敦、尹礼聚兵于琅琊国的开阳县，正式打出旗号，以臧霸为首领（收兵于徐州，与孙观、吴敦、尹礼等并聚众，霸为帅，屯于开阳）。

一共只有5个郡国，琅琊国在霸臧手里，东海郡在昌豨手里，徐州没了一小半。这还不算，最南面的广陵郡也不在目前的控制中。

陶谦在时，王朗被朝廷征召到江东担任了会稽郡太守，赵昱担任了广陵郡太守。赵昱颇为正直，虽然不满陶谦，但让他造反，无论造朝廷还是造陶谦的反，他都不会干。但这时，广陵郡来了不速之客。

这个人就是笮融，他原是陶谦手下的下邳国相，由于装神弄鬼，让陶谦错判了形势，加上曹操大军压境，他只好开溜。曹操二征徐州时，笮融率手下部从及家属男女共1万多人南下，到了广陵郡。赵昱待笮融为宾客，摆下盛大酒席招待。笮融看到广陵郡物丰民富，怦然心动，起了歹心。一次宴会上，笮融将赵昱杀害，袭取了广陵郡。

笮融的势力一度在下邳国南部和广陵郡坐大，后来由于袁术的打击，笮融又逃到江南，广陵郡的大部分地区被袁术实际控制着。

对刘备这个徐州刺史来说，手里能控制的，只有彭城国和下邳国而已。

更为严重的是，徐州还隐藏着内乱的危险。

陶谦虽然死了，他手下还有一支嫡系队伍。陶谦是江东的丹阳郡人，那里素来出精兵，陶谦能在徐州立足，靠的就是一支丹阳兵，他死后，这支人马由将军曹豹率领。

曹豹出身不详，之前和刘备曾联手抗击过曹操，与麋竺、陈登等人不同，曹豹手里掌握着军队，是真正的实力派，在迎请刘备的过程中，并没有看见他的身影，这让刘备很担心。

在徐州外部，刘备入主后有一个问题无法回避，他要站在哪一边。

在袁绍和袁术牵头的两大阵营中，刘备本来是袁术阵营里的，但现在的形势渐趋明朗，袁术阵营里的公孙瓒和陶谦，一个走向没落，一个已不存在，袁绍、曹操的势头却正猛，何去何从，需要掂量。

如果继续与袁术、公孙瓒联盟，那就要和袁绍、曹操成为敌人，从曹操现在的情况看，彻底打败吕布是迟早的事，之后曹操肯定会再战徐州，那时公孙瓒指望不上，袁术这个老滑头也未必会帮忙，以徐州支离破碎的现状，去对抗曹操以及他背后的袁绍，没有任何取胜的可能。

对刘备来说，最理想的出路是两边都不参与、都不得罪，你们打你们的，我只作壁上观。但这是幻想，各方博弈渐深，已没有逍遥在外的空间。群雄逐鹿逐到了这个份上，没有朋友可以，没有敌人，是做不到的。

退而求其次，那就只能与最强大的一方结盟，这是刘备面前的现实选择。

《献帝春秋》里保存着一封以陈登等人名义写给袁绍的信，信中写道："上天降下灾祸，这场灾祸横扫我们徐州（天降灾沴，祸臻鄙州），徐州主事的人已经不在了，生民无主。在这种情况下，我们担心一旦有奸雄出现，趁隙袭取，那将有损盟主您的威名。所以，我们共同商议，准备推前平原相刘备来主事徐州（辄共奉故平原相刘备府君以为宗主），使百姓有所依归。现在寇难纵横，我无法亲自登门解释，特派遣下吏奔告于您。"

信中直接称袁绍为盟主，是有精心考虑的，意思大概有两层：一是袁绍是公认的关东联军盟主，是习惯相称；二是徐州已决定投靠袁绍阵营，遵袁绍为盟主。这两种解释是接受其一还是都接受，就看袁绍本人的意思了。

这封信虽然以陈登等人的名义发出，但不难推测这是刘备就任徐州刺史后的一个重要动作，体现的是他的想法。刘备想投靠袁绍阵营，但不清楚袁绍的意思，这封信算是投石问路，避免自己直接送上门被拒绝的尴尬。

对刘备的好意袁绍当然不拒绝。《献帝春秋》记载，袁绍马上给陈登等人复信："刘玄德宏量大度，又很有信义，现在你们徐州人士乐于拥戴他，这实在是众望所归啊（刘玄德弘雅有信义，今徐州乐戴之，诚副所望也）！"

袁绍的态度也表明了，他同意刘备当这个徐州刺史，也接受徐州加入他的阵营。

刘备这才松了口气，这个问题解决了，北面之忧可以缓和，曹操也不会马上来攻徐州了，至于袁术和公孙瓒方面，走一步看一步吧。

外交方面取得了突破，内政就好办一些，刘备主动与臧霸等人缓和关系，承认臧霸、昌豨在琅琊国、东海郡的现实利益，臧霸、昌豨等人纷纷表态，他们会像拥戴陶谦一样继续拥戴刘备。

为了换取臧霸、昌豨等人的支持，也为了有一个更加稳定、安全的后方，刘备做出一项重大调整，把徐州刺史部治所由东海郡的郯县迁往下邳国的下邳县，即今江苏省邳州市的下邳故城。

对陶谦的旧部，刘备能拉拢的就拉拢，能包容的就包容，平衡好各方面关系，让大家都满意、不闹事，只要能站稳脚跟，就能慢慢扩充自己的实力。

刘备任命曹豹担任下邳国相，以换取陶谦旧部对自己的支持，陶谦的旧部许耽等人，都担任着师长（中郎将）一级的军职，而对比刘备带来的手下，职务都普遍不高，关羽、张飞等人目前还只是在平原国时任命的独立团团长（别部司马）。

收留丧家犬

刘备担任徐州刺史，时间大约是在兴平二年（195 年）春夏之交，他刚就任，徐州就来了一位不速之客，竟然是吕布。

曹操上一年里全部精力都在与吕布、张邈等人周旋，初期他处于不利地位，主动权被吕布、张邈掌握，陷入苦战。后来曹操改变打法，把吕布、张邈分割开，利用二人不能同心的弱点，把主要兵力对付吕布，张邈为保存实力，屡屡错失战机。

到兴平二年（195 年）初，曹军已经能纵横驰骋于兖州各地，所向披靡，攻无不克，与刚从徐州回师时的情形判若两人。

袁军对曹操的支持也起到了关键作用，吕布原来一直固守，在军粮匮乏、没有友军支援的情况下，吕布只好弃城。北有袁绍，他只能向南运动，进入了他不擅长作战的河湖交叉地带，被曹军一顿狂揍。

作为吕布唯一的友军，张邈应该明白唇齿相依的道理，但他固守陈留郡，看着吕布挨打，迟迟没有行动。吕布被赶得一路南下，陈宫亲自赶赴陈留郡，说服张邈，他才派出一支人马前来接应，吕布稍得喘息。

吕布的战斗力还是很强的，他手里有一支队伍，人数虽然不多，却特别能打，一直追随着他不离不弃。在这支队伍里，有张辽、高顺、成廉、魏续、宋宪、侯成、郝萌等将领，阵容相当豪华。

张辽是并州军将领出身，论资历和吕布、张杨不差上下，并州军在长安刺杀董卓后，张辽随吕布出逃，日后成长为汉末名将。高顺知名度稍逊于张辽，《英雄记》说他为人清白，在军中很有威望，不饮酒，不接受贿赂，他不仅对自己要求很严，而且还特别能打。《英雄记》说高顺手下有700多人，对外号称1000人，装备精良，训练有素，攻无不克、战无不胜，称作陷阵营。

汉末有几支劲旅名气很大，有前面说过的公孙瓒的白马义从，还有曹操的虎豹骑、蜀汉后来的白耳兵和无当飞军，加上这支陷阵营，被有些人称为汉末三国时期的五大主力。

白马义从在之前的界桥之战中已被消灭，虎豹骑是曹操的近卫部队之一，先后由曹仁、曹纯等人指挥，曹真、曹休等曹家青年将领一般都先在虎豹骑中任职。虎豹骑是曹军嫡系中的嫡系，精锐中的精锐。《三国志》记载，曹纯督率的虎豹骑个个都是精锐，每空出1个编制，都要从100个人里挑出补上（纯所督虎豹骑，皆天下骁锐，或从百人将补之）。

有了张邈的配合，吕布一度又能和曹操一争高下，有一次甚至突击到曹操本人所在的大营，曹操险些丧命，《魏书》描写了此战的经过。

当时，曹操身边只有不到1000人，屯营守卫力量十分薄弱，吕布、陈宫亲自来攻，有好几千人。面对数倍于己的敌人，曹操命令妇女们都登上屯营的城墙守卫，把精壮士兵集中起来迎敌。屯营的西面有一个大堤，大堤的南面是一片茂密的树林，吕布率军来到，看到树林怀疑里面有埋伏。

这不能怪吕布，他最近确实被曹军打怕了。吕布对手下说：“曹操多诈，这里面肯定有埋伏。”于是率军离曹军屯营十里处扎寨。第二天又来，此时曹操把队伍隐藏在大堤内，派一半兵力在堤外，吕布率军进攻，曹操派少数人迎击，等敌人逼近，伏兵杀出堤外，吕布大败，曹军缴获了不少敌人的鼓车，一直追到吕布大营才回军。

《魏书》的作者是称臣于曹魏的王沈，所以他的记载经常夸张和虚饰，但总体来说，吕布、张邈联军还无法与强大的曹军抗衡。经过两次徐州之战，一批曹军将领正逐渐成长起来，曹军从最初的硬冲硬打，到现在声东击西、游刃有余，对战场形势的把控能力已有新的跃升。

最后，吕布、陈宫率领残兵败将被赶出了兖州，张邈和弟弟张超被围困在雍丘，曹操重新掌握了兖州。在此次叛乱中兖州有很多官民跟随张邈、吕布，曹操重新取得兖州后，很多人心存不安，曹操一律不予追究，有些参加过叛乱的官员还重新被任用，兖州逐渐恢复了平静。

吕布、陈宫一路向南，来到徐州刺史部境内。

曹操没有追击，原因大概有两个：一是雍丘之战进行得并不顺利，本来曹操认为趁着强大的气势，面对孤军，雍丘可一战而下，出人意料的是，雍丘军民在张邈的弟弟张超率领下斗志昂扬，宁死不降，张邈赴袁术处搬救兵，城里固守。后来张邈虽然没搬来兵，但这一仗让曹操打了好几个月。二是徐州已经是刘备在主政，刘备主动向袁绍示好，徐州由敌人变成了盟友，没有理由向新盟友刘备开战。曹操打了一年多，也累了，需要补充休整，曹操手下的谋士荀彧、毛玠等人建议曹操暂停军事行动，发展地方生产，恢复元气。至于吕布，就交给刘备了。

吕布到了徐州，来到下邳县，提出面见刘备，给刘备出了道难题。

吕布对刘备这个突然崛起的徐州刺史未必有太多了解，但刘备却很了解吕布。吕布当时已经是天下闻名的人物，大家对他的评价褒贬共存。

从褒他的方面说，大家认为吕布是员猛将，称他为飞将，手下有一帮铁杆兄弟，战斗力很强，所以说“人中吕布”；从贬他的方面说，吕布先后杀了自己的上司丁原、董卓，又和袁术、袁绍等人闹掰，也许原因各不相同，吕布每一次都有自己的理由和苦衷，但一般人不会细究那些，大家只看结果，从而得出结论，觉得吕布这个人缺乏诚信，甚至没有基本的道德底线。

丁原、董卓、袁术、张杨、袁绍、张邈，个个都是英雄好汉，他们都跟吕布打过交道，但他们不是死于吕布之手，就是吃过吕布的大亏，至少没落到什么好处，大概有人已经做过总结，要想事业发达，必须远离吕布。

可是，对吕布的到来，刘备最后还是决定欣然相迎。

《英雄记》记载，吕布见到刘备时一副毕恭毕敬的样子，跟刘备还套起近乎：“我跟您都是边地人，真是缘分呀。我杀董卓，本应该得到天下人的敬重，但却没有人愿意接纳我，还都想杀我（关东诸将无安布者，皆欲杀布耳），所以来投奔您。”

吕布的老家是并州刺史部五原郡，在今河套平原一带，刘备的老家在幽州刺史部涿郡，今北京市以南，二人本来拉不上老乡关系，但吕布认为五原郡和涿郡都属于边地，相当于老乡吧。

《英雄记》还说，吕布把刘备请到自己营帐中做客，喝完酒，邀请刘备到内帐中，请刘备坐在自己妻子的床上，然后把自己的妻子叫出来拜见刘备，为刘备斟酒布菜（请备于帐中坐妇床上，令妇向拜，酌酒饮食）。

吕布的妻子叫什么名字史书没有记载，但肯定不叫貂婵，因为那只是个虚构的人物。貂婵也不像人名，是后宫里女官的名称。

吕布跟刘备称兄道弟，刘备生于汉桓帝延熹四年（161 年），小曹操 5 岁，此时虚岁 35 岁。吕布生年不详，根据《英雄记》的记载，他把刘备称为老弟，可能比刘备年长。印象中，刘备是三缕长须飘在腮下，一副长者模样，而吕布则是英俊小生的打扮，女士们的偶像，看来是误解。

对于吕布的热情，刘备给予了积极回应，答应收留吕布，并交给吕布一项光荣任务，让他去守小沛。

刘备能实际控制的地盘，除了徐州刺史部的彭城国、下邳国外，还有豫州刺史部沛国的一部分，他头上还有豫州刺史的头衔，刘备表奏吕布为豫州刺史，让他驻扎在小沛。

事后证明，这是一项极其错误的决定。

刘备做出这个决定前并没有征求袁绍的同意，即使征求了，袁绍也不可能同意，吕布是袁绍的敌人，恨不得派人四处追杀他，肯定不希望吕布这条咸鱼还能翻身。刘备既然已承认袁绍盟主的地位，所作所为就不能损害袁绍的战略利益，否则，业已建立的良好关系将不复存在。

吕布还是曹操的敌人，曹操原指望刘备替他收拾吕布，如果那样，今后刘备自然跟曹操成为一条阵线，徐州北方的压力也就彻底不存在了。现在吕布在刘备的帮助下起死回生，等于向曹操宣布徐州仍然是曹操的敌人，那将迫使曹操第三次南征徐州。

刘备还应该从张邈的身上汲取教训，张邈、陈宫想反叛曹操，原来可以自己干，因为想借用吕布的名气所以把他拉来结伙，但最后一事无成，反受牵连，可见吕布所谓的名气并不能当饭吃，他的野心和善变倒一次次把事情推向不可收拾的地步，这样的队友比对手更可怕。

一向精明的刘备能看到这些吗，为什么还会做出这样的决定？

一个原因，可能是刘备看中了吕布和他手下仍具备的战斗力。刘备可依赖的只有关羽、张飞、陈到所率领的有限兵马，徐州各路地方势力不会真心实意听他指挥，一旦有大的行动，防敌人的时候还得防内部，这是刘备焦心的事。可能在刘备看来，引入吕布可以平衡徐州的各路势力，让自己这个徐州刺史坐得更稳。

另一个原因，和当初陶谦的想法一样，刘备觉得自己的头上也需要戴一顶钢盔，这就是小沛，作为抵挡兖州方面的前沿阵地，让吕布去守是再合适不过了，正因为吕布和曹操是势并共天的敌人，所以不用担心他会阵前反水，同时他的力量相对较强，曹操真的南下，也能顶上一阵。

但是，如果刘备真是这样的想法，那也只是他的想法，事后证明，这样的想法有点儿傻，有点儿天真。吕布不仅没有对徐州各路势力起到平衡作用，还与他们联合起来对付刘备；吕布不仅没有跟曹操拼命，二人还一度合好，亲如一人。

刘备这个错误犯大了，说明直到现在他还是政治和外交舞台上的新手。

袁术不服气

就在吕布投奔刘备的时候，长安的情况发生了突变，汉献帝逃出长安。

凉州军将领杀了王允，打跑了吕布，重新控制了汉献帝，后来他们发生了内斗，张济离开长安，朝廷被李傕、郭汜和樊稠 3 个人把持，但他们也有矛盾，李傕把樊稠杀了，让郭汜有了兔死狐悲之感，二人表面相安无事，但私底下都在做着刀兵相见的准备。

终于，郭汜忍不住先动了手，李傕迅速展开还击，汉献帝开始还居中调解，派大臣到他们二人军营里劝架，但二人都不接受，非要分出你高我低来。李傕接到报告，说郭汜密谋把汉献帝及百官劫持到自己那边去，于是先下手，命人包围了皇宫，要把天子及百官转移到自己大营里。

汉献帝争辩了半天，无奈率众大臣及宫人离开未央宫。他们一走，李傕的手下立即蜂拥而入，先是抢夺御用物品，之后将皇宫一把火烧成灰烬，以消灭抢劫的罪证。

汉献帝再派百官到郭汜那边调停，郭汜趁机把大家扣下当人质，并且向李傕大营发起进攻，李傕见大营不安全，就把汉献帝一行转移到长安城北的另一处军营，汉献帝与外界的联系完全隔绝，日常饮食都有困难。

双方激战数月，李傕和郭汜都有点儿打不动了，表示愿意和解，被扣压在郭汜军营里的百官们重新见到了汉献帝，大家一致认为，必须趁李傕、郭汜没有反悔立即离开长安。

兴平二年（195 年）7 月，汉献帝携文武百官在闻讯前来护驾的张济护卫下离开长安，前往弘农郡。但是，汉献帝一行刚离开长安，郭汜就反悔了，他不想失去对汉献帝的控制，想把汉献帝弄到长安以北不远的高陵去，经过反复谈判力争，汉献帝最后去了新丰，后又辗转来到华山脚下的华阴，在这里遇到凉州军将领段煨、杨奉、杨定之间的混战。最后，汉献帝一行好歹逃到了曹阳，已是狼狈不堪，只能在田野中露宿。

这时已经到了 12 月，天气寒冷，活跃在曹阳附近有一股白波军，像黑山军一样，他们都是黄巾军余绪，首领有李乐、韩暹、胡才等人。他们听说皇帝走投无路到了家门口，立刻来了精神，李乐等人率数千人马渡过黄河，与李傕、郭汜、张济交战，结果将李傕等人打败。汉献帝一行趁乱逃到了离黄河很近的陕县，刚到这里，追兵紧跟着也到了。

大家只好在陕县附近强行渡河，一路上拥挤不堪。到了黄河边大家都傻了眼，黄河大堤足有 10 丈高，没法下去。后来伏皇后的哥哥伏德随身携带的数匹绸缎，有人又弄来几个马笼头，用这些东西捆扎成一个简易坐辇，找了个劲大的校尉背着汉献帝坐在辇上，由上面的人拉着才吊下去。其他人用剩余的绸缎结起来陆续往下滑，排不上的索性跳了下去，有人当场摔死。

两汉数百年，这一幕恐怕最为不堪回首了。

总算过了河，一行人进驻李乐在大阳的军营。汉献帝一心尽早回到洛阳，但是跟前这些人情况很复杂，各人的想法都不一样，没人关心天子的意志。

虽然暂时稳定，但粮食成了问题，李乐本来就不富裕，要供应天子及百官的饮食更是一筹莫展。吕布的老朋友河内郡太守张杨听说天子东归，派了一支部队前来接应，他估计天子一行面临的最大问题可能是没吃的，就让接应的人每人都背上足够的军粮，这才解了燃眉之急，汉献帝下诏拜张杨为安东将军。

大阳是个小地方，汉献帝日常起居及办公只能因陋就简，议事的地方外面只围着篱笆，他和大臣们议事时士兵们都挤在外面看，这些兵大部分是黑山军改编的，一点军纪都没有，一边看一边嘻嘻哈哈。

汉献帝及众位大臣们备受骚扰，只想尽快离开这里回洛阳，但他们被韩暹、李乐、胡才等人控制，无法自由行动，这些人只想伸手向天子要官，不仅自己要，还帮手下人要，就连身边的一些随从眨眼都成了校尉一级的高官，负责刻制公章的御史们忙得不可开交，只好改用锥子画字的办法制作官印。

兴平三年（196 年）正月，汉献帝下诏改年号为建安，大赦天下，同时向袁绍、刘表、袁术、吕布、刘焉等人发去诏书，让他们率兵前来护驾，保护自己回洛阳。

袁绍离汉献帝最近，实力最强，袁氏世受国恩，理应第一个前来，但袁绍此时正面临南北两线作战的艰苦局面。曹操围雍丘，打了几个月，城破了，杀了张超。张超有个好朋友叫臧洪，酸枣会盟时盟书就是他宣读的，很有侠义精神，为救张超，他曾向袁绍请求发兵相救，袁绍当然不同意。

此事激起了臧洪的严重不满，他时任东郡太守，驻扎在离濮阳不远的东武阳，臧洪一怒之下在东武阳起兵反对袁绍。袁绍也恼了，亲自带兵攻打，天子的特使找到袁绍时，袁绍大概就在东武阳前线。

东武阳成为第二个雍丘，城不大，却异常难攻，曹操打雍丘花了好几个月，袁绍打东武阳前后历时 1 年。

而在袁绍的北面，公孙瓒虽然龟缩不出，但也时不时给袁绍制造点儿麻烦，袁绍不敢大意，他命令手下大将麹义联络刘虞的儿子刘和、刘虞的旧部鲜于辅等攻击公孙瓒。由于两线作战，袁绍人手紧张，确实没有力量去护驾。

而且，由于众所周知的原因，袁绍对当今天子有所不恭，不仅多次试图另立他人，而且扬言天子的血统有问题，不是合法继承人。所以，当天子的特使到来时，袁绍没有急于下决定，而是派人先去看看再说。

袁绍派了一个考察团去大阳，团长叫郭图，是袁绍手下的谋士。郭图看了看，没说啥，走了。《三国志》说，郭图倒是建议袁绍去迎接天子，因为汉献帝此时已走投无路，如果得不到妥善处置，就有可能落于他人之手，比如袁术、刘表，甚至是吕布、刘备，到那时候将对袁绍集团相当不利，但这个建议没被袁绍接受。

《献帝传》记载有所不同，认为同意迎接汉献帝的是冀州本土派沮授等人，而持反对意见的是郭图、淳于琼等人。郭图、淳于琼认为："汉室凌迟，为日已久，现在要重新振兴，是多么困难（今欲兴之，不亦难乎）！现在各路英雄据有州郡，个个人多势众，正所谓秦失其鹿先得者为王。如果迎接天子到自己身边来，以后干什么事都要先请示报告（动辄表闻），听天子的就削弱了自身的权力，不听天子的就是违命，这实在不是什么好主意。”

以往多认为郭图、淳于琼等人目光短浅，只看到眼前的一点，没有着眼于长远，结果让袁绍错失了一次“挟天子以令诸侯”的好机会。但是，如果从更长远的发展来看，他们的谈论也未必全无道理。

不管怎样，袁绍集团内部对是否迎接天子产生了分歧，加上袁绍对汉献帝潜意识里不大接受，又有当前南北两线战事的困扰，于是目前离天子最近、实力最强的袁绍暂时放弃了迎接天子的打算。

《英雄记》记载，天子的特使也来到吕布这里，特使历尽千辛万苦，冒着重重风险找到了吕布。吕布这时应该在小沛，在刘备的支持下就任豫州刺史。

诏书由汉献帝亲笔写在一块木板上，要吕布率兵去迎接他（手笔版书召布来迎）。吕布这时候挺可怜，虽然有刘备的收留，暂时有了一块立足之地，但人马不多，军用物资更不充裕（军无畜积），无法带兵远赴千里之外去护驾。

吕布把情况写成奏疏，派人随特使向汉献帝说明情况，请求原谅和理解。

在汉献帝的心里，最厌恶的人是董卓，董卓是吕布杀的，所以他对吕布最有好感。汉献帝不仅没有怪罪吕布，反而再次派特使前来拜吕布为平东将军，封平陶侯。之前吕布是奋威将军，温侯。

吕布很感激，美中不足的是特使路过山阳国时，一不小心把平东将军的印绶及封侯的信证都给弄丢了。

天子的特使如何到的袁术那里、袁术如何反应，史书没有记载。但《三国志》有袁术对汉献帝态度的记载，那还是汉献帝在曹阳遇险时，当时到处都在流传，说天子在曹阳遇险了。

袁术不着急，不悲伤，反而迫不急待地召集会议，跟手下人说：“如今刘氏微弱，天下乱乱糟糟，缺乏统一领导。我们袁家连续四代人当过三公，是天下名望所归，我想顺应民意，大家看看这怎么样（欲应天顺民，于诸君意如何）？”

大家都听傻了，不相信自己的耳朵。“顺应民意”说得再害羞也听得明白，那就是想自己当皇帝。这种事张纯干过，王国干过，笮融这样的人干过，但“四世三公”出身的袁公子也想干，把大家震住了。

震惊之余，没人吱声，而不吱声就是反对。

袁术的办公室主任（主簿）阎象忍不住劝道：“当初周朝从后稷以至于周文王，积德累功，三分天下已经占有其二，仍然服从商王殷纣的领导。明公您虽然出身世家，但还没有达到周王那样的强盛。而且，现在汉室虽然微弱，还没有像殷纣王那样残暴啊！”

阎象的话很委婉，但意思是明确的，您老人家比周文王差得远，汉献帝比殷纣王强得多，当初周文王都甘愿服从殷纣王的领导，您有什么资本自己当皇帝呢？

袁术听了心里不高兴，半天不说话（嘿然不悦），但没人支持他，这件事也就暂时放下了。

袁术现在应该身在扬州刺史部的寿春，即今安徽省寿县。孙坚死后，袁术离开南阳郡，本来想到兖州刺史部发展，但曹操已先他而到，他试着跟曹操打了几仗，根本打不过曹操，于是逃到了扬州刺史部。

袁术干事一向又黑又狠，一到扬州，就杀了朝廷任命的扬州刺史陈温，以寿春为基地向外扩展，当时群雄各忙一摊，扬州没有强势的领头人，袁术正好占了先机，最强盛的时候，他手下云集了孙策、郭贡、张勋、桥蕤等将领，势力除扬州一部分外，还发展到了周边的豫州、徐州一带。

后来孙策离开袁术到江东独立发展，袁术集团的力量有所削弱，但在整个东南方向，还数他的势力最大。

在当前形势下，袁术自然不会理会天子的安危，他现在最想做的，是收拾刘备。

刘备取代陶谦入主徐州，一改与自己结盟的现状，转投对手袁绍，这让袁术不能释怀。袁术一向心高气傲，本来看着刘备就不顺眼，《英雄记》记载，袁术听说徐州突然来了个刘备，曾说过：“我袁术生平还从来没有听说过天下还有刘备这个人（术生年已来，不闻天下有刘备）！”

袁术说干就干，挥师北上，直取徐州。

刘备不敢怠慢，赶紧整顿人马南下迎击，双方在徐州刺史部南部的下邳国、广陵郡一带交战，这里就是如今的洪泽湖地区。

背后一刀

建安元年（196 年）春天，刘备率关羽等南下迎击袁术，让张飞留守下邳。

《三国志》记载，曹操听说刘备和袁术开战，立即对刘备给予支持，任命刘备为镇东将军，封宜城亭侯。

曹操的目的是拉住刘备，坚定刘备与袁术斗争的信心，对曹操而言，夺取徐州是上策，不战而把徐州由敌人转化为友军，也是可以接受的。尽管刘备收容吕布让曹操不快，但为大局着眼，曹操还是把刘备当成自己人。

刘备已经取得了徐州刺史的职务，但他还没有新的军职，刘备的上一个军职是公孙瓒授予的独立团团长（别部司马），镇东将军在杂号将军之上，相当于军区或兵团司令，刘备一下子升了好多级。

张飞此时的军职仍然是团长（司马），在下邳城比他职务高的有曹豹，他是下邳国相，相当于太守。还有陶谦的旧部许耽，职务是师长（中郎将），比张飞高得多。这样，势必会产生矛盾，张飞是刘备的亲信，是后方的实际负责人，但职务却不高，更重要的是，刘备率嫡系主力南下后，下邳城的防务以陶谦旧部为主，很容易出问题。

《三国志》称张飞是一员猛将（雄壮威猛），打仗比较在行，但处理复杂微妙的局面可能不拿手。如果刘备此去很快获胜，徐州倒不会出现大的闪失，但如果打了败仗，或者陷入长期僵持，那就不好说了。

《英雄记》记载，刘备和袁术在淮阴的石亭一带交战，双方互有胜负，形成了对峙的局面。

从人数上说，袁术肯定占优，但从士气上看，刘备更旺。袁术挺郁闷，如果连名不见经传的刘备都打不过，他一定觉得自己简直没法混世界了。

看到这种局面，有人觉得恰好是一个天赐良机。

《三国志》记载，第一个看到机会的是吕布，吕布见刘备主力南下，于是趁虚袭取刘备的后方，曹豹偷偷迎接吕布，夺取了刘备下邳城（吕布乘虚袭下邳，下邳守将曹豹反，间迎布）。

《英雄记》的记载略有不同，认为是曹豹先联络的吕布。张飞和曹豹之间终于发生了矛盾，张飞要杀曹豹（陶谦故将曹豹在下邳，张飞欲杀之），曹豹坚营自守，同时派人秘密联络吕布，吕布于是从小沛袭取下邳，张飞败走。

《英雄记》还透露出一个重要信息，就是吕布此前曾偷偷联络过袁术（布初入徐州，书与袁术）。吕布在信里写了些什么不详，袁术给他的回信却保存了下来，信中说：

“过去董卓作乱，破坏王室，祸害我袁家门户。袁术举兵关东，未能杀了董卓。将军诛杀董卓，把他的首级送来，替我袁术报仇雪耻，使袁术我明目于当世（将军诛卓，送其头首，为术扫灭雠耻，使术明目于当世），死而无愧，这是将军的第一大功。”

“过去金元休到兖州上任，是朝廷正式任命的兖州刺史，但被曹操这个逆臣所拒，流离而走，差一点被迫害致死，将军你破兖州，为朝廷申张了正义，这是将军的第二大功；袁术有生以来没有听过天下还有个刘备，刘备举兵与我对战，凭借将军的神威，得以攻破刘备（术凭将军威灵，得以破备），这将是将军的第三大功。”

“将军有三大功在袁术，袁术虽不敏，愿以生死相奉。我知道将军连年攻战，军粮短缺，现在特送来米20万斛，已经出发上路，而且不止这些，后面还源源不断提供。如果兵器战具缺少，只管提出，将全部答应（若兵器战具，它所乏少，大小唯命）。”

刘备联络袁绍、曹操，吕布联络袁术，在徐州角力的仍然是袁绍、袁术两大阵营。

袁术夸奖吕布的三大功劳，具体情况已为世人所知，像打曹操这样的事，算不上什么光荣事迹，但袁术仍然拿出来说一说，目的是跟吕布套近乎。金元休被曹操迫害的事倒是有，金元休名叫金尚，是个老党人，《典略》记载兖州刺史刘岱被黄巾军杀死后，汉献帝任命金尚为兖州刺史，但这时兖州已经被曹操掌握，金尚刚入兖州境内就被曹操打跑，金尚无处可去，到了袁术那里。

问题是，袁术起兵时自己的身份也不合法，后来还扣留过朝廷的特使，随意任命官吏。现在就连朝廷都变得很务实了，汉献帝已经下诏，正式“追认”了曹操的兖州牧身份，袁术旧事重提，说明这个人有些无聊。

当然，给吕布戴高帽子并不是袁术回信的重点。袁术和刘备开战后本来想的很简单，袁术认为刘备要么望风而逃，要么被他一战消灭，但没承想在他眼里不值一提的刘备战斗力居然如此强悍，顶住了他的进攻，双方打成了平手。

袁术也想到了利用吕布打垮刘备，当然，让人替自己干活是需要付出代价的，袁术明白这个道理，所以在信中说，愿意提供20万斛粮食给吕布。

近年来除了兵荒还有天灾，粮食稀缺，吕布在兖州被曹操打败，一个重要的原因就是缺粮。吕布深知没饭吃是什么滋味，20万斛粮食对吕布来说一个巨大的诱惑。

其实袁术的生意可能做亏了，因为没有这批粮食吕布也不会错过这样的机会。吕布接到袁术的信很激动（得书大喜），引兵由小沛杀往下邳。

下邳城里，张飞和曹豹还在僵持着，小沛在下邳城的西北方向，两座城都临泗水，吕布除了走陆路，还带来一支水军（水陆东下）。吕布来徐州时间并不长，他是逃难来的，身边不可能有水军，这支水军应当是到了小沛以后组建的。

刘备让吕布守小沛，是让他替自己抵挡北方之敌，这并不需要水军。吕布组建水军，用意不是向北而是向南，可见他早有居心。

《英雄记》记载，吕布率部到下邳城西40里的地方扎营，许耽派手下一名叫章诳的团长（司马）来见吕布，报告了下邳城里的情况，吕布这才得知，张飞已经把曹豹杀了，城中大乱。

章诳告诉吕布，城里现在人心惶惶，大家互不信任，张飞根本控制不住局面。丹阳兵有1000人屯驻在下邳城的西门，听说吕将军要来大家都特别高兴，好像看到了生的希望（大小踊跃，如复更生）。章诳建议吕布引兵向西门，丹阳兵自会开门相迎。

吕布于是连夜进兵，于清晨时分来到下邳城下，丹阳兵果然打开西门，吕布进城。

吕布把临时指挥所设西门城楼上，在这里指挥手下人马和丹阳兵四处放火，大破张飞。张飞逃出城，刘备的妻子甘氏以及刘备手下将士们的家眷，还有大量军用物资落入吕布手中（获备妻子军资及部曲将吏士家口）。

吕布没费多大的代价就夺取了下邳城。

流落东海

在前线作战的刘备听到后方有变，如雷轰顶，顾不上袁术，立即回师。

但是，刘备手下将士知道家里出了事，眷属们都在吕布手里，心里面已经大乱。刘备看到这样子回下邳根本没有战胜吕布的希望，只好带着人马再次南下，试图寻求与袁术决战，但被击溃（收散卒东取广陵，与袁术战，又败）。

前后都有强敌，刘备陷入绝境。

今江苏省灌南县在东汉属徐州刺史部广陵郡的海西县，现在它是个内陆县，东边还有响水等县，而在东汉，响水县和滨海县一带数千方平方公里的土地尚不存在，这里是一片大海，海西县是个典型的滨海县。

在群雄争霸战中，这里并不是各路军阀争抢的要地，虽然经济比较落后，但还算安宁。建安元年（196 年）秋天，这里突然来了一干人马，顿时制造出紧张的气氛。

这支人马大约三四千人，像是在别的地方打了败仗退到这里的，人不齐、马不整，还有许多伤兵，士气十分低落。海西是个小县，一下子涌来了这么多人，吃饭都成了问题。

这就是刘备率领的残兵败将。刘备一行来到这里，没吃的没喝的，不知道该往哪里去，饿极了，甚至发生了人吃人的惨剧（饥饿困踧，吏士大小自相啖食）。

落到现在这个局面，刘备怪不了别人，要怪只能怪自己，他十分懊悔。

但是后悔是没有用的，现在要考虑的是怎么办，不说下一步如何翻身，就说如何解决这几千人的吃饭问题，都够难的。没有吃的，缺少粮食，几天还能克服，时间再长，人马就得一哄而散。

在这个最艰难的时刻，随军出征的麋竺给了刘备以最大支持。麋竺是亿万富豪，家底很厚，麋竺和兄弟麋芳散尽家财支持刘备，同时集合了仆人、宾客和族人共 2000 多人加入到刘备的队伍中。甘夫人落入吕布手中，生死不详，麋竺把自己的妹妹嫁给刘备当夫人（竺于是进妹于先主为夫人，奴客二千，金银货币以助军资）。

麋竺是汉末商人从政的成功代表，在刘备事业最低谷时倾全力支持，看得出他不仅会理财，还很政治头脑。在麋氏兄弟的大力支持下，刘备暂时可以不用下海当渔民了，但前途仍然黯淡。

走投无路之际，刘备做出了一个让人不可思议的决定，向吕布投降。

换成袁绍或袁术，事业从颠峰一下子落入低谷，肯定会一蹶不振，说不定直接气死了，让他们弯下腰来向对手低头，那怎么可能？这种事只有吕布能做出来，因为他的脸皮厚，面子也不值钱。

刘备也能做出来，因为他没有别的办法。

吕布刚进入下邳城，当了徐州刺史，听说刘备回来了，并且要投降自己，很吃惊。

刘备的心思别人不好懂，但吕布能懂。吕布和刘备都出身于草根，都在底层奋斗挣扎过，知道人生冷暖、眉眼高低，遇到困境时也都有惊人的忍耐力。吕布想起自己走投无路来投奔刘备的情景，有些感同身受，所以刘备请降别人不理解，他完全理解。

吕布手下有人反对，《魏书》记载有多名将领提醒吕布：“刘备这个人反复无常，很难加以笼络，必须早点结果他（备数反覆难养，宜早图之）!”

说这个话的人，不知想没想过吕布听到这样的话会多心，这话简直就是在说吕布，要说反复无常，刘备差得远，吕布才是天下第一。

吕布没有接受手下人的意见，还把这些话告诉了刘备（以状语备）。刘备听完心里不安，他现在只想自保，别无他图，于是请人出面到吕布那时说情（使人说布）。

刘备请的是谁史书没有记载，不会是关羽等人，最有资格为他说情的人是孔融。如果孔融出面，吕布应该给面子，还有许劭、陈登、陈群这些人，刘备对他们都很尊重，现在他们是吕布的座上客，请他们去说和一定不难。

为了打消吕布的顾虑，刘备让人带话给吕布，只要接受他投降，他愿意去小沛（求屯小沛），这正符合吕布的想法，答应了刘备的请求（布乃遣之）。

做出这样的决定吕布也是认真思考过的，趁刘备落败一举将其灭掉，吕布可能也有过这样的念头，但经过计算，他也许会认为并没有必胜的把握。

吕布和当初的刘备一样，把徐州整个形势进行了一番梳理，发现自己的力量并不强大，四周的形势仍然险恶，与其跟刘备拼命，不如把他收编。

而且就在不久前，吕布的内部还发生了一次叛乱，差点儿要了他的命。《英雄记》记载，这场叛乱发生在建安元年（196 年）6 月，也就是吕布刚刚到下邳城不久。

有天深夜，吕布手下将领郝萌突然反叛，当时吕布住在下邳城内的刺史府，郝萌手下的人攻到府门外，大声呼喊着向里进攻，但府墙坚固，一时不得进（同声大呼攻閤，閤坚不得入）。

吕布大吃一惊，不知道是谁反叛了，拉着他的妻子，乱着头发，衣衫也不整，在手下人护卫下由厕所后面的墙上翻了出去（直牵妇，科头袒衣，相将从溷上排壁出）。

飞将也有狼狈的时候，吕布径直来到高顺的营中，高顺问："您刚才发现什么没有（将军有所隐不）?"吕布说："听见那些人里有河内郡一带的口音（有河内儿声）"。

郝萌的祖籍是河内郡，吕布、高顺由此判定郝萌造反了。高顺立即整顿他的陷阵营，带兵攻入刺史府，弓弩并射，郝萌不支，逃回自己的营寨。这时已天亮，郝萌回营，负责留守的是曹性，曹性发现异常，与郝萌对战，郝萌刺伤了曹性，砍掉他一只胳膊（性斫萌一臂），高顺赶到，将郝萌斩首。

有人用床舆抬着曹性来见吕布，吕布问郝萌为何突然反叛，曹性回答："这是袁术背后指使的（萌受袁术谋）。"吕布又问："除了郝萌，还有谁参加了（谋者悉谁）?"曹性的回答让吕布大吃一惊："还有陈宫（陈宫同谋）!"

陈宫随吕布来徐州后，一直深得吕布信任，成为谋主，吕布对他言听计从。袁术挑拨自己手下将领谋害自己，吕布不吃惊，说陈宫参与了，吕布吃惊万分。这时陈宫也在座，听了曹性的话脸一下红了，他的这个反应旁边的人也都看在眼里（时宫在坐上，面赤，傍人悉觉之）。

但吕布没有发作，也没有追问陈宫，只当没听见，安慰曹性一番，让他下去养伤。

有句话叫"用人不疑，疑人不用"，对于受到怀疑的人一定不能再重用，曹性的话不可全信，但也不能不信，吕布这时应该对郝萌反叛事件做一次彻底调查，如果真的涉及到陈宫人，要果断处置，把事件压下来，表面是平静了，但却藏下了隐患。

这件事极大地刺激了吕布，他不仅对陈宫失望，对袁术更不敢再相信。吕布主动向袁术靠拢，原指望在关键时刻能借他的光，现在看来不仅靠不住，还得防着点儿。

防曹操，防袁绍，还得防袁术，防徐州地方实力派和内部的叛徒，从里到外吕布都得提防，这是他不能与刘备血拼到底的原因。

《三国志》记载，吕布归还了刘备的妻子，"妻子"通常指的是妻子和儿女，但这里仅指妻子，因为刘备的第一个儿子尚未出生，史书也没有刘备有女儿的记载，这个"妻子"指的是甘氏。

《三国志》还记载，刘备与吕布讲和后，派关羽驻守在下邳（先主求和于吕布，布其妻子。先主遣关羽守下邳）。这条记载很有问题，无论是下邳国还是下邳城，此时都在吕布手中，吕布怎么同意关羽去防守？吕布给刘备的自由仅限于小沛一带，这是一顶光荣的钢盔。

《英雄记》记载，吕布命令刘备回豫州，和自己一道抵抗袁术（布令备还州，并势击术）。这条记载也让人摸不着头脑，曹操、袁绍才是吕布当前主要的敌人，刘备到小沛的主要任务应该对付他们，而且小沛的位置也不对，如果抵抗袁术，应该把刘备派到徐州南部才对。

但是，结合郝萌反叛事件对此也容易理解，吕布这时已洞悉了袁术的居心，他们翻脸是迟早的事，所以已经把袁术当成了敌人。至于曹操，吕布正考虑如何与他消除之前的恩怨化敌为友。

这段时间，袁绍、袁术、曹操、吕布、刘备一会儿是敌，一会儿是友，变化很快，让史学家们都凌乱了。

《英雄记》记载，吕布按照刺史的规格为刘备准备了车马和仆役，在泗水河上举行了发还将士家眷的仪式，为刘备第二次担任豫州刺史饯行（具刺史车马童仆，发遣备妻子部曲家属于泗水上，祖道相乐）。虽然面子不好看，但最难的一关总算过去了，张飞也回归了队伍。

刘备率关羽、张飞等人再次来到小沛，这次呆的时间比上一回要长得多。

营门射戟

在刘备再回小沛的同时，汉献帝历经千辛万苦，终于回到了洛阳。

建安元年（196 年）7 月 1 日，汉献帝进入洛阳城，呈现在他面前的几乎是一座空城。董卓撤退前命令吕布一把大火把洛阳城烧毁，南宫、北宫已成残垣断壁。大家找了半天，总算在城里找到一处可安息的地方，是已故大宦官赵忠的故宅。

7 月 14 日，汉献帝下诏，大赦天下。

没有住的地方还好说，没有吃的问题就严重了。护送汉献帝回洛阳的是张杨、韩暹、杨奉和董承，汉献帝为表彰他们的护驾之功，拜张杨为大司马，这个职务是已故幽州牧刘虞生前担任的。韩暹被任命为全国武装部队总司令（大将军），杨奉被任命为副总司令（车骑将军）。

董承跟他们的情况有所不同，他本是董卓女婿牛辅手下的部将，后来女儿嫁给汉献帝成为贵人，董承成了汉献帝的岳父，既是凉州军将领，又是外戚，有了双重身份，目前担任卫将军，地位稍次于车骑将军。

张杨、韩暹、杨奉和董承等人手里都有一定人马，其中杨奉的实力不容小视，他手下有一员猛将，名叫徐晃。

没有粮食，朝廷陷入更大的困境。文武百官亲自参加劳动，拔除杂草，或者到郊外采摘野菜，有的竟然在断墙残壁间饿死，有的被乱兵随便就给杀了（或饥死墙壁间，或为兵士所杀）。

洛阳一片惨状，附近的实力派要么像袁绍那样不愿意来，要么像吕布那样来不了。有一个人却不请自来，还带来了最宝贵的东西——粮食。

这个人就是兖州牧曹操，在荀彧、毛玠、程昱等智囊的建议下，曹操决定前来迎驾。他们一路上历尽波折，排除了各种干扰，总算到了洛阳。

汉献帝已经把最重要的几个官职都给了别人，只好给曹操两项任命，一项是司隶校尉，一项是录尚书事。前者相当于州牧，同时可纠举百官，后者严格说来也不算官职，只能算一项兼职，但却十分厉害，意思是负责处理朝廷日常事务。

曹操拿到了实权，马上就用起来。曹操以汉献帝的名义诛杀了尚书冯硕、议郎侯祈、侍中壶崇等3人，他们的情况不详，被杀的原因也不清楚，推测起来可能这3个人早已恶名在外，曹操诛杀他们是顺应民意，顺便立威。同时，曹操还以汉献帝的名义下诏封13个人为侯，奖励他们一路上护卫天子的功劳。

曹操的手段毕竟是张杨等人无法相比，通过一罚一赏，曹操迅速确定了自己的实际地位，加上实力最强，又有充足的后援保障，曹操很快控制了朝廷。

张杨等人有点儿后悔，但他们之间也有矛盾，曹操巧妙地利用了这一点，拉拢董承，打跑了韩暹、杨奉，逼退了张杨，把汉献帝控制在自己一个人手中。

在董昭等人的建议下，曹操把汉献帝迁往豫州刺史部颍川郡的许县。曹操在这里广泛召募人才，由于有天子这面大旗，四方之士不断向许县汇聚，身在徐州的孔融就是这时候被征辟来到许县的，被任命为建设部部长（将作大匠）。

曹操打跑韩暹、杨奉，宣布他们是逆贼，把大将军、车骑将军的职务收回，曹操把大将军留给自己，给袁绍一个太尉的头衔。

袁绍大怒，因为大将军的地位高于三公，袁绍一直认为自己是老大，曹操是自己的手下，现在曹操反倒比他地位高，袁绍大发雷霆："曹操是什么东西，没有我，他死几次了（曹操当死数矣，我辄救存之）！"

袁绍这些话不是瞎说的，都有事实依据，所以他不接受太尉的职务，要把这个职务顺手让给陈群的父亲陈纪，陈纪这时还在吕布那里，无法上任。

曹操冷静下来，发现自己也许犯了个错误，因为跟袁绍决裂还不到时候。曹操于是把大将军一职让给袁绍，自己改当司空，代理车骑将军。

曹操让孔融代表朝廷去袁绍那里宣布任命，孔融的家眷被袁谭俘获，曹操让孔融去出这趟公差，目的是化解一下他与袁氏父子的恩怨，顺便把家眷接回来。

现在，历史进入了曹操时间。

曹操是一个胸怀大志的人，他的眼里不是一州一郡，而是整个天下，所以别人不愿意接的烂摊子他敢接。按曹操的看法，袁绍是他的敌人，袁术、公孙瓒、吕布、刘表还有刘备，这些人统统都是他的敌人，只是和这些人什么时候为敌，什么时候暂时为友，需要策略。

和袁绍的决战当然是终极之战，在此之前，曹操还不能过于惊扰袁绍，他要先解决袁术、吕布、刘备等周边问题，解除后顾之忧，壮大实力，至于公孙瓒，有袁绍替自己解决。

按照这样的战略构想，曹操在洛阳站稳脚跟，最有可能指向的敌人是袁术，其次是吕布，可还没等动手，曹操遇到了麻烦。

许县往南是南阳郡，袁术东走寿春后，南阳郡的大部分地区被刘表占据。现在那里又来了一位不速之客，凉州军将领张济因为缺少吃的，率部到这里寻找生路，刘表不干，双方打了一仗，张济战死，他的侄子张绣接管了这支队伍。

刘表改变策略，招降了张绣，让他驻扎在南阳郡替自己抵挡曹操。张绣手下有个谋士叫贾诩，很有水平，张绣在刘表的支持和贾诩的辅佐下势力不断壮大。

张绣离许县太近，曹操不得不先解决这个问题，就在入驻许县后不久，发起南征张绣之战。本来，这不会有太大的悬念，曹军兵强马壮，战将云集，张绣不是对手，但有贾诩出谋划策，加上凉州军打仗勇猛，曹操居然没有拿下张绣。

首次南征，曹操先胜后败，儿子曹昂、侄子曹安民战死。再征，曹操被张绣、刘表联军断了后路，曹军拼命突围，在一个叫安众的地方动用工兵挖了一条地道才突破敌人防线。

这两仗把曹操打懵了。

张绣的意外出现打乱了曹操的统一部署，让他不得不分出精力应对南部的局面，这给东面的袁术、吕布、刘备三方留下了喘息之机。

三方之间的关系很微妙，袁术和刘备是敌人，袁术和吕布、吕布和刘备是亦友亦敌、非友非敌的状态，刘备的力量最弱小，随时都有被袁术或者吕布吞并的危险。

曹操来了，三方甚至可能结成同盟，共同对付曹操。曹操没来，三方势必掀起内斗，首先挑事的是袁术。

听说刘备没被消灭，还去了小沛当上了豫州刺史，袁术不干了，派纪灵率 3 万人马攻打刘备。刘备刚到小沛，手下充其量也就三五千人，面对几乎十倍于已的敌人，刘备自知不敌，赶紧向吕布求援。

《三国志》记载，接到刘备的请求，吕布手下众将都建议不要管这件事："您想杀掉刘备找不到机会，现在正好可以借袁术之手办成（将军常欲杀备，今可假手于术）。"

吕布还是不同意："不对，袁术如果消灭刘备，那就会北连泰山诸将，我就被袁术包围在其中，没什么前途出路了，刘备不得不救（术若破备，则北连泰山诸将，吾为在术围中，不得不救也）。"

吕布说的泰山诸将，指的是臧霸、昌豨等人，刘备入主徐州，这些人还跑出来照个面，表面上服从。吕布当上徐州刺史后，这些人连面都不照了。

《英雄记》记载了一件事，说吕布为扩大控制范围，想进攻琅琊国相萧建。吕布给萧建写了封信，萧建畏惧吕布，派人带上礼物来见吕布，吕布还是想把琅琊国收归自己管理，于是亲自率兵赶到了琅琊国。

琅琊国传统上是臧霸的地盘，吕布此举引起了臧霸的疑虑，臧霸和吕布开战。《英雄记》记载，说战斗中臧霸所部使用了毒箭，射中吕布手下不少人马，吕布不能取胜，退回下邳。不过后来臧霸还是与吕布表面和好，表示愿意接受吕布的指挥，进攻琅琊国一事，也就不了了之。

吕布担心的是，刘备一旦被消灭，袁术将与臧霸等人联手，自己就处在袁术的包围之中了。

《三国志》记载，吕布亲自去帮刘备解围，带的人马并不多，只有1000名步兵和200名骑兵（严步兵千、骑二百，驰往赴备）。纪灵听说吕布亲自来了，于是停止了进攻。吕布率部在小沛西南城外扎营，之后发出请帖，宴请纪灵。

宴席上，吕布对纪灵等人说："刘玄德是我兄弟（玄德，布弟也），他现在被诸君围困，所以我来救他。我生性不喜欢跟人斗，只喜欢替人和解（布性不喜合斗，但喜解斗耳）。"

吕布命人在营门外立一只戟，吕布说："诸君请看，戟上有一小支，我要一箭射中，诸君应当和解，不能再争斗，如果射不中，你们再斗我不管（一发中者诸君当解去，不中可留决斗）。"

戟的头部是一个不对称的十字形，用来横击的一端刃部长而尖，为主刃，另一端与主刃垂直，短而粗，称小支。

吕布举弓射戟，正中小支。

众人皆惊，齐呼："将军天威也！"

第二天，吕布再请大家喝酒，纪灵随后率军撤退。

讨伐伪皇帝

刘备松了口气，但他知道这事没完，袁术不会善罢干休。所以，刘备在小沛一带使劲招兵买马，希望尽快扩充实力。

靠别人终究靠不住，只有自己能救自己。但过了很久，却不见袁术打上门来，一打听才知道，袁术最近在忙一件大事。

这件事确实很大，足以惊天动地。建安二年（197 年）春天，袁术突然在寿春称帝，震惊全国。

袁术此人自我感觉一向良好，汉献帝曹阳遇险时他就曾动过称帝的念头，后来虽然没付诸行动，但心里一直有这个想法。袁术是个极其迷信的人，当时社会上流行着许多神秘预言，其中有一条说未来取代汉朝的是涂高（代汉者当涂高）。

“涂高”是什么？是人还物？谁也搞不清楚，但这句话流传甚广。

袁术经过研究，认为他破解了这个秘密，这个“涂高”不是别的，就是指他自己，理由是他字公路，“术”有一个意思是城邑内的道路，“公路”指的也是路，而“涂”被袁术理解为“途”，也是路的意思。

这种理解连牵强附会都难算上，简直是东拉西扯，但袁术认为一定是这样的。

袁术还有一个理论依据，那就是五行终始论。根据五行说，汉朝是火德，取代汉朝的一定属于土德，袁姓属土德，有资格取代刘汉的统治。

看你犯困，就有人给你递枕头，谁让你是领导呢？揣摸到袁术的心理，有人不失时机地制造出一些所谓的祥瑞来。河内郡人张炯不知从哪里弄出来一道符命，以兆袁术的天子之应，袁术更加觉得皇帝非他莫属了。

张炯的这个符命史书均有提及，但具体何物不详，估计跟河里挖出个写字的石头、鱼肚子里发现一条写字的绸子差不多。有了这些“理论依据”，袁术甚至觉得自己再不出来当皇帝都有点对不起上天的眷顾了。

袁术听说孙坚当年在洛阳皇宫里意外得到了传国玉玺，就把孙坚的儿媳、孙策的妻子软禁起来，逼她交出玉玺。孙策这时已离开了袁术到江东开辟根据地去了，无奈之下，孙夫人只好把玉玺给了袁术。

这年春天，袁术在一片反对声中在寿春称帝。他的这个皇帝很奇怪，没有国号，没有改元，他也不自称天子，而称“仲家”。但是，他改九江郡太守为淮南尹，类似于西汉的京兆尹和东汉的河南尹，寿春成为“京师”，他在这里任命公卿，建皇宫，设祠庙、明堂，与皇帝没有两样。

袁术在寿春大封百官，有官当一般不愁没人来，但九卿以下百官好办，三公就不太好找了，无论如何也得找几位天下名士来撑撑门面。袁术想到了3个人，一个是陈登的父亲陈珪，一个是之前说过的前兖州刺史金尚，一个是逃亡在他这里的前陈留郡太守张邈。

陈珪的父亲叫陈球，当过太尉，陈珪也出身于名门，在朝廷当过官，有一定名望，他目前在吕布这里，袁术向吕布要人，吕布倒是给面子，但陈珪自己不愿意来。

不仅不想来，陈珪还给袁术写了封措辞严厉的信，把袁术批评了一顿。陈珪说：“你让我去阿附你干那些非正义的事，就是死我也不能去（欲吾营私阿附，有犯死不能也）。”袁术气得牙痛。

金尚也死活不干，并且准备逃跑，被袁术抓住，袁术一怒之下把他杀了。

还有张邈，《三国志》说他死在向袁术搬救兵的路上，但《献帝春秋》说他到了袁术这里，袁术称帝时也激烈反对。

袁术心中有两大盟友，一个是孙策，一个是吕布。但在称帝这件事上，这二位的态度也让袁术感到心凉，他们都一致反对。

孙策听说袁术僭号，马上写来一封信给予强烈遣责并断绝关系（以书责而绝之）。这封信有1100多字，写得很漂亮，《吴录》称这封信是张纮代笔，《典略》认为代笔的是从徐州南下江东的张昭。

孙策在江东已渐成气候，跟袁术翻脸是迟早的事，袁术称帝无疑给了孙策一个最合适的翻脸理由，加上此前袁术为得到传国玉玺而扣押了孙夫人，孙策更是怒从心头起，这次索性彻底了断。

《江表传》记载，孙策主动派特使到许县朝奉进贡，曹操十分高兴，马上以汉献帝的名义派议郎王誧为特使前往江东，拜孙策为骑都尉，封吴侯。孙策当时的势力已有数郡，骑都尉还比不上郡太守，孙策想要将军的名号，派人私下游说王特使。王特使很不简单，在无法请示汇报的情况下，当机立断重新拜孙策为明汉将军。

吕布这边，袁术派人专程报信，并提出想与吕布和亲，为儿子娶吕布的女儿。

吕布开始答应了，甚至把女儿交给了袁术的特使，陈珪听说后急忙来劝吕布："曹公奉迎天子，辅助国政，将军您应当同他合作，共图大计。现在反而与袁术结亲，必受不义之名，将来恐怕会大祸临头啊（有累卵之危矣）。"

吕布对结亲的事原来并不坚决，听陈珪一说马上反悔，派人追上袁术的特使，把女儿抢回来，并且把特使押往许县交给曹操处置。

吕布派去许县的人是陈珪的儿子陈登，他们父子对吕布其实也相当不满，表面依附吕布，背后反对他，所以陈登一见到曹操就劝说除掉吕布。曹操见陈登是个人才，于是以朝廷的名义拜陈登为广陵郡太守。

临别时，曹操拉住陈登的手说："东方之事，全都托付给你了。"这样，陈登就成了曹操安排在吕布身边的卧底，曹操后来除掉吕布，陈登是头号功臣。

《英雄记》记载，曹操让陈登给吕布带回一封亲笔信，对吕布加以慰问，并让吕布按照天子的诏书追捕公孙瓒、袁术、韩暹、杨奉等人。吕布接到曹操的信很高兴，又派使者上书天子，表达自己的忠心，同时也给曹操写了一封信，说自己本是个获罪之人，承蒙曹操亲自写信慰劳，十分感谢，自己一定按照曹操前面所说，努力追捕袁术等人。

曹操再次派人带着汉献帝的诏书拜吕布为平东将军。曹操还捎给吕布一封亲笔信，信中说："当年给将军的印绶不幸丢在了山阳郡，现在补上，但朝廷没有上好的金子，我就拿自己家里存的好金子给将军制了这枚印，朝廷没有紫色的绶带，我就把自己印绶上的紫带取下来给将军（国家无好金，孤自取家好金更相为作印，国家无紫绶，自取所带紫绶以籍心），这些都是了表心意。"

吕布看到曹操的信很感动，又派使者前往许县谢恩，并捎给曹操一副上好的绶带。在徐州通往许县的大道上，曹操和吕布的使者跑来跑去，这样的场景距二人在兖州杀得你死我活，只不过三年时间。

《三国志》的记载大致相同，不同之处是曹操以汉献帝的名义授予吕布的职位不是平东将军，而是更高一级的左将军，而且不是陈登来许县之后，是陈登还没去之前。

曹操之所以这样拉拢吕布是可以理解的。袁术称帝给曹操出了道难题，别人可以口头谴责，他必须有实际行动，因为袁术此举是对许县朝廷合法性的公然挑战，曹操这段时间主要精力在对付张绣，出兵打袁术，不是没把握，而是得好好盘算一下，清理一下袁术的外围。

所以曹操拉拢了孙策，又以更高的职位拉拢吕布，加上之前主动表奏刘备为镇东将军，曹操在袁术的周边布上了一个大局。

《三国志》说吕布给陈登交代过一项任务，让他在曹操跟前为自己谋求一个徐州牧的任命，他对外称徐州刺史，没有州牧有分量，而且也不合法，所以想得到朝廷的确认。但陈登根本没有转达这个意思，而是劝曹操除掉吕布。

曹操同意陈登的看法："吕布这个人，就像豺狼之子一样难以驯服，也难以长时间养着，不是先生你，还真看不出来这一点（布，狼子野心，诚难久养，非卿莫能究其情也）。"

陈登回到徐州，吕布看自己的想法没能如愿，大发雷霆，用手戟砍着案几道："你父亲劝我协助曹操，与袁术断绝关系，现在我一无所获，而你父子却显贵了，我被你出卖了，你给我个解释（卿父子并显重，为卿所卖耳！卿为吾言，其说云何）！"

陈登早就想好怎么说了，他不慌不忙道："我见到曹操，对他说待将军如同养虎，应当让他吃饱肉，吃不饱就会吃人（待将军譬如养虎，当饱其肉，不饱则将噬人）。可曹操说，待将军应该像养鹰，饿了才能为你所用，饱了就会扬翅高飞。"

这都是陈登瞎编的，但他号准了吕布的脉，知道此人喜欢听奉承话，所以打消了吕布的疑虑（布意乃解）。

曹操满意了，吕布气也顺了，袁术不干了。

袁术派手下大将张勋、桥蕤领兵进攻吕布，同时还拉来两个重量级的人物做帮手，一个是韩暹，一个是杨奉。

韩暹、杨奉分别当过全国武装部队总司令（大将军）和副总司令（车骑将军），和当时充斥着的大量的水货相比，他们的职务是朝廷正式任命的。他们现在无处可去，加上饥荒严重，这二位流落到了淮南一带，听说袁术称帝，赶紧过来效力，袁术肯定给了他们伪朝廷的官职。

《三国志》记载，袁术大军分成7路进攻吕布，步骑应该有数万人。

吕布又后悔了，埋怨陈珪说："袁术大军来攻，都是你们父子弄的好事，现在该怎么办（今致术军，卿之由也，为之奈何）？"

陈珪分析说："韩暹、杨奉跟袁术是仓促之间联合到一块的（卒合之师耳），同盟难以稳定，我派犬子陈登前去，一定可以把他们拆散。”陈珪胸有成竹，因为他可不是瞎吹，陈登确实有两下子，陈登出马，果然策反了韩暹和杨奉。

吕布于是进军，离张勋大营仅百步之遥时韩暹、杨奉突然倒戈，张勋措手不及，赶紧逃走，吕布和韩杨联军一直攻向寿春，一路攻、一路抢，最后与袁军隔淮水相对。袁术亲自带5000人马在淮河南岸，吕布等人在北岸。吕布把袁术好一通嘲笑，然后撤兵（术自将步骑五千扬兵淮上，布骑皆于水北大哈笑之而还）。

袁术这个伪皇帝确实背到了家，好不容易送走了吕布，曹操又亲自来了。

建安二年（197年）9月，曹操亲征袁术，袁术知道这个老朋友的厉害，所以很听话，留下部将桥蕤、李丰、梁纲、乐就等人驻守在蕲阳以抗拒曹操，自己向南开溜了。

曹操指挥人马把桥蕤等4人包围在苦县，全部斩杀。

袁术本来只逃到淮河岸边，在那里观察形势，一看不妙，赶紧渡河。

曹操倒没有对袁术穷追不舍，因为南阳郡的问题还没有解决，他得尽快回师再战南阳郡，待南面的问题解决了，再来解决东面的问题。

而吕布这边，虽然打退了袁术的进攻，但也接手了一件麻烦事，那就是韩暹和杨奉。这些人本来就是土匪，现在还是土匪，打袁术他们很积极，因为一路打可以一路抢，而把这些人弄到徐州地盘上，既扰民，又是不安定因素。

陈登帮吕布策反韩暹、杨奉时指不定开出过什么天价条件，当时只管打败袁术，估计什么条件陈登都敢应下来。袁术被打败，吕布面临兑付危机，他不是个大方的人，必然要赖账。

所以，吕布得给他们找点儿事做。《英雄记》说，吕布让他们去小沛一带，到刘备的地盘上抢麦子，以充实军粮（布令韩暹、杨奉取刘备地麦，以为军资）。

吕布这事做得很不讲究，刘备已服从自己，不当手下看，至少也是个盟友，干这种事等于背后捅刀。

刘备当然看得明白，经过一段时间休整，手下人马已有所增加，打袁术、吕布不行，收拾土匪还不在话下。

《英雄记》记载，刘备假意和杨奉相见，在见面时把杨奉抓了起来（因于坐上执之），韩暹失去杨奉的支援成为孤军，一看这里不好玩，想退回老根据地并州，走到在半路上被类似于地方民团的武装所杀。

第四章　夹缝中求生存

逃出小沛

打败韩暹、杨奉，刘备在小沛稍微稳定了下来，他还是原来的策略，抓紧时间充实力量，壮大自己。《三国志》记载，刘备的力量迅速壮大，人马增至1万多人（复合兵得万余人）。

没有刘备在小沛替自己挡曹操，吕布觉得少点儿啥，但一个逐渐强大的刘备更不符合吕布的想法，吕布决定给向刘备动手。

动手的借口很快找到。《英雄记》记载，建安三年（198年）春天，吕布派人拿着钱到河内郡买马，中途被刘备手下打劫（布使人赍金欲诣河内买马，为备兵所钞），这无疑是向刘备兴师的最好理由。

吕布所部擅长骑兵野战，上乘的战马是他们保持战斗力的关键。明朝以前中原地区基本不产战马，马匹在内地是一种绝对的稀缺资源，算是战略物资，一般由政府统一收购和管理。普通人想弄到马，唯一的办法就是去边地采购，且价格不菲。史料记载，在明朝买一个丫鬟只需要15两白银，而买一匹马需要70两，那时候在大街上骑马而过，和今天开着大奔在街上兜风的感觉是一样的。

转战兖州、徐州以来，吕布所需要的战马全赖外地输入，首选是凉州马，其次是并州马和幽州马，大概马贩子们把这些马匹从边地弄到河内郡一带，再往前就不敢走了，需要吕布派人前去交接。

但这件事存在疑点，以刘备当时的力量，主动挑衅吕布没有道理，所以这件事要么吕布无中生有、借题发挥，要么是什么人打着刘备的名义干的。

《三国志》的记载是，吕布亲自率兵进攻刘备（自出兵攻先主），刘备打不过吕布，败走，向曹操求援。曹操收留了刘备，并以朝廷的名义任命他为豫州牧（曹公厚遇之，以为豫州牧）。曹操让刘备到小沛一带收拾散卒，又给刘备提供了军粮，为他增兵，让他抗击吕布。

《英雄记》的记载是，吕布没有亲自来，派的是高顺和张辽，高顺当时的职务是师长（中郎将），张辽的职务是北地郡太守。北地郡属凉州刺史部，今宁夏一带都归该郡管，张辽于去年突然得到这一职务，应该是曹操以朝廷的名义所任命，但吕布不会放张辽去西北上任。刘备打不过高顺、张辽，向曹操求援。

表面看这两个记载有出入，《三国志》说吕布亲征，《英雄记》说没有。其实二者或许并不矛盾，推测起来应该是，吕布确实亲征刘备，这是重要的一仗，打萧建吕布都要亲自去，打刘备他也不会大意。刘备被打败，吕布占领小沛，之后回了下邳，刘备在曹操的帮助下卷土重来，再夺小沛，吕布这才派高顺、张辽复攻小沛。

按照《三国志》的说法，刘备获得了豫州牧的头衔，尽管这个豫州牧更多是象征意义，豫州刺史部已被曹操、袁术、吕布所分割，刘备连唯一的小沛也即将保不住。但是，这毕竟是刘备获得的由朝廷任命的最高头衔，之前的平原相、徐州刺史、豫州刺史严格来说都是非法的。

自此开始，说到刘备时有人便尊称他为“刘豫州”。

在刘备第二次就任豫州刺史的一年多里，力量虽然有一定恢复，但与吕布比还不够强大，虽然有关羽、张飞这样的猛将，还是打不过吕布，也打不过高顺和张辽，尤其是高顺的陷阵营，一定让刘备吃亏不少。

对刘备的求援曹操十分重视，在曹操的对手榜里，排在首位的是袁绍，吕布不是第二也是第三，在曹操的心里，兖州的事没有完，尽管前一阵二人好得肉麻，但那都是作戏，曹操的目标还是要消灭吕布。而刘备作为曹操的敌人，大概排在了最后，一方面二人没有交恶的历史，另一方面刘备的实力最弱，所以当刘备求援时，曹操没有犹豫，立即派夏侯惇前往救援。

夏侯惇是西汉开国功臣夏侯婴的后代，和曹操都是豫州刺史部沛国谯县人，曹氏和夏侯氏关系密切，曹操与夏侯惇、夏侯渊形同兄弟。曹操控制朝廷后，任命夏侯惇为河南尹。

让夏侯惇前来救援，估计还有一个原因，当初在兖州，夏侯惇跟吕布交过手，在一次作战中夏侯惇还被射瞎了一只眼，被戏称为“盲夏侯”。

但是，高顺、张辽很强大，又把夏侯惇打败。坚持到9月，小沛被攻破，刘备仓皇间再次败走，这一回也很狼狈，甘氏、麋氏又成了俘虏（备单身走，获其妻息）。

刘备向西边逃去，他现在只剩一个依靠，那就是曹操。

曹操得知夏侯惇被打败，吃了一惊，对吕布的战斗力看来有所低估，他决定亲自率兵前来接应。

曹操之所以紧张，担心的是吕布一旦成了气候，将破坏他精心构筑的整盘战略。曹操征张绣、打袁术都是这个战略的一部分，这个战略的终极目标是与袁绍总决战。在此之前，曹操的周边的必须尽在掌握，吕布一旦坐大，将难以收拾，和袁绍打起来，曹操还得分身防吕布，那太危险了。

曹操很了解吕布，这个人一得风就是雨，做事不讲规则，又彪悍无比，现在到了该解决的时候了。曹操率领大军从许县出发，走到梁国境内遇上了刘备。

刘备逃出小沛后与关羽、张飞等人重新会合，梁国也属豫州刺史部，在小沛的西边。

《英雄记》记载汉灵帝末年刘备曾随曹操赴沛国募兵，这件事不见于其他史书，所以受到怀疑。如果没有这回事，那现在曹操和刘备就是第一次相见。

这一年，曹操45岁，刘备37岁。

对刘备来说，这次见面也充满着风险，因为曹操手下有人提出建议不如趁机把刘备干掉，免生后患。提出这个建议的是程昱，他劝曹操："我看刘备这个人有雄才，而且很得民心，终究不会甘居人下，不如尽早解决他(宜早图之)。"

曹操想了想，没同意："现在正是聚合天下英雄之时（方今收英雄时也)，杀了一个人而失天下英雄之心，不能这样做呀。"

曹操虽然跟刘备没有打过交道，但承认刘备是个英雄，也不否认日后刘备会发展为一个可怕对手，但现在却不能杀他，不是不想杀，而是担心让天下英雄寒心。

程昱的想法是基于战术上的考虑，而曹操的想法是建立在战略层面上。从以后情况发展看，程昱的建议是有道理的，刘备确实成为曹操最重要的对手。但曹操的想法也不错，不久后张绣、臧霸、张杨、张燕等实力派纷纷投降曹操，在袁曹决战中坚定地站在曹操一边，如果现在把刘备杀了，这些人是否还会选择投降，很不好说。

对曹操来说，收留刘备固然是一项风险投资，但也许会有超额的回报。

曹操命刘备携关羽、张飞等随自己一同行动。

从梁国直往东就是小沛，但目前再去小沛意义已不大，曹操进攻的重点是吕布的大本营下邳，所以他指挥大军向东南方向的彭城开进。

听说曹操亲自来了，吕布多少有点儿意外。在战术方面吕布一向感觉很准，他知道敌人摆出的阵式哪里最薄弱，也知道如何在最短的时间里完成一次突击，但在战略方面，吕布却经常找不着北。

所谓战略，就是能分清谁是敌人谁是朋友，尽可能增加朋友、减少敌人，而吕布一会儿跟人称兄道弟、亲密无间，一会儿又翻脸不认人、大打出手，几乎所有人都跟他合作过，又都动过手，他的战略是混乱的。

到徐州后的这段时间，吕布联手过刘备，也联手过曹操、袁术，结果跟刘备至少打了两仗，跟袁术打了一仗，现在曹操又亲自来找他打仗，四面都是敌人，看不到一个朋友。

混到这地步，都不是战术、战略问题了，应该在人品上找原因。

吕布长于短线操作，只重眼前利益而无长远打算。如果决定联合袁术，就应该坚定不移地走下去，把自己和袁术牢牢地绑在一起，没准也能搞出点儿什么明堂，历史的格局也许会重写。

现在说什么都没用，吕布赶紧让高顺、张辽从小沛撤回，把主力部署到彭城一线，依托彭城周围的低矮山丘以及汳水、济水、泗水等河流，构筑保卫徐州的第一道防线。

吕布亲临前线，誓死守住彭城。但是，曹操是他的老对手，对他相当熟悉，在以往与曹操的交手中他败多胜少，这一次也没出意外。

面对吕布，曹军在心理上占有优势，加上对彭城这个地方也很熟悉，几年前在这里他们曾与陶谦的军队交锋，所以打起来很顺手。建安三年(198 年) 10 月，曹军很快取得了胜利，俘虏了吕布任命的彭城相侯楷，攻克彭城，吕布率军退到下邳国境内，构筑第二道防线。

《三国志》记载，曹军攻克彭城后又搞了一回屠城（冬十月，屠彭城）。这是曹操对彭城军民的第二次大屠杀。当年南征陶谦，曹操曾在此搞过一次屠城。实在不太清楚曹操为何对彭城这么仇恨，如果说上一次的解释是父亲及一家几十口人被陶谦杀害而报仇的话，这一次就有些费解了。

打江山就是占地盘，但地盘其实是不值钱的，值钱的是地盘上的人和物，尤其现在，人口锐减，生产凋零，无论发展兵源还是组织生产，人口都是最重要也是最稀缺的资源。

屠城这种手段只有在一种情况下可以理解，那就是打下的地盘守不住，地盘上的人也带不走，不想留给敌人，于是消灭。根据目前的形势来看，曹操再屠彭城已毫无理由。

况且，曹操现在的身份相当于全国武装部队副总司令（车骑将军），同时又是三公之一的司空，主持朝廷的日常工作（录尚书事），搞屠城这种严重的犯罪行为，就是知法犯法了。

笼子里的老虎

曹军攻克彭城后继续进军，直抵下邳城外。

下邳城有泗水为依托，《献帝春秋》记载，陈宫向吕布建议："应该主动出击，以逸待劳，一定能打败敌人（宜逆击之，以逸击劳，无不克也）。"

虽然吕布想彻底扳回这局很难了，但陈宫的这个建议在战术上还是正确的，趁曹军尚未渡过泗水主动出击，把敌人拒于泗水河西岸，这个打法比较主动。

可吕布好像正在研究兵法，更对兵法上说的"半渡可击"深信不疑，觉得如果趁曹军正渡河时发起进攻更为有利（不如待其来攻，蹙著泗水中）。

吕布可能不知道，曹操才是研究兵法的大家，是公认的研究《孙子兵法》的鼻祖和权威，那时候《孙子兵法》的知名度还不是很高，曹操发现了这部兵书，爱不释手。为了给手下将领们当教材，他一边研究，一边进行批注，连吕布这个兵法爱好者都能想到的事，曹操肯定早有准备，所以曹军渡河的动作异常迅捷，没有给吕布留下发动突然袭击的机会。

曹操率大军推进到下邳城下，没有急于攻城，而是给吕布写信劝降信（遗布书，为陈祸福）。

吕布接到信以后有所犹豫，现在投降他还点儿不甘心，投降以后曹操会不会来个秋后算帐，他也吃不准。

这时，更闹心的事传来，吕布属下的广陵郡太守陈登临阵起义，打乱了吕布的布防。作曹操安插的卧底，陈登随时等待着这一天，曹军来攻，吕布让陈登率部前来支援，陈登却临阵反戈一击，吕布吃了大亏，交战中手下将领成廉被曹军俘虏。

吕布只有依托下邳城坚固的城防进行抵抗。《献帝春秋》记载，吕布想到了投降，当曹军攻城很急的时候，他站在白门楼上对下面的曹军喊："不要攻得这么急，我将向明公自首（卿曹无相困，我当自首明公）!”

《英雄记》说下邳城的白门楼是西城门的门楼，《水经注》说下邳城的南门城楼名叫白门楼。如果是西城门楼，那上一次吕布反攻下邳丹阳兵为其打开的城门就在这里。吕布和曹操进攻下邳城都是从西边来的，所以《英雄记》的说法可能更准确。

吕布喊话时陈宫就在一旁，陈宫闻听大叫道："只听说过逆贼曹操，哪里来的明公（逆贼曹操，何等明公）?”陈宫劝吕布趁早打消投降的念头，因为现在投降就像用鸡蛋去碰石头，无论如何都不可能保全。

其实，吕布现在如果真的投降，曹操未必会杀他，道理和不杀刘备差不多。况且曹操很爱才，尤其对军事才能突出的武将更偏爱，曹操手下的典韦、许褚、于禁、乐进等勇将出身都不高，但由于作战勇敢，一向深得曹操的赏识和爱护，论名气和能力吕布比他们强得多，如果吕布主动投降，曹操还有重用他的可能。

这是吕布的机会，基本上也是最后的机会了，吕布想抓住，陈宫坚决反对。陈宫当年是曹操的下属，深得曹操的信任，关键时刻反叛，让曹操差点儿永远无法翻身。曹操爱才，但不爱叛徒，陈宫深知这一点，所以坚决不投降，还要把吕布拉上。

吕布号称飞将，勇猛彪悍，但他性格里还有鲜为人知的另一面，那就是耳根子很软，在家听老婆的，在外面听手下人的，陈宫这么一说，他就打消了投降的念头。

陈宫为吕布制定了一个反败为胜的计划，建议派兵出城偷袭曹军的粮道。曹军远途作战，粮道是生命线，一旦粮食被劫，军心必乱，这是高招。

吕布也认为有道理，准备亲自率高顺的陷阵营去劫曹军的粮道。军事会议开完，作战部署下达，吕布回家收拾东西，顺便跟妻子交待一下。

《英雄记》记载，吕布的妻子听说丈夫要出城，顿时没了安全感，她想反对，又怕丈夫不听，于是换了个理由："高顺和陈宫素来不合，将军一出城，他们必然不能同心协力守城，如果有什么差池，将军何以自立？希望将军好好想一想，不要被陈宫误导了。我当年在长安，已经被将军抛弃过一次，幸亏庞舒偷偷把我在藏起来，这一次将军就不要再顾我了（妾昔在长安，已为将军所弃，赖得庞舒私藏妾身耳，今不须顾妾也）。”

听吕太太的口气，当初吕布逃出长安时并没有带上她，是一个庞舒的人把她藏了起来，这才拣回一条命。庞舒是做干什么的？吕太太后来又如何跟吕布相聚的？这些史书上都没有记载。

吕布在陈宫面前耳根软，在老婆面前耳根更软，听完太太的话，闷闷不乐，不再提劫粮道的事。

陈宫很失望，他又提出一个建议，由他来守城，吕布带一支人马到城外驻守，形成内外呼应，曹军攻吕布，陈宫就出来夹击曹军；曹军攻城，吕布就从后面包抄曹军（若向将军，宫引兵而攻其背，若来攻城，将军为救于外）。

陈宫认为，只要守城的策略正确，曹军很难找到机会。而曹军也不可能在下邳城久攻，因为那样以来粮食供应就会成为问题，不出10天，曹军的粮食就没了，到那时发起反击，必可取胜（不过旬日，军食必尽，击之可破）。

陈宫的主意未必高明，因为如今的曹军已经发展得很强大，即使分兵两路对攻，未必能出现想像中的曹军被两面夹击的态势。但陈宫的计划有可取之处，因为分兵毕竟可以分散敌人的进攻点，削弱敌人的攻势。

最重要的是，分兵可以减轻城内粮食的压力，跳到外围作战，可以变被动为主动。兵法爱好者吕布知道陈宫的这个主意可行，准备同意，这一次他学聪明了，想先跟太太商量一下再说。

吕布回家一说，吕太太再次反对，理由是："当初曹操待陈宫那么好（昔曹氏待公台如赤子），陈宫仍然舍弃曹操。现在将军待陈宫未必如曹操那样好，将军把守城的大任付于他，孤军远出，一旦情况有变，我还能再做将军的妻子吗（妾岂得为将军妻哉）？"

吕布一听更郁闷了，陈宫的这项计划也告吹。

城外的攻势一波急于一波，城里的吕布心里越来越差。看样子曹操这次不达目的决不收兵，思来想去，吕布觉得只有搬救兵试试。

在吕布看来，眼下能出兵救他的只有两个人，一个是他的老乡兼昔日同事张杨，另一个是刚刚当上伪皇帝的袁术。

张杨曾护送汉献帝回洛阳，后来被曹操打跑，目前继续游荡在黄河岸边的河东郡、河内郡一带，与黑山军、白波军相呼应。张杨的头上曾经有一顶大帽子——大司马，属于上公，比袁绍的大将军、曹操的司空还要高，但估计早被朝廷剥夺了。

吕布不担心张杨的态度，担心的是他现在还有没有这个能力。抱着试试看的想法，吕布派人去河内郡一带找张杨，请他来替自己解围。

袁术的实力没问题，虽然连吃了好几场败仗，但毕竟虎倒雄威在，他离下邳很近，要肯来两三天功夫就能到，但前面有过那么多恩怨，他还愿意不愿意来，是个问题。

没有更好的办法，吕布决定试一试。吕布率领1000多人杀出下邳城，主动向曹军发起挑战。双方展开混战，吕布并不恋战，杀了一阵，主动撤进城里，因为吕布的目的已达到，此次军事行动为的是掩护特使出城。

吕布的特使是许汜和王楷，他们的具体情况不详。吕布集团后来失败了，他手下很多武将和谋士只留下了名字，没有更多的事迹，这不奇怪，历史是成功者的舞台，如果吕布最终成功了，开创了自己的王朝，想必许汜、王楷等辈也会成为荀攸、郭嘉甚至诸葛亮那样的人物吧。

许汜和王楷在吕布亲自掩护下出了下邳城，来到寿春，见到了袁术。

《英雄记》记载，袁术还在生吕布的气，对许汜和王楷说："吕布不愿意和亲，失败是必然的，干嘛还要来告诉我（何为复来相闻邪）?"

许汜和王楷说："明上现在不救吕将军，自己最后也得失败。吕将军不在了，曹操的下一个目标就是明上。"

袁术大概也想到了唇亡齿寒的道理，所以最终决定出兵。

下邳城里，吕布得知袁术同意出兵的消息很高兴，但等了几天不见丝毫动静。吕布明白袁术这个老滑头是不会轻易帮人做好事的，为争取袁术的支持，吕布决定亲自送女儿到寿春，完成当初袁术提出的和亲请求。吕布的女儿年龄不详，吕布把她用丝绵裹在自己背上，准备亲自护送出城。

吕布刚出城，外面的曹军发现拼死抵挡，同时乱箭齐发，吕布虽然是一世名将，但也无可奈何，又害怕背上的女儿受伤，只好退回城内。

《三国志》评论吕布，称他为怒吼的老虎（虓虎），现在这只老虎被关进了笼子，动弹不得，只能发出沉闷的吼叫了。

城里守军士气更加低迷，他们虽然是一支能征惯战的队伍，但此时被困在下邳城内，擅长的战法施展不出来，粮草消耗得很快，外面没有援兵的消息，个个人心惶惶，在这种情况下，很容易出事。

其实，攻城的一方也不顺利。下邳城久攻不下曹操也很头痛，大军长期滞留在徐州一带，南阳郡的张绣，荆州的刘表，冀州的袁绍，关中的韩遂、马腾，这些人此刻都在盯着徐州的战局，会不会趁乱打劫，真的很难说。

如果出现那样的情况，自己仓促回军，岂不是兴平元年兖州之叛的重演？曹操人在徐州，心里一直惦记着许县。

这时，传来情报说张杨在东市起兵，打出支援吕布的旗号，向下邳杀了过来，这加重了曹操的担忧。曹操不怕张杨杀过来，他怕张杨杀到许县去，以张杨现在的实力虽然构不成致命的威胁，但他带头一闹，四周的实力派们更要蠢蠢欲动了。

张杨起兵的东市不知何地，应该在河内郡，有人认为是下邳城的东市，那肯定是不对的，张杨此刻应该距这里还很远。

曹操想撤军，这时郭嘉和荀攸都来劝他，到了这个节骨眼上一定不能松气，如果让吕布缓过这口气，日后再解决他就更困难了。

郭嘉说："当年项籍有70多座城池，从来没有打过败仗，但一朝失势导致身死国亡，这是他恃勇无谋造成的。现在吕布每战必败，已经气衰力尽，内外皆困。吕布的势力比项籍差得远，而现在的情况比项籍还不如，如果乘势攻之，一定可以将其擒获！"

荀攸也说："吕布自彭城以来，连战皆败，锐气已衰。三军以将为主，将衰军队就没有斗志。陈宫虽然有些智谋，但现在他的计谋还来不及施展，趁着这股劲猛攻，一定可以拿下吕布。"

荀攸、郭嘉给曹操出了个用水灌城的主意，将下邳城附近的泗水、沂水引向城里，弄得城内一片汪洋，吕布守起来就更加困难了。

这时，袁术的救兵终于出发了，并且是由他亲自率领的。不过《三国志》记载，袁术只带来了1000多骑兵（术自将千余骑出战），分明不是来打仗的，是个战场观察团而已。

结果可想而知，曹军稍一出动，袁术就退了回去，不敢再出来。

袁术这么做大概有两种可能：一是救吕布的意志并不坚决，率兵增援，只是做做样子；二是他想再等等，等到吕布消耗得差不多，曹操那边也付出更大代价时自己再出手，所以没动真的。

张杨那边更不顺利，刚一起兵就被手下将领杨丑杀了，杨丑转而投降曹操。不过没多久，张杨手下另一个将领眭固又把杨丑杀了，率部投降了袁绍。

吕布渴盼的两个救星，一个还不想动身，另一个已永远无法动身了。

白门楼

刘备带着关羽、张飞等人也参加了围攻下邳城之战，史书对他们在此战中的表现没有提及，只写了一件事。

这件事记在《蜀记》，说下邳城破前，关羽突然去找曹操，向曹操提出一个请求，说一旦城破，他要娶城里的一个女人，请求曹操成全。曹操同意了，但心里多少有了点儿好奇心，不知道是个什么样的女人，能让关羽这么动心。

过了几天，下邳城眼看就要攻破了，关羽又来找曹操，说的还是这件事（临破，又屡启于公），这让曹操的疑心更重了，曹操怀疑这个女人长得特别好看。

《蜀记》的作者王隐是晋代学者，他的父亲也是一名学者，从小受家庭影响走上从文之路。王隐参与撰写晋书，但他拙于文辞，相传他所撰的晋书凡是精彩之处都是老爹替他写的，王隐的作品经常文体混漫，义不可解。所以，一般认为这件事可信度不高。

但是，《蜀记》提到的这件事《华阳国志》也有记载，并且说这个女人姓杜，是有丈夫的，她的丈夫名叫秦宜禄，是吕布的手下。《华阳国志》说，去张杨处搬兵的就是秦宜禄，《献帝传》说秦宜禄奉吕布之命到袁术那里去搬兵，袁术把他扣留，还把汉朝宗室的一名女子嫁给他为妻（术妻汉宗室女）。

《华阳国志》还说，关羽跟曹操说自己虽然有妻子但没有儿子（妻无子），言下之意看中的是杜氏能生儿子。这个想法倒也对，杜氏为秦宜禄生的有儿子，名叫秦朗，长得一表人才，日后比他父亲有名多了。

关羽此时30多岁了，娶过妻子很正常，如果妻子没有给他生儿子，再娶一个也正常，就像刘备那样。此时刘备的两位夫人都在下邳城里，关羽的妻子想必也在那里当俘虏，张飞到现在还没有娶妻。

这件事先放下了，摆在曹操面前的当务之急是组织人马加紧攻城，不能半点大意，吕布是个生存能力极强的人，一旦让他脱身，后患无穷。

就在这时，下邳城里出现了新情况。

最近一段时间，下邳城里到处弥漫着一股末世之气，吕布整天唉声叹气，训这个骂那个，言行有点失常。陈宫竭尽全力想办法解围，但仍然无计可施。

《九州春秋》记载，吕布手下将领侯成有15匹好马让人喂养，养马的人却偷偷把马弄走，想出城交给刘备。侯成亲自追赶，把马夺了回来。侯成觉得这也是个小胜利，于是摆了几桌酒席庆贺一下。

侯成拿出自家酿的酒，又杀了几口猪，诸将都来祝贺。侯成一向敬重吕布，拿了半头猪和5斗酒送给吕布，跪禀道："承蒙将军的恩德，让我把马追了回来，自家酿的酒，打猎打来的猪，我没敢先吃，特地奉上聊表寸心（自酿少酒，猎得猪，未敢饮食，先奉上微意）。"

看来吕布虽然没有雄才大略，却不失人格魅力，手下有一帮铁杆粉丝，始终对他尊敬有加，侯成这么做纯粹是出于敬意，可吕布一听火了。

吕布训道："城里被围，粮食匮乏，我正在禁酒，你难道不知道吗？你们又吃又喝，称兄道弟，想结伙谋杀我吗（诸将共饮食作兄弟，共谋杀布邪）？"

侯成吓坏了，赶紧赔罪求饶，回到家，把诸将送的礼都退了，把酒和肉都扔了，心里仍然惴惴不安。

这件事寒了侯成的心，最终侯成决定投降曹操。这时，曹操在智囊们的建议下引泗水等灌城，下邳城里到处是水，但守城的人还在坚守，并州军的战斗力可见一斑。

但不少人心里已动摇，除了侯成外，宋宪、魏续等人也有反水的想法。《三国志》记载，城内又坚持了1个多月，宋宪、魏续把陈宫抓了起来，打开城门，投降了曹操，曹军攻入城，把吕布生擒。

同样是《三国志》还有另一种记载，说曹军攻城很急，吕布带着一部分手下登上最后一处据点白门楼，吕布看到回天无力，于是走下城楼投降（兵围急，乃下降）。吕布投降后，被人捆了起来。

曹操携刘备等人随后也登上了白门楼，在此建立临时指挥所，手下把吕布等人带了上来。

这是曹操第一次近距离观察吕布，曹操大概特别想看看这个名震天下的飞将被捉后是什么反应。

在《三国志》里，吕布见到曹操的第一句话是：“绑得太紧了呀，能不能给松松（缚太急，小缓之）?”

曹操笑了：“绑猛虎不紧不行呀（缚虎不得不急也）。”

开场气氛不错，吕布活下去的信心大增：“明公所担忧的不过是我吕布罢了，现在我已经服了，天下不足忧。今后明公统率步兵，让我统率骑兵，则天下必然平定!”

在《献帝春秋》里，吕布见到曹操的第一句话是：“明公怎么瘦了（明公何瘦）?”

曹操有点惊讶：“你以前见过我吗?”

吕布说：“当年在洛阳，在温氏园中我见过您。”

曹操想了想：“有可能，我全忘了。现在是有点瘦了，那是因为一直抓不到你的缘故呀（恨不早相得故也）。”

在《英雄记》里，曹操想跟吕布探讨一下他失败的原因，吕布说：“我待诸将很厚，但诸将都叛我而去。”

曹操揭了吕布的老底：“你背着老婆，霸占手下将领的太太，这怎么叫厚道（卿背妻，爱诸将妇，何以为厚）?”这也许是真的，因为吕布听后默然无语。

《献帝春秋》还记载道，吕布对曹操说：“当初齐桓公舍射钩，用管仲为相；现在我愿意效股肱之力，甘为前驱，可以吗?”

吕布一边说，一边向四周看，他发现了刘备，就打招乎说：“玄德，你现在是座上客，我是阶下囚，能不能帮忙说句话，给我松松绑（不能一言以相宽乎）?”

刘备还没有说话，曹操道：“干嘛不跟我说，还求玄德呢（何不相语，而诉明使君乎）?”

曹操准备给吕布松绑，这时他手下的办公室主任（主簿）王必上前劝道：“吕布可是个强大的敌人（勍虏也），他还有不少部下在外头，不能宽恕他。”

曹操停了下来，无奈地对吕布说：“本来想从轻发落，但王主任不同意（主簿复不听），怎么办呢?”

在曹魏阵营，王必不是特别有名的人物，但他是曹操的心腹近臣，类似家臣，很早便追随曹操，对曹操的各种心理和意图领会得最快最准。

刘备此时心里很紧张，他还真怕曹操一时心软放了吕布，那样一来，吕布还是自己的麻烦。看到曹操有些犹豫，刘备上前说：“明公难道忘了吕布曾经事奉过丁原和董卓吗（明公不见吕布之事丁建阳及董太师乎）?”

曹操闻言，点头称是（太祖颔之）。

吕布大骂刘备：“你这个小子让人最不能相信（是儿最叵信者）!”

曹操下令将吕布绞杀。

叱咤风云的一代飞将，就这样谢幕了。

一般认为，在杀不杀吕布的事情上，刘备最后那句话起了关键作用，所以吕布之死，一大半责任归在刘备身上。

但这也许是误解，杀不杀吕布，刘备说了不算，曹操说了算。曹操也许真动过不杀吕布之心，因为他很爱才，吕布不是帅才，却是一流的将才，这是曹操目前最需要的，只要驾驭得好，吕布就是自己手中的一把利器。曹操不会在意过往的那些经历，伤害过曹操的人很多，不见得都要付出生命的代价。

但曹操肯定有很深的顾忌，就是能不能驾驭吕布。正如刘备所言，吕布这个人诚信度很低，缺少政治伦理，凡与他合作过的，丁原、董卓也罢，袁绍、袁术包括刘备，都吃过他的亏，这一点才是曹操真正在考虑的。

吕布和刘备还不一样，刘备是主动来投，吕布是战败被捉，收留刘备体现了道义，杀吕布也不违背道义。

所以，杀吕布是曹操早就想好的，他不会干养虎为患的事。至于王必相劝，可能是二人故意演的双簧，领导经常有些想法不能明说，或者经常说些跟心里想法相反的话，需要有人勇敢地站出来背黑锅，王必大概就是替曹操背黑锅的，这也就是为什么荀攸不劝，郭嘉也不劝，而是从未在重大场合出谋划策过的王必出面相劝的原因。

至于刘备相劝，正中曹操的下怀。试想一下当时的场景，曹操做出动作要解吕布绑绳时，一定拿眼睛在瞟着刘备，他估计刘备肯定要急，刘备一急，他就顺势将这把火烧给刘备。

刘备出于对吕布种种的切身感受，肯定不希望吕布有东山再起的机会，刘备即使意识到曹操在把祸水往自己身上引，但他没有别的选择。

吕布就这样死了，而且死得很窝囊，被勒死的（缢杀）。

一同被杀的还有高顺，他不一定必死的，最终被杀，一定因为高顺执意要陪吕布去死，曹操没有办法。高顺的死法跟吕布一样，被勒死。

接下来是陈宫，这是曹操的老熟人，与曹操有太多恩怨，即使如此，曹操仍打算给陈宫一条生路。

《典略》记载，在吕布还没有被杀时，曹操问陈宫："公台，你平生计谋过人，现在怎会这样?"

陈宫指着吕布说："都是这个人不听我的，才至于此。"

陈宫的母亲和女儿也在曹操手上，曹操问陈宫想不想让老母亲和女儿活命。陈宫嘴很硬："我听说以孝治天下的人不会绝别人之亲，以仁义施于四海的人不会断绝别人家的祭祀。老母亲能不能活命，取决于曹公，不取决于陈宫!"

陈宫自愿一死，态度坚决。其实这也是无奈，纵然他想投降，纵然曹操也愿接纳，但曹营的将士们不会原谅他，与其痛苦活着，不如痛快一死。

陈宫径直往外走，拉都拉不住（遂趋出，不可止）。

《典略》记载，曹操看着陈宫的背影不禁流下了眼泪（泣而送之)，陈宫头也不回出去了。陈宫死后，曹操善待他的老母亲，抚养他的女儿，后来又给她操办了婚事。

张辽没有死，他被曹操收编，曹操任命他为师长（中郎将)。

陈登早已归顺了曹操，因为立下大功，被曹操提拔为军长（伏波将军)，仍兼任广陵郡太守。孙策南渡后，扬州刺史部北有袁术，南有孙策，曹操现在腾不出手来对付他们，这个重要的任务就交给陈登了。

还有陈群父子，他们当时也在下邳城，作为颍川郡陈氏家族的重要成员，曹操对他们一定不陌生，见到他们特别高兴。

《袁氏世纪》记载，陈群父子见到曹操时都行叩拜之礼，曹操以汉献帝的名义拜陈群的父亲陈纪为民族宗教事务部部长（大鸿胪)，任命陈群为自己司空府人事处副处长（司空西曹掾属)。

陈群从此进入曹魏阵营，并在日后大放异彩。

也有不买帐的，在陈群父子给曹操下拜时有个人也在场，但他站着不动，只是稍稍作了个揖（高揖不为礼)，这个人是袁涣。

袁涣在袁术那里待过一阵，又辗转到了徐州，被吕布留下。吕布和刘备翻脸后，命令袁涣写信辱骂刘备，袁涣是刘备推举的茂才，不愿写这样的信。

吕布大怒，拿刀架在袁涣的脖子上（以兵胁涣)："写了就让你活命，不写就让你死!"

袁涣脸色都不带变的，笑着说："我以前事奉刘将军，就像现在事奉将军您一样，如果今后离开您，就开始骂您，可以吗?"吕布惭愧，不再勉强。

曹操也听说了袁涣的事，很欣赏这样的人，就让袁涣搞屯田。袁涣后来发现屯田中存在许多问题，给曹操提出了不少合理化建议，后来担任过梁国相等职务，是曹魏在豫州刺史部的重要行政官员。

该留的留下了，该去的去了，吕布集团自此灰飞烟灭。

吕布死后，曹操命砍下他的首级，送往许县示众。

曹操的眩晕

攻入下邳城，关羽最关心的大概是杜氏。但关羽却怎么也找不着杜氏，因为曹操已先他一步，命人把杜氏带到了他那里。关羽的一再请求勾起了曹操的好奇心，他要看看杜氏到底长得多漂亮（公疑其有异色，先遣迎看）。

一见面，曹操就看上了，没有给关羽，自己留下了（因自留之）。这件事多少对关羽的内心有一定影响，《蜀记》说关羽心里很不自在（羽心不自安）。

尽管有人怀疑《蜀记》记载的这件事可信度不足，但如果熟悉曹操的话，干出这样的事是有可能的。在对待女人的问题上，曹操一向积极而开放。

曹操的正妻是丁氏，没有生育子女。丁氏之后娶了刘氏，生下长子曹昂。曹操最喜欢、最信任的是他的第三位妻子，比他小 5 岁的卞氏，曹丕、曹植都是她生的。

曹操一共有 25 个儿子，女儿数量不详，想必夫人也不少，截至现在，他的夫人里至少还有环氏、孙氏和尹氏等。

值得一提的是尹氏，她的身份极不平常。她是何咸的妻子，何咸是已故大将军何进的儿子，尹氏是曹操老上级何进的儿媳妇。何家落难后，尹氏流落民间，后来被曹操收留。尹氏当时还带着一个孩子，名叫何晏，是何进的孙子。

何晏随母亲到曹家时才 7 岁，是一个天才美少年，曹操很喜欢他，一度想让他改姓曹操，可何晏不干。何晏在哲学上有重大贡献，是魏晋玄学的开创者之一。

秦朗的母亲没有嫁给关羽，秦朗来到了曹家，像何晏一样，曹操也很喜欢他，出席一些公开活动曹操经常把秦朗带上，曹操指着秦朗对大家说：“天下有没有像我这样喜欢继子的（世有人爱假子如孤者乎）?”

秦朗和曹操的孙子曹睿关系很好，曹睿当上皇帝后，秦朗受到了重用。

攻破下邳城，刘备又见到了甘氏和麋氏。麋氏还不太适应，但甘氏已对这种当俘虏的日子习以为常了。对她们来说，这不是第一次，也不是最后一次，这种当俘虏的日子，今后至少还有两次。

安排完众人，轮到安排刘备等人了，曹操有点儿踌躇。

其实他可以不费心，刘备现在是朝廷正式任命过的豫州牧，还是镇东将军，豫州刺史部现在大部分在自己控制之下，治所是曹操的老家谯县，今安徽省亳州市，让刘备到那里上任就行了。

但曹操不会这么做，豫州刺史部连颍川郡和许县都管，相当于昔日的司隶校尉，也就是清代的直隶总督，这么重要的职务怎能交给刘备？同样的道理，徐州也不可能给刘备，刘备这样的人，论危险性比吕布差不了多少，只能待在自己的身边，待在能看见的地方。

曹操任命的徐州刺史是一个叫车胄的人，史书基本没有关于他的其他记载，要么在曹操的阵营里他的地位不高，要么因为后来死得早事迹失传了。

最后，曹操以汉献帝的名义拜刘备为左将军，这是所谓的四方将军之一，比镇东将军还要高一级。此前，袁术担任过左将军，那是董卓主持朝廷时任命的，曹操主持朝政后，又曾把左将军给过吕布，吕布刚死，曹操又把它给了刘备。

张飞和关羽也有了新职务，中郎将，低于偏将、裨将，相当于师长，此前他们的正式职务不过是个团长（司马）。

这时，已经是建安三年（198 年）的年底，许县方面事情很多，南面的张绣未平，北面的袁绍正在向公孙瓒发起最后总攻，一旦消灭公孙瓒，袁绍就会率兵南下，对曹操来说，两边的形势都很急迫。

可是，曹操还没有从下邳回师的意思。曹操很了解徐州的情况，他知道回去之前必须见到一个人，不管多难找，也得把他找出来，不见到他，曹操心里就不踏实。这个人就是臧霸，下邳城破后臧霸便躲了起来（自匿）。

曹操最后悬赏搜寻（募索），竟然把臧霸找到了，曹操特别高兴（见而悦之），最后说服臧霸归顺了自己，并通过臧霸找来了昌豨、吴敦、尹礼、孙观以及孙观的哥哥孙康等人。

曹操很慷慨，一次任命了6个郡太守、国相，其中任命臧霸为琅邪国相，昌豨为东海郡太守，吴敦为利城郡太守，孙礼为东莞郡太守，孙观为北海国相，孙康为城阳郡太守。这些地方处于徐州、青州交界地带，他们以臧霸为核心，形成了一个泰山帮。

曹操的徐州战略是，以陈登在南线牵制袁术、孙策，以臧霸等人在北线牵制袁绍、公孙瓒，这样他就可以腾出手来，优先解决南阳郡的张绣。

臧霸等人据守在青、徐之间，使这里成为曹魏势力的边缘地带，虽然他们服从于曹操的领导，在历次战事中都始终站在了曹操的一边，但他们也保持了相当的独立性，他们不具备与曹操分庭抗礼的实力，但曹操也不能以武力解决他们，因为他们不是曹操的主战场。

到了第二年春天，曹操才率主力回师许县。

曹操自然要把刘备、关羽、张飞等人带上。《三国志》说，曹操对刘备给予了充分礼遇，出去就坐一辆车，进屋就坐在一张席上（出则同舆，坐则同席）。

但事实上，刘备等人被曹操软禁在了许县。

曹操刚回到许县，大将军袁绍的使者也到了，他们给曹操带来一样东西，盛放在一只木匣内。

曹操让人打开木匣，凑近一看，竟然是一个人的首级，把曹操吓了一跳，当听说这是谁的首级时，曹操更感到了窒息和不安，以至于脑子突然有些眩晕，看东西都模糊起来（自视忽然耳）。

这是公孙瓒的人头！

就在曹操对吕布大打出手的同时，袁绍也对公孙瓒发起了最后的猛攻，只不过他付出的代价更惨重。

陶谦死了，刘备走了，袁术自身难保，公孙瓒没有了盟友，在袁绍的强大攻势下，他干脆呆在易京防线里不出来。这是一条东西绵延数百里的立体防御网，巧妙地利用河流以及人工壕、人造土丘为依托，在强大的后援保障系统支持下，通过交叉配合，足以将任何来犯之敌消灭在城下。

袁绍攻了几次，收效不大，无奈改打持久战。

袁绍采取迂回的办法，从公孙瓒的背后和外围下手，一点点蚕食他的势力，最终把公孙瓒压缩到易水河边的几座高大堡垒里。

当时唯一可能被公孙瓒引为外援的是黑山军首领张燕，公孙瓒派儿子公孙续去联络张燕，没费什么事，张燕表示愿意站在公孙瓒的一边。建安四年（199 年）初，就在曹操准备从下邳回师时，张燕集合所部人马，号称有 10 万人，分三路来救公孙瓒。

援兵快到时，公孙瓒做了个梦，梦见昔日的大本营蓟县城门崩塌，这是一个大凶之兆。公孙瓒感到最后的时刻到了，必须绝地反击，于是给公孙续写了封信，让他赶紧通知张燕，大军到后在北面燃起烽火（到者当起烽火於北），他看到烽火，就从里面杀出来。

公孙瓒好像对儿子还不够特别放心，在这封信的最后还有这样几句话："现在必须奋力一搏了，不然的话，我死之后，天下虽大，你要想安身立命，恐怕也难以做到！"

要命的是，这封重要的信竟然落到了袁绍侦察兵（候者）手里，袁绍看到信，让人如期在北边燃起烽火，公孙瓒以为救兵到了，于是从堡垒里杀出，结果中了埋伏。公孙瓒大败，赶紧退回堡垒，依靠坚固的城防继续苦守。

即便如此，易京仍固若金汤，袁军居然奈何不了。

《英雄记》记载，袁绍的智囊们想出一招，一边正面佯攻，一边分出一部分人挖地道（分部攻者掘地为道），一直挖向公孙瓒住的超级堡垒易京的下面，这条隧道应该挖得很长，在没有任何先进仪器指引的情况下，施工难度可想而知。

袁绍的工兵一面向前掘进，一面用木头支撑巷道，跟现在开挖平峒式小煤窑的工序差不多。经过测算，估计挖到易京的正下方时，他们停了下来，尽可能扩大掘进面，在公孙瓒的屁股底下掏出个大洞来，不断用木头加固，差不多以后，开始放火，人员撤离。支撑的木头被烧坏，支架坍塌，不可一世的易京终于倒了。

在易京倒掉的同时，公孙瓒知道大势已去，杀死老婆孩子，然后自杀。

公孙瓒和刘备的老师卢植在董卓迁都长安前逃出洛阳，其后隐居在幽州刺史部上谷郡，不问世事。7 年前的初平三年（192 年），卢植去世，临终前命儿子挖土穴薄葬，不用棺木。公孙瓒现在也死了，纠结在刘备心里的某种师生情、同学谊至此也告一段落了。

现在，袁绍基本统一了北方的幽、青、冀、并四州。《典略》说，袁绍用审配、逢纪统领军事，田丰、荀谌、许攸为谋士，颜良、文丑为大将，手下至少有十几万军队，于是更加自高自大，也不怎么好好地向朝廷进贡了（自此绍贡御希慢）。

袁绍特意把公孙瓒的人头送往许县，一来公孙瓒杀过大司马刘虞，是朝廷的罪人，袁绍把他杀了归案；二来袁绍借机向曹操炫耀和示威。

谋杀曹操

对曹操而言，现在的形势相当不妙。袁绍已经解决了公孙瓒，人家那边清净了，目前唯一要做就是找自己来决战。而自己这边，虽然解决了吕布，收降了刘备，但袁术还在，张绣、刘表结成了同盟，就连江东势头正旺的孙策也有想法。

本来实力就不足，现在这种情况如何与袁绍决战？曹操头疼起来，而且疼得要命，成了一种病，每次发作，心也慌，眼也花（每发，心乱目眩），曹操把名医华佗找来看病，被诊断为头风。

在中医看来，头是诸阳交汇之处，五脏精华之血、六腑清阳之气都注于头，头痛如果经久不愈就是病症，病因可以分为外感、内伤以及经络瘀阻等方面。这是中医的说法，如果按照现代医学来看，引起头痛的疾病可能是青光眼、脑肿瘤、脑血栓、脑供血不足以及高血压等，而从主观原因分析，精神压力太大是造成这一类疾病的根源之一。

但曹操是个内心强大、意志顽强的人，在荀彧、郭嘉等智囊的帮助下，抓紧决战前的最后时刻，一一应对周边的威胁。在做这些事的间隙，曹操还没有忘记身边的刘备。

刘备来到许县，关羽、张飞、简雍、麋竺、麋芳、刘琰、陈到等人也应该与他随行，除此之外，还有一个孙乾。

孙乾是青州刺史部北海国人，一代宗师郑玄的学生，郑玄和刘备的老师卢植是同学，说起来孙乾和刘备还有同门之谊。孙乾被郑玄推荐到州里任职，刘备在徐州时，任命他为州政府参事（从事），从此孙乾跟随刘备。

除关羽、张飞外，其他人此时职务不详，一种可能是在刘备的左将军府或豫州牧府里任职，但这种可能性似乎又不大，刘备的这两项职务虽然显赫，曹操却不大会让他真的开府治事，尤其是在戒备森严的许县。

另一种可能是，他们这些人被分散在各官署中任职，关羽和张飞以中郎将的身份领兵，除了他们以及陈到，其他人大多担任着文职。

许县是个是非之地，虽然在曹操的严密控制下，但各种暗流涌动，还有一些所谓名士，经常聚会，品评人物，时不时给曹操捣乱。

刘备知道自己目前的处境，所以来到许县就闭门不出，他的老朋友孔融也在许县，刘备连他都不见，避免曹操对自己的怀疑。时间实在不好打发，刘备就领着仆役在住处开出一片园子种菜。

《吴历》记载，曹操对手下人历来防范很严，经常派遣心腹暗中刺探下属的私生活，看大家有没有暗中交结，一旦发现，就会严厉惩处。

有一天，刘备在自家院子里指挥人种菜，种的是一种叫芜青的菜，曹操派的密探来了，从门缝往里看（窥门），想知道刘备在家干什么。

刘备很老到，发现门外有人，但装着没察觉，该干什么干什么。密探走后，刘备对张飞和关羽说："我岂是干种菜这种活的？曹操必然会生疑，这里不能再呆了（吾岂种菜者乎？曹公必有疑意，不可复留）。"

《吴历》说，当天夜里，他们打开后门悄悄逃出许县，临走前，把汉献帝和曹操所赐予或赠送的衣物等全部整理好留下。刘备一行逃出许县，直接前往小沛，这里是他多年经营的根据地，在此他重新聚合旧部，打出反曹的旗号。

类似的记载其他史书也有，说曹操对刘备确实不放心，派人秘密监视。《华阳国志》记载，曹操派手下人偷偷监视刘备，发现刘备在园子里整理葱（见其方披葱），刘备指挥仆役干活，仆役干得不好，刘备生气，拿着棍杖打那个仆役。

有人报告曹操，曹操说："看来这个大耳朵家伙还没有察觉（大耳翁未之觉也）。"

其实这也是刘备在演戏，他已发现有人监视，所以故意做给监视的人看，监视的人一走，刘备感觉不妙，连夜出走了。

按照《吴历》和《华阳国志》的说法，刘备担心曹操进一步迫害，是主动逃出许县的，但《三国志》的记载完全不同。

《三国志》说刘备确实在许县没待多久就离开了，但他是向曹操请示后经过批准才离开的，至于他急于离开许县的原因，不全因为曹操对他的监视，而是他牵涉进一桩大案，在事情没有暴露前，必须赶紧脱身。

这是一场预谋中的政变，发起人是董承。之前说过，他是汉献帝的岳父，此时的职务是全国武装部队副总司令（车骑将军）。

董承还有另外一个特殊身份，他是汉献帝的父亲汉灵帝刘宏的生母董太后的侄子，算起来是汉献帝的表舅，是货真价实的董皇舅。

董卓刚到洛阳时，感到要对付何进和袁绍自己的势力还有些单薄，就去拉拢汉灵帝的母亲董太后，双方都姓董，就扯上了亲戚关系，因为这个原因董承便到凉州军中发展。在汉献帝东归过程中，董承一直忠心耿耿地护驾左右，他是汉献帝身边唯一手握兵权又可以信任的人。

曹操迎请汉献帝到许县，开始汉献帝对曹操充满了好感，在别人都往后退缩的情况下曹操挺身而出，使朝廷不至于陷入困顿或离散。但随后曹操大权独揽的做法让汉献帝反感，汉献帝此时虽然不到20岁，但经受过的磨难已经很多了，他是个有远大志向的皇帝，从地狱般的长安逃出来，他的心中越来越强烈地渴望刘汉江山能在他手中重新振兴。

如此以来，曹操和汉献帝之间不可避免地产生了矛盾。就在不久前，还在曹操从徐州回师的途中，汉献帝突然发布了一项人事任命，将董承由卫将军擢升为车骑将军。曹操把大将军让给袁绍后，自己一直代理车骑将军的职务，汉献帝把车骑将军正式授给自己的老丈人，意味着曹操兼任的这个职务被免除了。

曹操有3项重要职务，一个是司空，抓行政权；一个是车骑将军，抓军权；还有一个算兼职，录尚书事，抓朝廷的日常事务。车骑将军的职务对曹操来说并不是摆设，没有这个职务，曹操直接指挥军队就有点儿名不正言不顺了。

所以，汉献帝的这项决定肯定出于自己的想法，没有跟曹操商量过。他这样做，可能是跟曹操治气，对曹操独揽大权的不满，也可能另有打算。综合史料记载，这两种可能性都有。

《三国志》记载，董承曾经找到刘备，拿出一份汉献帝亲笔写的密诏，让刘备诛杀曹操（献帝舅车骑将军董承辞受帝衣带中密诏，当诛曹公）。

汉献帝和董承找到刘备，一来基于刘备和曹操并不一心，二来刘备手里尚有一定实力，刘备在小沛被打散，但收拾残卒手下还有一些人马，目前应该在关羽、张飞、陈到等人的指挥下，曹操想必对这些人马看得很紧，也可能被分编于各部，可一旦有事，把这些人发动起来，就是一股力量。

现在，刘备面临着选择。

刘备不难看出董承的密谋胜算很小，许县是个小地方，上上下下、里里外外都是曹操的人，周边都是曹操的嫡系重兵，曹操的情报工作做得很细，可谓无孔不入，一旦泄密，参与的人都将在劫难逃。

刘备此时也可以选择向曹操告密，以换取曹操对自己的信任。但刘备实在做不出来，一来他对曹操并无好感，如果能除掉曹操他也乐意为之；二来选择告密就等于和汉献帝作对，如果曹操一怒之下来个废帝弑君，之后顺势把“功劳”往自己身上一推，那刘备可就成了千古罪人遗臭万年了，这个刘备也不能做。

《三国志》记载，刘备选择了暂时不动（先主未发）。

可以理解为，刘备答应了董承，但却没有任何行动，既没有去告发，也没有再去联络他人，这大概也是刘备唯一能做的。

这样可以拖一拖，但也拖不了太久，刘备不行动，董承还会联络其他人，一旦败露，曹操会追查下去，结果还是一样，为了这件事刘备恐怕每天都有如坐针毡的感觉。

董承确实有了新的行动，他又找到了3个人，一个叫种辑，担任越骑校尉；一个叫王子服，担任偏将；还有一个叫吴硕，担任朝廷参事室参事（议郎）。种辑和王子服手里大概也有一点儿兵权，关于他们的背景史书没有太多记载。

《献帝起居注》说，董承劝王子服：“郭汜当年只有几百人，打败了李傕的几万人（郭多有数百兵，坏李傕数万人），现在就看你我敢不敢干了。过去吕不韦有了子楚之后得以富贵，现在我和你正是这样（昔吕不韦之门，须子楚而后高，今吾与子由是也）。”

子楚是秦始皇的父亲秦庄襄王，曾在赵国作人质，后来在吕不韦帮助下成为秦国国君，秦始皇统一天下，追封其为太上皇。

王子服比较犹豫：“这事非同小可，而且兵力也不够啊。”

董承给他打气：“如果能杀死曹操，就能得到他的人马，怎么不够（举事讫，得曹公成兵，顾不足邪）？”

董承的计划是给曹操来个斩首行动，曹操伏诛，他手里人马再多也群龙无首，汉献帝出面征调曹操的人马，完全可行。

董承敢这么想，并不是他的脑子进了水。东汉后期发生过多次政变，有宦官发起的，有外戚发起的，也有皇帝本人亲自发起的，经常是以弱胜强，以不可能打败可能，只要出奇不意，再强大到坚不可摧的堡垒，瞬间也会轰然垮掉。

王子服又问："在京师还有其他人参与吗？"

董承说："长水校尉种辑、议郎吴硕都是咱的人。"

王子服于是答应下来，双方定下密谋。

在这里董承没有提到刘备，也许觉得身为左将军的刘备与种辑、吴硕等人不同，身份更重要，所以先予以保密，也许是刘备长时间没有动静，董承已对他不抱太大希望。

在此期间有一种说法，说汉献帝打猎，曹操携刘备、关羽、张飞等人同行，曹操轻慢汉献帝，惹恼关羽，关羽要杀曹操，被刘备拦住。

这件事没有记录在史书中，推测一下也不可能发生，因为刘备在许县只待了三四个月，正面临着各方面巨大压力的曹操没有时间更没有心情去打猎，陪汉献帝去打猎也不可能。

而且，刘备来许县是春末夏初，离开时夏天还没有结束，狩猎一般在秋天进行，没有大夏天出去打猎的。

即使有这么一场狩猎活动，刘备和关羽等人也参加了，在戒备森严的环境里，仅凭关羽一己之勇就想当场诛杀曹操，那也是开玩笑。

对刘备来说，这段时间的心情想必比王子服等人紧张多了。许县已经不能久留，尽快脱身是他唯一的出路。

脱离险境

正在刘备忐忑不安时机会来了，给刘备提供这个机会的，竟然是袁术。

袁术这个伪皇帝当得很窝囊，没当之前还人模人样，至少还有几个朋友，一旦当了皇帝，周边所有的人都翻脸，谁都能上来揍他一顿，曹操发动吕布、孙策对袁术三面围剿时，袁术一度被赶到淮河以南。

1700多年后也有个姓袁的军阀过了一把皇帝瘾，结果也在历史上落下了恶名，这个人就是袁世凯，他们的祖籍地相同，有人考证说他们还是同宗。

袁世凯只当了80多天皇帝，袁术比他强，勉强撑了1年多。曹操从徐州回师，留下陈登以伏波将军的身份负责东南事务，陈登很有两下子，在江淮一带干得有声有色，很得民众拥戴，有扫平江南的雄心。

袁术实在待不住了，只好放弃寿春，临行前一把火烧了寿春的宫室，前往大别山区的潜山，想投靠他的部将陈简、雷薄。

不幸的是，陈简、雷薄二人翻脸，拒绝接纳老领导率领的流亡伪朝廷。袁术很愤怒，但又很无助，身边的人见此情景，有的干脆溜之大吉，袁术又恨又忧，不知道下一步如何办（忧懑不知所为）。

走投无路之际，袁术觉得普天之下能拉自己的一把的，只有自己的哥哥袁绍。虽然势不两立，斗了多年，但毕竟是亲兄弟，别人不管，亲哥不能不管吧？

袁术给袁绍写了封信，表示愿意将帝号让给他，信中写到："天欲亡汉室很久了，袁氏可以受命当王，各种符瑞都兆示这一点。如今老兄您拥有四个州，人户一百多万，谨将大命呈上，您一定能带领新王朝兴盛起来！"

除了打亲情牌，袁术还号准了袁绍的脉，知道这个老兄当皇帝的瘾其实一点儿都不比自己小，袁术现在手里还有两大法宝，一是他建立的新王朝，一是传国玉玺，对于既要面子又要里子的袁绍来说，这两样东西都还有很高的价值。

果然，袁绍接到信，立即派长子袁谭从青州动身南下，迎接袁术。

从大别山区北上青州，必须经过已是"曹统区"的徐州和兖州，曹操得到情报，决定派一支人马前去截住袁术，不让他北上。

刘备知道这个信息后，果断向曹操提出，由他率兵执行这一任务。

按理说，曹操是不会答应的。然而，曹操答应了，还给刘备摆酒送行。

几杯酒下肚，曹操意气风发起来。《三国志》记载，曹操对刘备说了一番很有名的话。

曹操说："当今天下的英雄，依我看只有玄德你和我曹操罢了。袁绍那些人，根本排不上号（今天下英雄，唯使君与操耳。本初之徒，不足数也）！"

这是夸人的话，刘备听了却心惊胆颤，手不由一抖，勺子、筷子掉到了地上（先主方食，失匕箸）。

刘备是个聪明人，知道曹操最不放心什么样的人。笨不怕，傻不怕，怕的聪明过了头，被曹操视为英雄的，危险系数显然比傻子大得多。刘备到许县后一直低调做人，遇事装傻，种瓜种菜，目的就是不引起曹操的怀疑和防范。

《华阳国志》记载，刘备的失常行为曹操看在眼里，好在这时外面响起了震雷，刘备打圆场道：“圣人说‘迅雷风烈必变’，看来确实如此呀，一震之威，居然这么厉害啊！”

不过，刘备还是如愿地领到了任务，率部前往袁术北上的路上展开阻击，随他前往的有关羽、张飞、陈到等人马，这些都是追随刘备从徐州、豫州一路过来的旧部，刘备率领他们赶到了下邳。

曹操并不完全放心，所以又派了两支人马跟着刘备前来，分别由朱灵和路招率领。朱灵是袁绍的旧部，曹操在兖州期间朱灵曾奉袁绍之命率兵支援过曹操，一来二去就留在了曹营，路招的情况不清楚。朱灵、路招后来都参加了曹操南征荆州之战，当时他们的职务都是将军，此时职务不详。

曹操明确，此次行动由刘备统一指挥（曹公遣先主督朱灵、路招邀击术），这是因为刘备的职务已经是左将军，比朱灵、路招高得多。

《华阳国志》记载，曹操的智囊程昱、郭嘉听说曹操派刘备去下邳执行任务，赶紧跑来劝曹操收回命令，或者干脆把刘备杀了。曹操一听，大概也后悔了，派人去追，结果没追上。

这个说法有点儿不靠谱，曹操如果真的后悔，随时可以修改命令，即使刘备到了下邳，也可以把他召回来或者夺去其兵权，不存在后悔莫及的情况。但这个说法受到《三国志》的部分支持，《三国志》记载程昱和郭嘉确实找过曹操，程昱对曹操说：“主公前面没有解决刘备，考虑得很正确也很全面，是我们不能及的。但现在再让他拥有兵权，他必然会生出异心（公前日不图备，昱等诚不及也。今借之以兵，必有异心）。”

《三国志》还有另一条记载，说时任冀州牧的董昭也听说了此事，他的看法与程昱、郭嘉相同，认为这个安排是错误的，所以也来面见曹操，劝道：“刘备有大志，又有关羽、张飞为羽翼，他心里到底怎么想的很难说（备之心未可得论也）！”曹操说：“可是我已经答应他了（吾已许之矣）。”

听口气，曹操没觉得这是个大事，也没有派人去追。

阻击袁术这个任务是刘备主动争取来的，他向曹操提出这个请求，说明他认为有把握让曹操同意。

曹操同意，考虑的应该有几点：一是刘备对徐州、豫州一带的情况最熟悉，对袁术也熟悉，去执行这项任务，是最合适的人选；二是目前曹操的人手比较紧张，此时已到了建安四年（199 年）的夏天，袁绍那边已开始了行动，袁绍还派人去联络刘表和张绣，想给曹操来个两面夹击，孙策所部主力也有北上的意图，在曹操眼里到处都是敌人，他都得分兵应对。相对来说，阻击袁术的任务次要一些，能挡住最好，挡不住也改变不了大局，在派不出太多人马的情况下，让刘备去，利用他的名气弥补人马的不足，也是一个恰当的安排；三是刘备虽然不一定可靠，但派朱灵、路招一同前往，可以起到监视作用，刘备如果有异心，也有应变之策。

大概曹操也分析过刘备有没有冒险反叛的可能性，在曹操看来，这种可能性似乎并不大，在刘备的亲眼见证下，自己消灭了比刘备势力更大的吕布，吕布的下场刘备应该引以为诫。刘备也不可能与袁术合作，他跟袁术打过仗，在现在这种情况下还与袁术合作是一步险棋。

所以，《华阳国志》所说曹操很快就后悔了，不符合常理。

但是，至少有两个问题曹操没有料到，一是刘备在许县虽然待的时间不长，但并不是只在种菜、喝酒，刘备还参加了一场仍在酝酿中的政变活动，这件事一旦大白于天下，刘备就不得不反；二是刘备虽然跟袁术关系不怎么样，但跟袁绍的关系却不错，二人素无恩怨，已经有过一些来往，只要找到了共同的利益，随时有站到一起的可能。

现在，刘备到了下邳，袁谭想南下，袁术想北上，因为中间有刘备，他们都没有成功。

袁术只得折返回来，又回到寿春。昔日的伪皇宫已被袁术自己烧得一塌糊涂，这里没法待，袁术只得继续往南，又走了 80 来里，于建安四年（199 年）6 月的一天，到达一个叫江亭的地方。

此时，袁术身边已经没有多少人，粮食也吃完了，袁术问厨师还有多少吃的，回答说只有 30 斛麦屑。正值盛夏，天气闷热，袁术身体有些不舒服，想喝点蜜浆，手下人说找不到蜜。

英雄一世的袁公路，就这样穷困潦倒地坐在江亭边的草席上回顾着自己的一生。刚出道时的前途无量，刚起兵时的叱咤风云，刚当上皇帝时的锦衣玉食，想想这些，看看眼前，袁术不禁老泪纵横。

这个人虽然是个花花公子，但一生颇为自负，也是个好面子、有血性的人，袁术大叫道：“我袁术居然混到了这一步（袁术至于此乎）!”

喊罢，瘫倒在草席上，呕血不止，足足吐了 1 斗多。

袁术就这样死了。

张飞的战地姻缘

阻击任务完成，按理说刘备应该率部返回许县，但刘备没走。

这时，袁绍已完成兵力集结，准备向南运动。曹操不敢怠慢，也离开了许县，亲率主力北上迎击袁绍，驻扎在官渡。

官渡，从字面上就能看出来，它是一个渡口，具体来说，是位于鸿沟之上的渡口。

黄河和淮河是中国北部和中部的两大河流，这两条河流经的地区自古以来便是人口的主要聚集区和主要经济区。为方便交通，自战国以来人们就在两河之间挖了很多人工运河，最后形成以鸿沟、汴渠、狼荡渠等组成的运河体系，将南北水域连接在一起，成为沟通南北经济和人员往来的水路交通要道。

汉末，这条水路两岸依然很繁华，经济、文化及军事方面的重要性远远超过现在，鸿沟是其中最重要的一段。鸿沟大约呈西北至东南走向，当年楚汉相争时曾以这条河为界，东西两边分别为项羽和刘邦占有，留下了“楚河汉界”的典故。

袁绍的大本营是冀州刺史部魏郡的邺县，由此南下赴许县有一陆路交通大通道，它与鸿沟的交汇处就是官渡，具体位置在今河南省中牟县境内。

为抵挡袁军南下，曹操构筑起三道防线，官渡是最后一道，在它北面还有两道，分别是黄河北岸的黎阳防线，黄河南岸的白马至延津防线。

在大战一触即发时发生了一次严重意外，曹操差点丢了命。

曹操刚到官渡前线，一天夜里，有几个贴身卫士在徐他的带领下突然闯进曹操的军帐试图行刺。徐他等人蓄谋已久，但负责曹操保卫工作的许褚一直不离曹操左右，徐他等人害怕许褚，迟迟不敢行动，今天许褚休息，所以他们身上藏着刀来杀曹操。

《三国志》说许褚是“谯国谯人”，应当是“沛国谯人”之误，跟曹操是同县的老乡。他是一个壮士，《三国志》说他有8尺多高，腰有10围粗

（身高八尺，腰大十围），身高约合现在的 1.9 米，而汉代一围合当时的 5 寸，相当于现在的 12 厘米，也就是说许褚的腰围有 120 厘米，相当于现在的 4 尺，裤子没法买，只能定做。

许褚勇力绝人，天下已乱，各地纷纷组织武装自保，许褚也聚合起本地的几千家人修筑壁坞抗拒外敌入侵。有一支 1 万多人的黄巾军来打他们，许褚率众死战，箭射完了，就让人拣了好多大石块过来，待敌人近前时，许褚发力以飞石迎击，把敌人打得粉身碎骨，不敢靠前。

许褚还假意跟敌人谈判，拿牛换粮食，敌人来牵牛，有的牛又跑了回来，敌人上来抢，许褚趁势跑出营跟他们对抢，他用一只手拽着牛尾巴硬是把牛拖行了 100 多步（褚乃出阵前，一手曳牛尾，行百余步），直到把敌人看傻。

许褚的名气在沛国、陈国一带广泛传扬，他虽是武人，但考虑问题一向稳重谨慎，平时话也不多（性谨慎奉法，质重少言），曹操迎汉献帝来许县后，许褚率所部投奔了曹操。

曹操见到这个老乡特别高兴，把他视为自己的樊哙，以他带来的人为基础组成一支近卫部队，任命许褚为旅长（都尉）。

今天确实轮到许褚休息，他回到住处，心里总觉得有什么事，于是又返回值班岗位（褚至下舍心动，即还侍）。徐他等人不知道，进了曹操的营帐，突然看见许褚在那里，大吃一惊，神色慌乱（入帐见褚，大惊愕）。

许褚看到徐他等人的异常表现，觉得有事，立刻将他们击杀。

这一定是场阴谋，现在最想刺杀曹操的恐怕是袁绍，买通曹操身边的人把他神不知鬼不觉地干掉，这个仗就好打了，甚至可以不打了。

但是，曹操一定认为不是那么简单，所以他下令彻查。不久，董承、王子服、种辑、吴硕等人密谋叛乱的事情败露，所有参与这件事的人全部被诛三族，其中包括董承的女儿董贵人。史书没有明确记载徐他和董承未遂政变之间是否有关联，但两件事一前一后发生，关联度非常高。

对刘备来说，董承等人的败露也许是他意料之中的事，但这让他没有了退路。在追查过程中，曹操一定知道了自己也是参与者之一，跟曹操彻底撕破脸的时候到了。

建安四年（199 年）底，刘备在下邳突然动手，杀了曹操任命的徐州刺史车胄，宣布与曹操决裂。

史书对此有不同记载，也有说刘备起事发生在董承被杀之前的，在同样一部《三国志》里，就有不同的说法，一个说刘备起事在前，一个说刘备起事在后，《资治通鉴》对此进行了考证，采取了后一种说法。

史书没有朱灵、路招阻止刘备起事的记载，推测起来，刘备可能在行动之前已经把他们打发走了，刘备可以假称任务完成回军，让朱灵、路招先行，待他们离开徐州后就动手。

消息传到曹操那里，他怒火中烧。终于被刘备算计，曹操又恼又愧。

曹操一向识人很准，但在刘备的问题上他看走了眼，手下那么多人都劝他不要相信刘备，他没有听，结果发生了今天这样的大祸。

这件事非同小可，与袁绍决战官渡虽是主战场，但战斗并不只在这一线展开，两翼也很重要，左翼是关中，右翼是徐州、兖州，两边都不能有闪失。曹操费了好大的劲才消灭了吕布和袁术，保证了右翼的安全，如果徐州轻易被刘备占去，右翼就没了，前面的努力也就白费了。

曹操的脑子甚至会立即浮现出一幅新的势力版图来，刘备在徐州若站稳脚，就会南联孙策，北联袁绍，近联臧霸、昌豨等泰山帮，忽忽拉拉就能联成一大片来，南边的张绣、刘表趁火打劫，自己就被围在了正中间。

这个仗，不用打就败了。

曹操迅速作出部署，派出一支人马去征讨刘备，但他派出去的人很奇怪，一个是刘岱，一个是王忠。

汉末有两个刘岱，一个是关东十一路联军之一的前兖州刺史刘岱，另一个就是这位。《魏武故事》说这个刘岱也是曹操的老乡，目前的职务是司空府秘书长（长史）。《魏略》说王忠是关中地区的扶风郡人，逃荒到了荆州一带，聚众袭击刘表的部下娄子伯后投奔曹操，目前的职务是师长（中郎将）。

史书还记载，这个王忠曾干过一件恐怖的事，吃人。曹丕当了皇帝后，王忠有一次随驾出行，曹丕想跟他开开玩笑，就让随行的艺人（俳）找了些坟地里的骷髅，挂在王忠的马鞍上，进行取乐。

现在派出去的这两个人，一个是文职出身，一个是曹军里的杂牌军将领，让他们去打刘备，够戗。

《献帝春秋》记载，刘备没费多大劲儿就把刘岱、王忠打败了，完了还教训他们："像你们这样的，来上几十个、上百个又能把我怎么样？就是曹操亲自来，结果怎么样，也说不好（使汝百人来，其无如我何；曹公自来，未可知耳）!"

敢临阵起事，除考虑到董承事件外，刘备应该是经过周密思考的，他大概觉得趁曹操在前线分不开身的时候正好大干一场，胜算是很大的。

刘备可能认为，曹操无论如何都不敢分身来徐州，占据徐州，可以坐观袁曹相斗，趁机壮大自己。

如果是这样，刘备确实走出了一步好棋，不仅可以一举摆脱困境，而且可以迅速翻身，进可攻，退可守。

《三国志》记载，打败了曹操派来的人马，刘备立即做出三项决定：一是以左将军的身份表奏关羽代理下邳国相，让他守下邳（使羽守下邳城，行太守事），自己率张飞等人驻守小沛，做好与曹军进一步周旋的准备；二是派孙乾前往袁绍那里联络，表明自己支持袁绍的态度；三是联络泰山帮以及徐州、兖州、青州一带的反曹力量，结成联盟。

《魏书》记载，刘备回小沛后，不仅让关羽代理下邳国相，还让他代理徐州刺史（以羽领徐州）。而让孙乾联络袁绍也是有原因的，孙乾的老师郑玄此时就在袁营。

袁绍此次准备倾尽全力南下，志在必得，他不仅准备了十几万人马，还准备了大量的图书典籍，其中不乏关于典章制度方面的资料，显示出袁绍不仅着眼于这一仗能否打赢，而且已经开始考虑打赢之后如何进行政权建设的事了。

所以，除军事行动外，袁绍还加强了舆论攻势。孙乾的老师郑玄已经75岁了，他是个专心学问和教育事业的知识分子，但他名声太大，被视为当世孔子，袁绍想加以利用，派袁谭亲自来到郑玄的老家高密县去接他。郑玄想推辞，但小袁态度极坚决，不去不行。郑玄只得收拾行李，随袁谭出发。

孙乾见到袁绍，表明来意，袁绍自然求之不得。

联络泰山帮方面有忧也有喜，忧的是泰山帮首领臧霸支持曹操的态度坚决，不愿意和刘备结盟，喜的是泰山帮二号人物东海郡太守昌豨被争取过来，响应刘备。

有了昌豨的支持，刘备在下邳、小沛一带的势力迅速壮大，手下有了几万人马（东海昌霸反，郡县多叛曹公为先主，众数万人）。当然，这个数字把昌豨手下的人马也计算在内。

刘备的宣传发动工作做得很广泛，不仅泰山帮，与徐州相邻的豫州、兖州一带有些地方官员也响应了刘备，其中包括豫州刺史部沛国铚县县长秦宜禄。

这个秦宜禄就是秦朗的父亲，曹操现在杜夫人的前夫，吕布死时他本来在袁术那里，后来跑了回来投降曹操，被曹操任命为铚县县长。

《魏氏春秋》记载，张飞到铚县，对秦宜禄说："人家夺了你老婆，还让你当这个破县长，哪有这种难堪的事，还是跟我走吧（人取汝妻，而为之长，乃蚩蚩若是邪！随我去乎）！"

秦宜禄就跟着张飞走了，但只走了几里地，就后悔了，想跑回来，张飞把他杀了。

张飞大概是奉刘备之命来到豫州沛国一带发展势力的，这是曹操的老家，说明这段时间刘备扩张的速度很快。

张飞在这里还有了个人的收获，他娶妻了。

《魏略》记载，张飞在沛国期间，有一天领兵外出，在半路上遇见一位打柴的姑娘，十三四岁，长得特别漂亮，张飞看他是良家女子，就娶他为妻（建安五年，时霸从妹年十三四，在本郡，出行樵采，为张飞所得。飞知其良家女，遂以为妻）。

张飞的这个妻子，看来是抢的，张飞当时可能不知道，这个女子有着不凡的身世。《魏略》说她是夏侯霸的表妹，夏侯霸是曹操手下重要将领夏侯渊的儿子。夏侯渊就是沛国人，这个夏侯妹妹在兵荒马乱之际怎么还跑出来打柴，不太清楚，反正张飞就这样把她带走了。

夏侯妹妹是夏侯渊的表侄女，张飞就成了夏侯渊的表侄女婿。夏侯妹妹随张飞南征北战，后来为张飞生下一个女儿，这个女儿又嫁给了刘备的儿子刘禅，刘禅当皇帝后，张飞的女儿成为皇后。按这层关系算，刘禅是夏侯妹妹的女婿，也就是夏侯渊的表外孙女婿。

《魏略》还记载，夏侯渊后来战死在汉中，夏侯妹妹向刘备求情为他表叔安葬。再后来，夏侯霸在曹魏政治斗争中失利，被迫入蜀，刘禅接见了他，刘禅还把儿子叫出来与表舅夏侯霸相见，刘禅指着儿子说："这是夏侯氏的外甥啊！"

夏侯氏和曹氏世代联姻，再扯起来，刘备的孙子跟曹操的后代也有亲戚关系。一次邂逅，制造了一起涉及几大豪门的战地姻缘。

妻离兄弟散

现在，已经到了建安五年（200 年）的正月。公元三世纪的第一年，全中国所有的焦点都聚集在了黄河两岸。

身在官渡前线的曹操，一边忍受着强烈头风的折磨，一边紧张地思考着如何战胜黄河北岸强大的对手，此时从徐州传来的消息让曹操更加不安。

曹操做出决定，要亲自率兵征讨徐州。对此，大多数智囊和将领都表示反对，认为正面之敌已经铺开，此时分兵去千里之外的徐州，太冒险了。

大家劝曹操："和明公您争夺天下的是袁绍。现在袁绍率主力刚到，您如果弃之不顾，去东面征讨刘备，袁绍这时趁机抄我们的后路，到那时该怎么办（与公争天下者，袁绍也。今绍方来而弃之东，绍乘人后，若何）？"

曹操不同意大家的看法，他说："刘备是天下豪杰，现在不打败他，日后必是大患（夫刘备，人杰也，今不击，必为后患）。袁绍虽然有大志，但他优柔寡断，不会立即采取行动。"

曹操年轻时跟袁绍就是朋友，对他很熟悉，曹操认识刘备比较晚，但刘备也给他留下了深刻印象。在曹操眼里，袁绍远远比不上刘备，对刘备这样的对手，绝不能大意。

曹操的想法得到首席智囊郭嘉的支持，郭嘉大概也看出了刘备的危害性，认为只要此次行动速度快，可以做到两边不耽误。

曹操也可以不亲征，派一员大将前往徐州，但那样胜算就大打折扣，尤其是很难做到速战速决，一旦拖延，也很麻烦，所以他必须亲自去。

当然，曹操也不是赌博，他应该经过了周密的分析和计算，支持他这样做的，至少还有两方面原因：一方面，曹操手里有一支训练有素、善于打运动战的队伍，也就是虎豹骑，这支人马数量不多，有几千人，但战斗力极强，全部是骑兵，善于闪击对手，现在去对付刘备，再合适不过；另一方面，就在前不久，张绣出人意料地主动投降了曹操。

对曹操来说，张绣是一块最难啃的骨头，他先后两次南征，一次被张绣打败，一次半途而废，直到现在，张绣仍然占据着南阳郡，他毫无办法。

袁绍也想到了张绣，他派人前往南阳郡，表达联合张绣共同对付曹操的意愿。袁绍深知张绣的谋士贾诩说话很有分量，所以还专门给贾诩写了信，让使者暗中做贾诩的工作（袁绍遣人招绣，并与贾诩书结援）。

按照张绣自己的想法，现在袁绍强势，曹操又是自己的老对手，当然应当联合袁绍，所以当场就准备答应下来。就在这时，贾诩却对袁绍的使者说："请回去转告袁绍，兄弟尚不能相容，又怎么能容天下人呢（归谢袁本初，兄弟不能相容，而能容天下国士乎）？"

张绣大吃一惊，问贾诩："话怎么能说到这种程度（何至于此）？"

打发走袁绍的使者，张绣问贾诩："既然这样，下一步该怎么办？"

贾诩的回答很简单："投降曹操（不如从公）。"

张绣更吃惊了："袁绍强大，曹操弱小，我们又与曹操互为敌人，怎么能归顺他呢？"

贾诩说出了理由："曹操奉天子以令天下，这是第一条理由；袁绍强大，我们弱小，在这种情况下归顺他，必然不会重视我们，曹操弱小，得到我们必然欣喜，这是第二条理由；有霸王之志的人，肯定会把个人恩怨放在一边，而让普天之下都知道他的宽容，这是第三条理由。希望将军不要再迟疑！"

张绣也觉得有理，于是率部投降了曹操。

无疑，这是一个极为大胆的决定。张绣如果投降袁绍，基本上不同担什么风险，而投降曹操，则面临着生死考验。曹操只有像贾诩分析的那样，是一个胸怀远大志向、把个人恩怨抛于脑后的人，张绣才不会为自己的这项决定后悔。

一向料事如神的贾诩在这个重大问题上依旧保持了他的一贯正确，曹操听说张绣投降自己，惊讶之余感到欣喜若狂。张绣携贾诩到官渡前线面见曹操，曹操高兴得拉着张绣的手不放。

这个人曾经差点要了曹操的命，而且欠曹操一个儿子、一个侄子加一员爱将的命，是一个曹操做梦都想诛灭的人。现在，这个人就站在曹操面前，只要曹操愿意，可以轻而易举地完成复仇的想法。

但所有的仇恨顷刻间瓦解，因为曹操真的太兴奋了。曹操以汉献帝的名义拜张绣为扬武将军，封列侯，为打消张绣的顾虑，曹操还主动提出两家结为儿女亲家，为自己的儿子曹均娶张绣的女儿为妻。

曹操还拉着贾诩的手说："是先生您让我在天下人面前增添了信誉呀

（使我信重於天下者，子也）！”曹操以汉献帝的名义封贾诩为都亭侯，任命他为执金吾，属于部长级的高官，负责皇宫的安全保卫工作。

当然这是虚职，曹操不会让贾诩跑到许县给汉献帝站岗，曹操要把贾诩留在自己身边，冀州牧董昭此时已改任徐州牧，曹操把董昭空出的位置给了贾诩。

妥善安排好官渡前线的事务，曹操亲率一支人马直扑徐州。

刘备没有料到局势到了这种程度曹操还有精力照顾他一下，《魏书》记载，当侦察兵向他报告曹操亲自来了，刘备大吃一惊，但还是不太相信（而候骑卒至，言曹公自来。备大惊，然犹未信）。

《魏书》说，刘备亲自带着几十名骑兵到前面察看情况，看见了曹操的旗帜，于是连打一仗的胆量都没有了，不战而逃（自将数十骑出望公军，见麾旌，便弃众而走）。

按照这个记载，开始还信心十足的刘备此时却狼狈不堪，打赢打不赢没关系，不至于如此胆小怕死吧？《魏书》的作者是在曹魏为官的王沈，写曹魏历史他有很多优势，述史较为详细，裴松之注《三国志》引王沈的《魏书》最多。但身为魏臣，王沈写史难客观独立，后世评价《魏书》，认为里面掺杂了许多政治因素，不如陈寿的《三国志》客观（多为时讳，未若陈寿之实录也）。为了更加突出曹操，《魏书》把刘备写得很狼狈。

不过，这一仗确实没有悬念，听说曹操本人时隔不久再返徐州，昌豨等人望风而走，只靠刘备手下的人马难以抵挡曹军。

《三国志》记载，刘备确实打了败仗（曹公东征先主，先主败绩），而且败得不轻，手下大部分人马都做了曹军的俘虏，其中包括刘备的妻子和关羽（曹公尽收其众，虏先主妻子，并禽关羽以归）。

对甘氏、糜氏来说，做俘虏快成家常便饭了，而关羽的被俘，让刘备损失巨大。

曹操很喜欢关羽，升他为副军长（偏将），待他很厚。关羽为人很讲义气，喜欢交朋友，他在曹营时间并不长，至少交了两个好朋友，一个是张辽，一个是徐晃。

张辽是吕布的旧将，目前是师长（中郎将）；徐晃是杨奉的旧部，曹操打败杨奉后徐晃转投曹操麾下，目前也是副军长（裨将）。3个人都是降将，所以谈得来，关羽来曹营时间最短，但论军衔却最高，其次徐晃，再次张辽。

刘备率张飞等残部向北逃走，幸好之前联络过袁绍，现在只有去那里了。

刘备在下邳起事，作为盟军的袁绍却在此次曹操征讨徐州之战中毫无作为，放任刘备被轻易消灭，似乎也不好理解，清代学者王夫之对此进行过分析，做出了两点大胆假设。

一个假设是，此次曹操亲征徐州是刘备主动挑起的，因为当时官渡前线战场的形势袁强曹弱，在刘备看来曹操迟早要被袁绍擒获（曹其必为绍禽），一旦那样，自己即使掌握了天子，袁绍的势力也会强大到不可控制，自己顶多做第二个王允（绍且枭张于外而逼我，孤危将为王允矣）。与其那样，不如先袁绍一步挑起事端。

另一个假设是，袁绍接到刘备的求援，没有去援救刘备，也没有从曹操背后下手，担心的是刘备把曹操打败，再一举把曹操杀了，势必先于自己进入许县控制天子（先主诛操入许而拥帝）。

王夫之认为，正是刘备和袁绍各有打算，结果互相牵制，最后让曹操得利（两相制，两相持，而曹操之计和矣）。

这个分析只能算推测，以刘备当时的实力和处境来说，他还想不到那么远，袁绍如果能打败曹操，刘备是不会搞破坏的，因为那样对自己并无好处。至于杀了曹操进而挟天子以令诸侯，刘备之前大概不曾想过，之后也不可能那么畅想。

刘备受攻，可能向袁绍求援了，袁军没有来，原因也简单，时间太紧，根本来不及。

曹操率领的是快速机动部队，打的是时间差，从官渡走的时候一定会保密再保密，所以刘备也是到了跟前才知道，即使一发现就派人去向袁绍求援，一来一回也需要相当时间，而徐州这边的战事已经结束了。

第五章　配角不好当

百里相迎

刘备逃出下邳城，有两条路摆在他面前，一条向北，一条向南。

向北就是去投奔袁绍，徐州以北，除兖州刺史部外基本都被袁绍所控制，同为曹操的敌人，刘备投奔袁绍是可行的。

南面原来是袁术和吕布的地盘，这二位运气更差，先后于不久前作古，现在这里的格局发生了变化，有两股最大的势力，分别是孙策和陈登。

孙策完全脱离袁术后独立发展，迅速控制了扬州刺史部江南四郡以及江北的一些地方，之后积极向朝廷纳贡，接受朝廷的册封，愿意服从曹操的领导，曹操为拉拢他，和他结成了姻亲关系。但曹操深知，此人和他的父亲孙坚一样，都属于胆大心野、不按规矩行事的人，所以一直视为心病。

陈登目前的身份是伏波将军兼广陵郡太守，他是曹操在东南方向的军事负责人，虽然是文官出身，但在用兵方面也很强悍，是曹操对付孙策的一把好手，大约在曹操东征刘备的同时，孙策派弟弟孙权率兵进攻陈登所驻守的匡琦城，当时孙权手里的人马约十倍于陈登，但陈登镇定自若，指挥得当，把孙权杀得大败而归，取得了匡琦大捷。

但总体来说，孙策的势力更为强大，在曹操无法分兵支援的情况下，陈登吞灭江淮还只是空想，在军事上陈登只能采取守势。

刘备如果此时去江东投奔孙策，也不失为一个选择，那样孙刘联盟的建立就提前了 8 年。但刘备没有这么做，他对孙策并不了解，也没有交情，相比而言刘备对袁绍更熟悉，而且之前就已建立了联系。

离刘备最近的“袁统区”是青州刺史部，只是刘备现在要去那里也并非轻而易举，中间隔着曹操控制下的兖州刺史部。刘备的手下被打散后，身边只有张飞、麋竺、孙乾、简雍、刘琰、陈到等人，即使不断收拢一些残卒，人马也只有数百人而已，没有什么战斗力。

对刘备而言，这是一场生死考验，只有越过数百里的“曹统区”才能求得生存，这些地方包括徐州刺史部的彭城国，兖州刺史部的鲁国、东平国、济北国等。史书没有关于这场生死逃亡的具体记载，但可以想象，对刘备来说这是一段地狱般的日子。

好在曹操此时的心思已经又全部回到了官渡前线，没有组织大规模的人马对刘备进行围攻，所以刘备冒险北上取得了成功。

其实，即使曹操有心不让刘备北上，他似乎也没有多余的人马来对付刘备。曹操在兖州刺史部的实际负责人是程昱，他以振威将军兼济阴郡太守的身份为曹操把守东部防线，他的驻扎地是济阴郡的鄄城，曹操拨给他守这里的人马，只有700人。

《三国志》记载，曹操觉得这700人实在太少，想从其他战场挤一挤，再给他增加2000人，程昱反对，他的理由是："袁绍手里有10万人，自以为所向无前。他如果看见这里兵少，不会轻易来攻。如果增加了士兵，就必须会来进攻（袁绍拥十万众，自以所向无前。今见昱兵少，必轻易不来攻。若益昱兵，过则不可不攻）。"

在这种情况下，程昱即便发现刘备率一支人马从他的防区北上，也不敢轻易前去拦劫。刘备于建安五年（200年）正月败出下邳，次月到达了青州刺史部的辖区。这时，一支人马迎着刘备等人而来，是青州刺史袁谭，专门来接应刘备的。

袁谭不仅是袁绍的儿子，还和刘备之间有一层特殊关系。当初刘备担任豫州刺史，曾推举袁谭为茂才，按照当时的习惯看法，这种关系类似于师生之谊（青州刺史袁谭，先主故茂才也）。

汉代尚未实行科举制，进入仕途的途径主要靠察举，举茂才是其中重要的形式之一，由祖籍所在地行政长官推举，袁氏的祖籍是豫州刺史部的汝南郡。

袁谭把刘备接到了青州刺史部的平原国，刘备对这里再熟悉不过了，6年前他正是率兵离开这里去的徐州，此次算是故地重游，他心中一定生出了许多感慨。

袁谭立即向袁绍汇报，袁绍听说刘备来了，大喜过望。

这时，曹操身在官渡前线，而袁绍还在他的大本营邺县没动身。

曹操嘴上说不怕袁绍，但心里其实异常担心袁绍趁他东击刘备之际突然发起总攻，这一点袁绍手下的智囊也看到了。《三国志》记载，就在曹操闪击徐州时，袁绍的主要智囊之一田丰力劝袁绍抓住机会出击许县。

但奇怪的是，袁绍对田丰的建议不说行，也没说不行，就是没有行动，他的理由很奇怪，说儿子有病，再等等看（绍辞以子疾）。

袁谭是袁绍的长子，袁绍还有两个儿子，次子叫袁熙，三子叫袁尚。袁绍消灭公孙瓒后，任命3个儿子以及外甥高干各负责一州，袁谭为青州刺史，袁熙为幽州刺史，袁尚为兖州刺史，高干为并州刺史。

按照嫡长子继承制，袁谭应该是袁绍的接班人，但袁绍和他的妻子刘氏更喜欢最小的儿子袁尚，所以接班人问题一直没有明确下来。袁绍的说法是，给这几个孩子提供一个平等竞争的机会，看看他们的才能谁更强。

对此，大部分人表示反对，另一位智囊沮授对袁绍说："一个兔子跑到街上，就会有许多人追他，有一个人把它捕住了，想逮它的人就会住手，因为这只兔子已经有主人了。希望您能看一看前人失败的教训，想一想逐兔分定的含义。"

但是袁绍不听，沮授大失所望，对人说："大祸就要从这里开始了（祸其始此乎）!"

沮授的话并非危言耸听，因为在一般人的心里嫡长子继位是乱不得的，不管老大多笨多傻，都轻易不能另立他人，否则就会引起混乱。这种混乱，放在普通百姓家里顶多是摔几个碗、砸几口锅，但在君王家里，就足以引起时局的动荡。

袁绍已经是一方诸侯，所以他的家事已不再是普通人的家事，而与这几个州、这数百万人的前途命运息息相关，所以沮授那么着急。可惜的是，袁绍看不到这一点，以为家事就是自己家里的事，与别人无关。

袁绍打破常规的举动果然在部下中造成了混乱，审配、逢纪等人看到袁绍偏爱袁尚，就开始聚拢到袁尚周围，而辛评、郭图支持袁谭，派系之争就此形成，并愈演愈烈。一个集团里一旦有派系，派系的利益就会凌驾于集团整体利益之上，就会不惜牺牲集团的利益以换取少数人的利益，历史上很多有前途的集团都是这样走向覆灭的。

田丰建议袁绍抓住机会南下，虽然是一个高明的谋略，但没有得到其他人的支持，袁绍以儿子有病为借口把田丰的建议搁置了，田丰很生气，用手杖敲着地说："这么好的机会，却因为小儿子生病而失去了，真可惜呀!"

袁绍并不愚蠢，否则他早就被公孙瓒消灭了，他之所以没有采纳田丰的建议，儿子生病恐怕并不是主要原因，有没有胜算才是关键。大概在袁绍看来，这一仗是实力的较量，作为明显占优的一方，没有必要通过突袭这种冒险的方式打乱整个战役部署。

接到刘备到了平原国的报告，袁绍的军事集结也基本完成了，他正打算正式率兵南下，就命令袁谭护送刘备速来与他会合。

袁谭亲自率兵与刘备等人由平原国西进，袁绍派人一路相迎（绍遣将道路奉迎）。为了节约时间，也为了表示对刘备到来的隆重欢迎，袁绍让大军南下，自己则由邺县向东去迎刘备，一口气走出了 200 里（身去邺二百里，与先主相见）。

这个礼仪够隆重的，除了刘备面子大，还与另一个人有关，那就是郑玄。

之前袁绍派袁谭接郑玄去邺县，走到元城郑玄病了，无法再走，就在元城养病。汉代 200 里约合如今 70 公里，邺县以西 70 公里正是元城，袁绍在元城迎接刘备，同时也为了看望病中的郑玄。

郑玄跟刘备的老师卢植是同学，论起来郑玄是刘备的师叔。刘备手下的孙乾还是郑玄的学生，算起来并不陌生。

袁绍与刘备相见，此前他们二人并不相识，但早已互闻大名，所以格外亲热。《魏书》说，袁绍、袁谭父子对刘备十分敬重（绍父子倾心敬重）。

曹操在官渡前线头疼病不时发作、内心充满紧张苦闷的时候，袁绍、刘备等人陪着郑大师相会于元城，少不了谈经论儒，互道寒喧，气氛热烈而轻松。之后，袁绍携刘备等一行由元城返回邺县，未作太多停留，立即南下。

4 个月后，郑玄病逝于元城，临终前还在注释《周易》。

斩颜良，诛文丑

建安五年（200 年）2 月，袁绍率主力攻击曹操的第一道防线黎阳，在曹操的 3 道防线中，黎阳是黄河北岸的唯一防线，曹操在此设防，目的只是迟滞袁军的行动而不是决战，所以接触后曹军即撤退至黄河以南。

刘备率张飞等人也到了黎阳。《三国志》记载，一些在徐州一带被打散的部下，听说刘备在这里，纷纷前来投奔，经过 1 个多月的时间，手下人马略有规模（驻月余日，所失亡士卒稍稍来集）。

刘备收拢了多少残卒史书没有明确记载，想必也不会太多。此时，袁绍手下名将如云，有颜良、文丑、张郃、淳于琼、高览等人，与他们相比，刘备虽有左将军的头衔，但实力很弱，袁绍不会轻易分兵给他，在袁绍眼里刘备是走投无路寻求依附的，还算不上盟友。

袁绍占领黎阳后，派颜良所部为先遣部队，渡过黄河攻击曹军防守的要地白马。颜良的情况史书记载不多，但在当时名气却很大，远远超过关羽、张飞等人。

这本来是一项再正常不过的军事行动，但在袁绍阵营内部却引起了激烈讨论，沮授表示反对："颜良这个人生性偏狭，虽然骁勇，但不能独立担当大任（良性促狭，虽骁勇不可独任）。"

田丰支持沮授，他们开始还只是反对派颜良带队，后来干脆反对渡河作战，郭图、逢纪等人则支持袁绍的决定。

这正是袁绍的致命之处，派系斗争使其丰富的人力资源没有转化为实力反而成了累赘。逢纪、许攸、陈琳、淳于琼等自洛阳时期就跟随袁绍，是袁绍的老班底，其他大多数人是自冀州追随的，但情况有所不同，郭图、审配、荀谌、辛评、辛毗不是冀州本土人士，他们的老家要么是颍川郡，要么是汝南郡，属于汝颍派，田丰、沮授、麹义、颜良、文丑等人在冀州土生土长，是本土派。

出身不同，关注点和利益点就不一样，本土派的财产、亲属都在冀州当地，更关心冀州的事，对向外扩张没有强烈诉求，不希望把战火引到自己家乡来，能保境安民就行，当初有人提出迎接天子来冀州，本土派反对最强烈，以至于此事泡汤。袁绍发动南征，本土派自然反对，他们的理想大概是划黄河而治，先做到保境安民，再说其他。

袁绍在接班人问题上的错误做法加剧了内部争斗，袁绍对逢纪相当倚重，但逢纪与审配由于支持的人不同所以严重不和，逢纪和田丰的矛盾也很深，另一位智囊许攸虽然跟袁绍的时间最长，但与审配弄不到一块，发展到你死我活的程度。

对领导者来说，手下人适度的派系斗争不是什么大问题，反而是领导平衡权力的契机，历史上的很多帝王从不忌讳手下大臣分为两派，看着大家斗来斗去他们反而心里挺乐，因为手下人如果万众一心、团结得跟铁板似的，对领导者来说反而是危险的事。

一件决策，有人赞成、有人反对，这就体现了领导意志的重要性，也为领导按照自己的想法决策提供了可能，如果一项决策手下人百分之百反对或者百分之百同意，这样的局面想想都很可怕，一来领导者的作用没处体现了，二来领导者的想法如果跟大家不一样也不好实行。所以，保持手下人的派系均衡而不是统一大家的意志是领导艺术里的最重要内容。

但这必须有一个度，太过就成了双刃剑，领导者的屁股是坐稳了，但本集团内部却乱成一锅粥，大家你争我斗，形成严重内耗。一项政策主张提出来大家不看它的内容行不行，而看是谁提出来的，盟友提出来的错了也支持，政敌提出来的正确也反对，这种对人不对事的工作作风必然把集团带入歧途。

袁绍手下能人不少，但他纵容大家搞内斗，并且发展到难以控制的程度，关键时刻正确的主张往往得不到支持，错误的战略却屡屡被通过。现在，摆在袁绍面前的就是这样的局面，不管什么决策，一提出来就有人反对、有人支持，先吵得不可开交。

这一回袁绍真生气了，他把矛头对准了本土派。《献帝传》记载，此次出发前，沮授把本族人招到一块，把家财分了分，对他们说："势如果在则威无不加，势如果不在则不能保一身，悲哀呀！"有个族弟说："曹操怎么能是袁公的对手，您何必担忧？"沮授说："以曹操的明略，加以挟天子以为后盾，我们又刚刚打败公孙瓒，士兵疲弊，主将骄纵，成败已经很明显了。"

沮授的"亡国论"传到了袁绍耳朵里，袁绍大怒。大战当前，对手同仇敌忾，自己这边先乱了阵，袁绍下令将田丰下狱，同时削弱了沮授的兵权。沮授当时以奋威将军的名义担任监军，权力很大，在郭图等人建议下，袁绍将沮授的监军之权一分为三，分别由沮授、郭图和淳于琼担任。

这时已经到了建安五年（200 年）4 月，颜良率部渡过黄河，直指白马。

曹操决定亲自北上，解救白马之围。荀攸提出了不同意见，认为袁绍兵多势盛，不宜强攻，只能智取，所以应该先置白马于不顾，主力开赴延津，那里是黄河上最重要的渡口之一，给袁军一种要从这里渡河包抄黎阳的态势，诱使袁军主力向延津对岸一带转移，袁军被调动后，再迅速转进至白马解围。

荀攸是荀彧的族侄，荀彧被曹操委以重任，留在许县料理后方，在前线为曹操出谋划策的首席智囊是军师祭酒郭嘉，相当于曹操的参谋长，荀攸的职务是军师，实际身份类似于副参谋长。

荀攸的建议具有冒险性，一是袁绍如果看破曹军的企图，不分兵西进，后面的战役目标则无法达成；二是袁军虽然分兵，但他们兵力足够多，既能迎击延津之敌，又能加强白马的攻势，荀攸的设想也将落空。

无论哪一种情况，结果都一样，白马丢失，曹军大败。

但曹操经过认真考虑，最终接受了荀攸的建议，在敌强我弱的现实面前，不冒险是不行的。于是，曹操亲自率一支主力转进至延津，袁绍中招，下令将进攻白马的一部分主力调往延津。

曹操看到计策成功，便以张辽为主将组成一支轻骑兵，以闪电之势急驰白马。张辽领命，行前向曹操提出一个请求。

张辽的请求是让关羽同行，两位并州老乡相识不久，但情投意合，很谈得来。大战在即，张辽替关羽着想，想创造机会让他多立几次功，在曹营站住脚，曹操同意了。

在白马前线的颜良，一直以为主战场在百里之外的延津，没有想到突然有一支劲旅向自己杀来，仓促应战，结果打了败仗。

此战关羽果然立下大功，亲斩颜良于阵前。

曹操虽然取得大捷，但深知袁绍依然强大，所以不敢冒进，而是迅速回防，准备迎接袁军的下一轮进攻。

袁绍丢了面子，盛怒之下命令主力立即渡河，此举又遭到沮授的反对，袁绍的耐心已经用完，毫不客气地把沮授的意见驳回，沮授以健康原因请求辞职，袁绍立即批准，把沮授所部交由郭图统率。

曹操知道袁绍会命主力来攻白马，于是下令白马军民全部随军撤离，但向哪个方向撤却颇费思量。白马属兖州刺史部的东郡，沿黄河向东不远就是另一个军事要地濮阳，此时它还在曹军手中，但驻军不多，再往东就是曹操在兖州刺史部的中心城市鄄城，此时只有程昱率700人在那里防守。

鉴于东部防守的薄弱，曹操不敢向东撤，但他也不敢轻易直接撤向南面的官渡，那样正面的压力太大，弄不好就容易被袁军一鼓作气来个突破。曹操做出了一个大胆的决定，他亲自率领白马的人马沿黄河向西撤，并且带上所有辎重和白马一带的老百姓。

这有点儿出乎袁绍的意料，袁绍此时应该弃曹操不顾，直接向南进攻，那里才是中心战场。但袁绍新败，心里不服，有点儿治气，正急于找到曹操本人打一仗，挽回白马失利的面子，于是命令已渡过黄河的主力部队，一部由郭图率领驻守刚刚到手的白马，另一部由文丑率领顺着曹军撤退的方向追击。

《三国志》记载，刘备参加了追击曹操的行动，这个行动应该以文丑为主，刘备和手下只是唱配角。

在一部分旧部陆续回归后，刘备有了一定实力，但人马也不会太多，这是他投奔袁绍后的首次行动，袁绍可能鉴于刘备和曹操打过很多交道，对曹操比较了解，所以做出这样的安排。

还有一种可能，是刘备主动请缨的。关羽在阵前亲斩颜良，这个情况瞒不住任何人，这让刘备又喜又惊，喜的是知道了关羽的下落，惊的是此举恐怕将加深袁绍对自己的疑虑，所以他主动请战，表明自己和曹操势不两立的态度，打消袁绍的疑心。

文丑、刘备率部追上了曹操，地点在延津以南，当时袁军骑兵总兵力近6000人，而曹操的骑兵不到600人（骑不满六百），对曹操来说，形势十分危险。

如果此战一举生擒或者杀了曹操，后面的事就简单了，袁绍一鼓作气打到许县应该不存在悬念，文丑将一战成名，刘备也将一雪前耻。然而，结果却不是这样的，在一比十的悬殊对比下，曹操居然打了一场漂亮的大胜仗。

《三国志》对这场战斗有详细的记载。看到袁军来了，曹操不慌不忙，命人扎下营，并派人登高侦察。不一会侦察员报告："敌兵来了，大概有五六百人！"曹操没有动。过了一会儿，又报告："骑兵更多了，步兵不计其数。"曹操说："别再说了（勿复白）！"

曹操没有下令撤退，反而下达了一个奇怪的命令，让大家出营解鞍下马，同时把从白马带来的辎重摆在道路上。随行的将领们都认为敌人骑兵多，不如退到营寨里坚守，待援军到来。曹操胸有成竹，他把目光移向荀攸，荀副参谋长早已会意，微微一笑："这正可以作为诱饵，怎么能撤呢（此所以饵敌，如何去之）？"

文丑、刘备率领的骑兵转眼就杀到了，众将都说该上马了，曹操说："不急。"又过了会儿，袁军越来越多，看到路上的辎重，有一部分人开始忙着清理这些战利品。

曹操说："可以了！"

曹军全部上马，纵兵杀出，文丑、刘备没有防备，大败。此战，文丑被杀，袁军大部分成了俘虏（再战，悉禽）。

刘备跑得快，侥幸逃脱。

如果只看《三国志》的记载，可以得出一个结论，此战是曹操创造的一个如神话般的经典战例，不仅以一抵十，而且打得从容不迫，在敌众我寡的情况下，一开始就稳操胜券，不慌不忙，这相当不容易。

相比而言，文丑、刘备水平也太差了，文丑空负虚名，刘备也愧为一名老军人，在优势明显的情况下被打得落花流水，打乱了袁绍的总体布局，说他们最终影响到官渡决战的胜败也不过分。

但是，以区区600人能一举打败近6000人，并斩敌方主将于阵前，这又让人十分不解，因为这违背了冷兵器时代战争的一些最基本常识。

除非文丑晕了头，除非刘备在战场上睡着了，否则这样的结果不会出现。

表面看曹操以辎重为诱饵使敌军大乱是取胜的关键，但这只是一个方面，因为它改变不了双方兵力悬殊的态势。袁军即使开始有些慌乱，但对一支训练有素的劲旅而言，临阵应变是基本能力，他们很快就可以组织起反击，到那时兵力多寡才是胜负的决定因素。

袁军追击而来，人数想必还在不断增加，6000人还不是它的全部，曹军600人如果退到营寨里固守待援，打败敌人几次进攻尚可理解，将敌兵全歼，并将没有打死的敌兵全部俘虏那就有点儿天方夜谈了。

对于这个疑问，史书没有解释，文丑、刘备就这么稀里糊涂地败了。

不过，分析一下当时的情况，似乎可以看出一些问题来。分析《三国志》关于此次延津之战的记载，有几个问题值得思考：一是曹操为什么非要向已经被敌兵占领的延津方向撤退？二是为什么曹操身边只有600人？三是随曹操撤退的辎重都在，而老百姓上哪里去了？

如果把这些问题联系在一起考虑，似乎可以看出曹操撤向延津是一个精心构思的计划，带上辎重和老百姓是这个计划的重要部分，袁军看到大批辎重于是下马抢占而没有提防后面的曹军，是因为辎重里混着大量老百姓，场面很混乱，像是赶大集，这为曹军突然发起攻击提供了最佳时机。

所以，做诱饵的不仅是这些辎重，还有老百姓。

这样的场面十分复杂，袁军再彪悍，也不能见到老百姓就剁，曹军将士甚至可以混到老百姓里，让袁军防不胜防。

刘备亲眼目睹了这一切，想必留下了深刻印象。多年后，刘备被曹操追击，为了脱身他也使出了这一招，用老百姓作掩护抵挡追兵。

在白马向延津撤退的路上，曹操应该有时间进行兵力部署，调集周围的部队向预设的战场机动。曹军趁袁军抢占辎重突然发起攻击时，投入的兵力绝不是600人，而要多得多，如果短时间内能全歼袁军，人数肯定不比袁军少。

《三国志》没有这方面的详细记载，因为它不便回答随军行进的老百姓在此战中的作用，所以炮制出600人全歼近6000千人、临阵斩杀名将文丑的神话。

当然，曹操这项计划也有很大的风险，那就是袁绍变得聪明起来，他不向西追，而直接进军正前方的官渡。但曹操对袁绍太了解了，他们自青年时代便相识、相惜，如今在战场上相见，曹操知道袁绍首战挫败后急于报复的心情，所以只带600人亲自当诱饵，把袁军主力吸引到延津一带，集中优势兵力迅速将其歼灭。

颜良、文丑都是名将，短短几天内被曹军打败并战死，极大地鼓舞了曹军士气，也深深震撼了袁军士兵（良、丑皆绍名将也，绍军大震）。

一败再败，袁绍被彻底激怒了。

袁绍亲自率主力推进到阳武县，此地在今河南原阳县东南，曹操则率主力由第二道防线回撤，退守官渡。

兄弟重聚

关羽斩杀颜良，曹操大喜，立即以天子名义拜关羽为汉寿亭侯。

这是关羽首次封爵，是侯爵中的第三等，对其具体所指有两种不同解释，一是指“汉寿县的亭侯”，该县在荆州刺史部武陵郡；二是指“汉寿亭的侯”，亭是县以下的行政单位，但该亭在何处无考。

曹操很欣赏关羽，有意把他永远留在自己身边，所以特别怕关羽离他而去。《三国志》记载，就在不久前，曹操曾密派与关羽交好的张辽去摸底，看看关羽愿不愿意长期待在他这里。

张辽说明意图，关羽叹道：“我知道曹公厚待我，然而我受刘将军厚恩，誓以共死，不可能背叛他（吾极知曹公待我厚，然吾受刘将军厚恩，誓以共死，不可背之）。我不会永远留在这里，但我会报答曹公以后再走。”

张辽如实报告曹操，曹操没生气，反而觉得关羽很仗义（辽以羽言报曹公，曹公义之）。

《傅子》记载，关羽向张辽说完那番话后，张辽心里犯了嘀咕，原话转告，怕曹操生气杀了关羽，不如实转告，又觉得对不起曹操对自己的信任，最后张辽还是如实说了。

现在，关羽力斩颜良，兑现了当初的承诺，曹操预感关羽有可能走，立即对关羽给予厚赏，想留住他。但关羽去意已定，他把曹操赏赐给自己的东西全部封存起来，留下一封信，前往袁军大营找刘备去了（奔先主于袁军）。

有人想追，曹操说："他也是各为其主，不要追了（彼各为其主，勿追也）。"

关羽受到后世的追捧，被称为武圣，其实不是他的勇猛无人能比，而是他为人做事方面很到位，他不为利所动，所有的事都以义为先，做事很讲究，即使离开，也让人挑不出理来。

曹操对这件事的处理也得到后世的高度评价，裴松之认为曹操明知关羽去心已定，仍然激赏其志向，等关羽离开时也不去追赶，以成全其忠义，这种胸襟没有相当气度无法做到（自非有王霸之度，孰能至于此乎）。

宋代学者唐庚评价说，关羽受到曹操的厚遇仍不忘刘备、曹操得关羽而不杀，都可以称为贤，然而这种贤战国的士、君也能做到，关羽报效曹操、封还所赐、拜书而辞，显示出关羽的从容不迫（雍容可观），这才是战国的士们难做到的。曹操能平其心气，不以敌我划界，成就关羽的忠义，更显示出他有先王的遗风。

唐庚就此评论道："人很容易做善事，但不做恶事就比较难。能做善事，可以守好一个国家；但因为不能做到不做恶事，所以很难赢得天下（是人能为善，而不能不为恶。能为善，是以能享国；不能不为恶，是以不能取天下）。"

刘备此时应该在阳武或者黎阳，关羽此时应该在官渡附近，关羽要找刘备，不必太费周折，也不需要过五关、斩六将，只要事先把路线搞清楚，应该问题不大。

关羽不仅自己走了，还带上了刘备的两位夫人甘氏和糜氏，可见他事先做了精心准备，曹军不追，关羽一行顺利来到袁军控制的地区。

关羽刚杀了袁绍的大将，这边恐怕正在给颜良开追悼会呢。这时候关羽送上门来，袁绍想必是既爱又恨，但也不好说什么，如果追究关羽把他杀了，不仅逼着刘备造反，而且得让曹操笑掉大牙。

刘备见到关羽以及失散的两位夫人，自然喜出望外。

在关羽回归之前，赵云也回到了刘备的身边。

当初赵云因为死去了兄长，要回家乡中山国真定县料理丧事，所以离开了刘备，自此多年没有消息。

赵云没有忘记他向刘备临别时做出的承诺，这么多年来一直在打听着刘备的情况，听说刘备来到了冀州，赵云立即动身前去相见。《云别传》记载，他们重逢的地点是邺县（先主就袁绍，云见于邺）。

推测起来，正是袁绍在元城迎接刘备，回到邺县的那段短暂时间。

刘备特别高兴，一刻都舍不得离开赵云，特别怕他再走，以至于晚上睡觉都在一张床上（先主与云同床眠卧）。

刘备交给赵云一项任务，让他召募人马，现在刘备最头疼的是手下没有人。袁绍很贼，尊你敬你，但不给你一兵一卒，如果刘备自己出面募兵，袁绍必然会有警觉和疑虑，赵云是个新人，目标不大，悄悄做这项工作很合适。

赵云做得很好，没用多长时间就召募到几百人，赵云私下告诉他们是刘备将军在召人，他们都是刘将军的手下（合募得数百人，皆称刘左将军部曲）。也许是赵云保密工作做得好，也许是袁绍太忙顾不过来，袁绍对这些事一概不知（绍不能知）。

这是刘备东山再起的希望，刘备在袁绍这里待的时间不长，但已切实感受到了袁绍集团内部的紧张气氛，派系林立，兄弟不和，勾心斗角，互相拆台，四周都是挖坑的人，哪天一不小心就得掉进陷阱里，这样恶劣的生存环境，还不如当初的许县。

刘备不得不给自己留一手。

这时，已经连赢两阵的曹操又先后接到了两个好消息。

一个来自幽州方面，袁绍占据了大部分幽州，但那里也并非全是袁绍的天下，还有一支人马掌握在阎柔、鲜于辅等人手中。鲜于辅是刘虞的旧部，为了给刘虞报仇，他联络了其刘虞的其他旧部推举阎柔为乌桓司马，并联合袁绍，共同抗拒公孙瓒。

公孙瓒死后，袁绍对阎柔、鲜于辅竭力拉拢，给予厚遇，但阎柔、鲜于辅经过分析认为袁绍表面强大但实际上问题很多，终将被曹操战败，于是他们选择支持曹操。

阎柔派人晋见曹操，曹操很高兴，以朝廷的名义任命阎柔为乌桓保安司令（护乌桓校尉）。随后，鲜于辅还亲自来到官渡拜见曹操，曹操以朝廷的名义任命鲜于辅为北部边疆右翼边防军司令（右度辽将军）。

曹操命阎柔、鲜于辅仍驻守在幽州，等于给袁绍背后顶上了一把刀。

曹操的另一个好消息来自于江东，在这个关键时刻，孙策在一次意外事件中死了，让曹操大大地喘了口气。

在曹操给袁绍背后顶刀的同时，袁绍其实也想到了这一招，他先后联络了刘表、孙策等人。刘表是个老滑头，抱着坐山观虎斗的态度，既不出工，也不出力。而孙策不同，这位年轻同志跟他父亲一样，遇到有大事发生就比较兴奋，总想掺合一下。孙策认为现在是一次难得的机会，想趁曹军主力北上之际对许县发动突然袭击。

这个想法如果付诸实施，以后的历史会是什么样很难说了。但是，可能是曹操命大，也可能是孙氏家族陷入了一种神秘不可知的魔咒中，军事部署完成，即将从背后向曹操发起攻击时，孙策居然离奇地死了。

《江表传》记载，孙策在袭击许县前想对跟前的陈登先发起一次攻击，解除近旁的威胁。鉴于陈登上一次把孙权打得落花流水，孙策不敢轻敌，亲自率军征讨，进军到丹徒，在这里等待运送军粮。

孙策喜欢打猎，在等待的几天空闲时间里，他只带着几个随从就出去打猎去了。孙策领人追鹿，他骑的是好马（所乘马精骏），手下人的马追不上。孙策一个人在前面跑，突然从林中冒出来3个人。

孙策觉得不对，厉声问："你们是什么人？"这几个人回答："我们是韩当将军的士兵，在此射鹿。"孙策说："韩将军手下的士兵我都认识，从没有见过你们！"孙策取弓便射，其中一个人应弦而倒。剩下2个人害怕了，举弓对孙策对射，结果有一箭射中了孙策的面颊。孙策手下人随后赶到，把他们全杀了。

事后得知，这几个人是前吴郡太守许贡的旧部。许贡是朝廷任命的官员，也是孙策开拓江东期间重点打击的对象。许贡曾多次向朝廷秘报，反映孙策的恶行，上书被孙策截获，孙策下令把许贡处死。今天在这里埋伏杀孙策的，就是许贡生前的旧部。

众人将孙策护送回营帐，发现伤势很重（创甚）。孙策自知难过这一劫，于是忍住伤痛将孙权以及随行的张昭、程普等人找来，指着孙权对他们说："现在天下大乱，我们以吴越之众、三江之固，足以成就大业，希望诸位能善待我的弟弟！”

《吴历》记载，孙策还对张昭说：“如果仲谋不堪大任，请先生取代他自任。”孙策让人取来自己的印授亲手交给孙权，对弟弟说：“举江东之众，决策于两阵之间，与天下争衡，你不如我；举贤任能，各尽其心，以保江东，我不如你呀。”

就在这天夜里，孙策与世长辞，年仅26岁。

消息传到官渡前线，曹操的兴奋之情难以言表，他和袁绍已陷入胶着，分不出人马防备身后，孙策一直是他的心腹大患。现在孙策死了，接班的孙权只是个18岁的毛头小伙，短时间内东南方向不会有太大的威胁了。

曹操迅速以汉献帝的名义任命孙权为讨虏将军，兼任会稽郡太守，指定他屯驻在吴县，即今江苏省苏州市。

遭遇虎豹骑

黄河边上的阳武县秦代称博浪沙，因张良在此刺杀嬴政而闻名天下。

现在该地处于黄河以南，北距黄河数十里，但在汉末，黄河过敖仓后不是向东北方向流去，而是流向东南，阳武县在黄河的北岸。

这里成了袁军的临时大本营，由此渡过黄河就是中牟县，汉末到现在，中牟县的位置变化不大，今天的官渡镇，位于中牟县城以东2.5公里处。

刘备带着关羽、张飞、赵云等人随袁绍来到阳武，与袁绍气势汹汹、志在必得不同，刘备心事重重，他既要考虑袁绍打不过曹操自己该怎么办，又要考虑袁绍真的取胜了，自己又该怎么办。

对后一种情况，想必刘备更头疼。袁绍如果不能取胜的话，天下又是一场混乱，乱中总有机会，刘备倒不太担心。而袁绍一旦消灭曹操，以袁绍的为人，能不能容下自己很难说。

刘备很苦恼，有点儿像当初被困在许县的日子。大概在刘备看来，在当前形势下，待在阳武是下策，如果有机会出去独立行动，那就机动灵活多了，可以根据形势的发展决定去留，在危机来临时又可以跑得更快。

有了这样的想法，机会就来了。

袁绍的老家是汝南郡，在许县以南，袁家“四世三公”，经过近百年的经营，在那一带很有根基。《三国志》记载，曹操率军进洛阳迎接天子时曾路过这里，当时汝南郡黄巾军很兴盛，首领有何仪、刘辟、黄邵、何曼等人，曹操命于禁打败了他们，刘辟、黄邵被于禁斩杀，何仪等人投降。

汝南郡黄巾军余部虽然暂时归顺了曹操，但看到现在局面对曹操不利，他们马上活跃起来，在汝南郡起兵叛乱，公开响应袁绍。《三国志》称这次叛乱的领头人是刘辟，这与前面所记相矛盾，因为之前曾说刘辟已被于禁杀了。

要么前一次刘辟未死，要么这个刘辟另有其人，总之他们的声势很猛，曹操在汝南郡任命的军政官员李通、赵俨等人无力剿灭他们。

袁绍得知后大喜，刘表、孙策没有指望上，天上却掉下来一个来帮忙的刘辟。袁绍决定派人前去支援，壮大刘辟的力量，也给曹操的背后顶上一把刀。袁绍乐观地估计，今年冬天之前肯定能拿下许县，结束战斗。

袁绍决定派刘备领兵前往，执行这一任务。

这个决定有点儿出乎意料，正如当初曹操派刘备执行拦截袁术的任务一样，都不太好理解。

到曹操背后发展势力，的确是当前的一招好棋，这样的机会对袁绍来讲是很重要的，不能轻易浪费，基于这种考虑，派谁去执行这项任务必须慎之又慎。

袁绍手下本来最不缺能独挡一面的将领，但是短短几天时间，颜良、文丑两位最出色的将领先后丧命于军前，袁绍的手头一下紧张起来，再调一员与颜良、文丑相当的将领去执行这项新任务，袁绍还真不好派。

这大概是袁绍让刘备去的主要原因，如果换成曹操，再难也不会派刘备去，曹操吃过亏。

还有一种更大的可能，这项任务是刘备竭力争取来的，袁绍可能开始也有疑虑，但看到刘备的积极性这么高，而自己的人手也不富裕，于是就答应了。在袁绍眼里，刘备是货真价实的豫州牧，长期在豫州、徐州一带活动，熟悉那里的情况，也有一定影响力，他去倒也挺合适。

这样，刘备便率部离开阳武前往汝南郡。此行按现在里程直线距离也有200公里，是一趟远差，而且不能从中间走，必须绕开中间的官渡、许县等曹操重兵把守的地方。

这是一次并不太容易的长途行军，因为无论走西边还是东边，都要越过"曹统区"。如果从西边绕行，要经过新郑、阳城、昆阳等地，如果从东边绕行，要经过陈留郡、陈国，相比较而言，从东边走更现实一些。

袁绍没有派其他将领与刘备同行，这也许是刘备所希望的。刘备是带着自己的人马走的，包括部属及家眷，能带走的全都带上，是否还回来，那就看情况再说了。

在这支队伍里有一支生力军，那就是赵云秘密召募的数百人，让刘备这个左将军也不至于太寒酸了。最后，刘备率部顺利到达了汝南郡与刘辟等人会合，声势大增。刘备指挥人马自南向北攻击许县，前锋一度到达滠强县。

滠强县汉末属汝南郡，今属河南省许州市，位于许县以南30公里，再往前，马跑得快点儿，小半天就到许县了。

许县是曹操的后方基地，汉献帝以及包括曹操本人在内的所有高级将领、智囊们的家眷几乎都在这里，拿下许县，把这些家眷俘虏在手，对曹军的杀伤力将是巨大的，刘备对此深有体会。

此时曹军的主力都在前线，曹操只派荀彧、王必、满宠等人留守许县，他们都是文官出身，曹操的后院眼看要着起一把大火。

好在朝廷秘书长（尚书令）荀彧处理这样的危机很有经验，当初张邈、吕布突然起事，情况与现在有点儿类似，正是在荀彧等人临危不乱下才渡过了危机。荀彧一面加紧备战，一面派人火速前往官渡前线，向曹操报告情况。

官渡前线，袁军的进攻势头很猛，曹操很吃力。接到荀彧的报告，想必曹操的头疼病一下子加重了好几倍。曹操面临着根本无兵可抽、无将可派的局面，但许县也不能丢失，曹操深知其中的厉害。

曹仁看到这种情况，向曹操建议："南面情势危机，不能不救。刘备手下大都是新从袁绍那里来的兵，他刚带这些兵指挥起来未必顺手，刘辟等人向来见风识舵，不会苦战。所以，如果快速出击，一定能很快将他们击破。"

曹仁现在正式的职务是朝廷参事室参事（议郎）兼广阳郡太守，但曹操给他的实际任务是训练和指挥骑兵（以议郎督骑），这支骑兵，就是曹军嫡系中的嫡系、主力中的主力——虎豹骑。

曹操本人对骑兵作战一向十分偏爱，在之前与陶谦、吕布、袁术等人的作战中可以看出，他擅长使用骑兵，关键时刻收到出奇致胜的效果，在这些战斗中，多次出现曹仁的身影。

曹仁的建议启发了曹操，在无力抽调正面战场兵力的情况下，可以让曹仁率虎豹骑快速出击，得手后迅速回师，袁绍还没等弄清情况问题就解决了，打一个时间差。

这就是拿速度弥补兵力的不足，但这样做比较冒险，如果曹仁此行不顺利，不能很快结束战斗，如果袁绍得到消息趁机发起正面强攻，后果都不堪设想。

但曹操最后还是向曹仁下达了率虎豹骑奔赴汝南郡的作战命令，原因是舍此已没有更好的办法。

曹仁率虎豹骑出发了，他们只带少量干粮，不带辎重，从官渡前线悄悄撤下，之后向南，直扑汝南郡。

曹仁走的是直线，200公里对虎豹骑来说是一天加一夜行军路程，面对这样一支快速机动部队，刘备即使在沿途安排有侦察人员也毫无作用，因为这些便衣侦察员根本跑过虎豹骑。

所以，当曹仁突然出现在刘备面前时，刘备吃了一惊。

刘备没想到的是，前来支援的竟然是曹军最精锐的主力，也没有想到曹仁亲自来，自己手下虽然有关羽、张飞、赵云这样的勇将，但能打硬仗的人马不多，至于刘辟等人，不要看他们嘴上多么慷慨激昂，一到打硬仗，肯定第一时间开溜。

刘备并没有为袁绍的事业牺牲自己的打算，所以他指挥的人马一触即退。

曹仁得手后不敢停留，立即由汝南郡回师。他没有走原路，而是向西边绕行了一下，可能有意从许县附近经过，展示一下曹军的铁骑，让后方惶惶不安的人心有所稳定。

许县再往官渡走，要路过一些山区，如陉山、鸡洛山、梅山等。曹仁率部路过鸡洛山时，与一队袁军突然遭遇，曹仁指挥人马将其击败，他大概事后才知道，这是袁绍派来包抄曹军后路的。

原来，刘备南下后，有人劝袁绍不要把希望全放在刘备、刘辟身上，还应该再派一支奇兵南下与刘表联络，使南北夹击曹操的计划更有把握。袁绍开始不同意这项计划，他的人马虽然占优势，但也不太富裕，他还是想打阵地战，在正面取胜。但禁不住劝说，袁绍抱着试试看的想法派遣部将韩荀率一支人马从西面向许县后方迂回，想去南阳郡，到那里与刘表联合起来，组成联军，夹击曹操。

韩荀巧遇虎豹骑，造成了严重的战略误判，他以为在这偏僻的山区也有曹军重兵把守，所以不敢恋战，赶紧撤回官渡袁军大营，向袁绍报告情况。

两次鸡飞蛋打，袁绍后悔不已，不再提分兵出击的事。

再次深入敌后

和韩荀一前一后回到袁营的，还有刘备。

汝南郡失败，刘备本可一走了之，比如直接向南去投刘表，他却没有这么做，多少让人觉得有点儿奇怪。

仔细想想，可能是官渡的战事出现了新的变化，而刘备在汝南郡遭到虎豹骑的重创后急需恢复实力。至于现在就去投奔刘表，在没有得到袁绍认可的情况下，一向和袁绍联络密切的刘表能否接纳自己，刘备心里没有底。

如果自己擅自离开，袁绍真的追究起来，刘表会不会把自己当成送给袁绍的一份见面礼，刘备吃不准。

所以，刘备又回到了袁绍那里。

这时候，已经到了建安五年（200 年）的 8 月，袁军主力不断向前推进，接近曹操的最后一道防线官渡，袁军用沙土堆成土丘，在曹营正面呈东西方向展开一条长达数十里的工事，以此为依托构筑营寨。

为了抵挡袁军，曹操也分兵筑营，双方打起了阵地战，这样以来，曹军兵力不足的问题更加突出了。为弥补这个不足，曹操多次指挥人马主动出击，但都未成功（合战不利）。

9 月 1 日，官渡前线发生了日食。

对交战的双方而言，日食预示着不吉利，通常情况下发生日食的时候交战双方都要停下来，因而日食有时候还起到意想不到的休战作用。

曹操看到这次日食，他决定反其道而行之，利用敌人认为日食不宜作战的心理向袁军发起突然攻击。曹军出击，但却无法攻破袁军堆起的土丘，不胜而还。

双方陷入艰苦的对峙中，为了取胜，都想了不少办法。

袁绍下令在曹军营外堆起土山，支起高高的瞭望楼（高橹），凭借制空权向曹营射箭。曹营暴露在敌人弓箭手的射程之内，营里的人想来回走动，只能蒙着盾牌慢慢走。

为了对付高处的弓箭手，曹军将攻城用的抛石车进行了改良，使之射程更远，力量更大，号称霹雳车，抛掷石块，专打袁军瞭望楼和土山上的弓箭手。瞭望楼纷纷被打倒，袁军的弓箭手也轻易不敢到土山上来。

袁绍见弓箭兵没有发挥威力，又调来了工兵，向着曹营方向开展隧道作业。干这活袁绍很在行，最终打败公孙瓒攻克易京用的就是地道战，但他不知道曹操也很在行，当初在张绣的安众防线面前差点全军覆没，最后也是由工兵们突击开挖出一条隧道才得脱险。

所以，曹操对袁军的拿手好戏早有防备，他们的对策是以地道对地道，在营中横向开挖出又长又深的壕堑，袁军的地道挖到这里就暴露了出来。

双方斗智斗勇，使出了浑身招数，打得异常艰苦。

刘备所部有没有参加这些战斗不得而知，他此时的心思还是离开这里，于是刘备建议袁绍南联刘表，以打破目前僵持的战局。

这个建议毫无新意，之前的尝试以失败而告终，但这次袁绍却同意了。

最近的战事虽然让曹操备感压力，但更感到吃惊的是袁绍，他原以为这场战斗容易得多，他有绝对优势，对付曹操这个小兄弟和曾经的部下，他认为自己没问题，曹操要么知趣投降，要么被一举荡平，可结果大出意外。

对峙时间一长，袁绍先烦了，在阵地战不能马上取胜的情况下，刘备的建议显示了价值，袁绍命刘备再次深入敌后，去南阳郡一带联络刘表。

袁绍仍然没有给刘备调拨人马，只是让他率本部（将本兵）前往，大概袁绍也考虑到了，刘备此次有一去不返的可能，加之这次的任务很明确，是去联络刘表，也就是个联络员的角色，人马多少关系不大。

这时刘备手里已经没有多少人了，好在骨干成员都还在，接到袁绍的命令，刘备立即率部再次绕行深入曹军之后。

要联络刘表，应该去南阳郡，这是荆州刺史部最北面的一个郡，一部分地盘掌握在刘表手中，一部分掌握在已归附了曹操的张绣手中。刘备却没去那里，走到汝南郡时，停下了。

刘辟被打散后，黄巾余部在龚都的带领下继续起事，已经发展到数千人，对于急需扩充实力的刘备来说，如果能收编这支队伍，那就再好不过了。

由于跟黄巾军有过良好合作，刘备这次也没费太大的事，龚都等人表示愿意听从他的指挥，刘备的势力一下子壮大起来。

刘备学聪明了，不急于进攻许县，先站稳再说。

曹操听说以后挺着急，但他这时已派不出人马来支援汝南郡了，他命令一个叫蔡阳的部将组织地方武装进攻刘备。

蔡阳情况不详，不在曹军一流将领行列，一战下来，蔡阳大败被杀。

还没等刘备思考下一步应如何行动，从官渡前线传来了一个让人不敢相信的消息，袁绍的大军几乎在一夜之间被曹军打败，袁绍率残兵败将已经逃回了冀州。

这有点儿太戏剧性了，说起来袁绍被打败似乎也算不上新奇，但这种败法却让人措手不及。

原来，战事的转折点出现在许攸临阵投降曹操上。许攸跟随袁绍的时间很长，早在洛阳时期许攸就是袁绍身边的“奔走之友”，也是在那时许攸认识了曹操，并成为朋友。

许攸很有才，但性格有问题，说话口气大，脾气臭，不注意团结同事，人际关系很糟糕。许攸和审配矛盾很深，田丰、沮授失势后，审配是袁绍身边的大红人，总想找机会收拾许攸。

这时，许攸家里有什么人犯了法，被审配抓了起来，审配扬言要挖后台，许攸又气又怕，干脆叛逃到曹营。

这种事换成别人都不敢相信，但曹操信了，因为他很了解许攸。曹操接纳了许攸，许攸给曹操带来了一份极有价值的绝密情报。

据许攸说，袁军和曹军一样都面临着军粮供应不上的问题，近期从北方调来了1万多车辎重粮草存放在故市、乌巢一带，守卫的士兵警备不足，如果以一支奇兵发起突然袭击，出其不意把粮草烧了，用不了3天，袁绍必然大败。

曹操大喜，不顾众人的劝阻，决定由自己亲自率兵去烧粮。曹操率部趁夜深入到袁军大营东北方向40里的乌巢，发起突袭。

袁绍接到报告后做出了一个错误判断，他认为此时曹营空虚，与其去救乌巢，不如直接向曹营发起攻击，迫使曹操回兵。袁绍命张郃、高览率所部立即猛攻曹军大营，但张郃反对。

张郃的理由是，曹操敢攻乌巢，率领的必然是精兵，乌巢将很快被攻破，还是应该先救那里。郭图支持袁绍的想法，坚持要张郃先攻曹营。

争论了半天，袁绍拍板，还是先攻曹营，命张郃不理解也要执行。

这样，曹操在乌巢最终得手，将袁绍的守粮部队攻破，斩杀老将淳于琼等人，俘虏了1000多人。《曹瞒传》还记载，为了震慑敌兵，曹操下令将俘虏的鼻子割去，把牛马的唇舌也割了，拿出来展览（以示绍军）。

手段很残忍，却是一种有效的心理战。果然，凡看到过这一堆战利品的袁军士兵无不惊恐万分（将士皆怛惧）。

在曹军大营外，张郃、高览并没有得手。郭图曾竭力劝袁绍发起正面进攻，眼看自己判断错误，于是乱找理由为自己开脱，他向袁绍报告："进攻曹营失利，张郃反而很高兴（郃快军败）。"

张郃得知后，又恨又怕（忿惧），跟高览一商量，干脆临阵起义，焚烧了攻城器具，来到曹营门前投降。

此时曹操还没有从乌巢回来，负责守大营的是曹洪，他居然不敢相信（不敢受），荀攸说："张郃的计策不被采纳，生气来投奔，不用怀疑！"于是接受了张郃、高览的投降。

这一下，袁军彻底崩溃了。

民间有个说法，颜良、文丑、张郃、高览被称为"河北四庭柱"，是"袁统区"的4根柱子，可见他们的分量都不一般。现在这4根柱子都倒了，袁家的天塌了。

不过，袁绍的实力仍然很强，他的3个儿子和1个外甥手里还都握有重兵，只要安全撤回冀州，仍旧可以发起有效反击。可是，这一切来得太突然了。袁军将士无心抵抗，开始了慌不择路的大逃亡。袁绍和儿子袁谭来不及穿戴整齐便仓皇出逃，只带了800名骑兵一口气跑到黄河边才甩掉了曹军的追兵，渡过河去。没有跑掉的都做了俘虏，事后统计有好几万。

时年47岁的曹操打败了时年57岁的袁绍，官渡之战就这样突然结束了。

新野

袁绍失败，刘备有所预料；袁绍败得这么迅速，刘备恐怕做梦都想不到。

刘备此时在汝南郡，还没有和刘表建立联系。袁绍父子逃往黄河以北后，曹操会不会一鼓作气展开追击是当前要重点观察的。按常理分析，曹操应该抓住士气正旺的大好时机，马上渡河作战，扩大官渡之战的成果，一举消灭袁氏集团。

那样以来局势反倒对刘备有利。袁绍虽败于官渡，但实力犹存，黄河以北的 4 个州仍在他们父子掌握中，曹操要彻底消灭袁绍，需要花相当大的精力，没有几年时间恐怕都拿不下来，稍不留神，还会让袁绍来个翻盘。

这样一想，刘备决定在汝南郡暂时不动，静观其变。

可是，几个月过去了，一直到了次年即建安六年（201 年），黄河以北却没有发生重大战事。

这一年春天，曹操率一部分人马来到兖州刺史部东平国，此行的目的是征调兖州、徐州一带的粮食，为后面的战事做准备。

官渡之战让曹操更明白粮食的重要性，打仗某种程度上就是拼后勤，官渡之战的转折点就是粮食，曹操深知自已能取胜有某种侥幸的成分，所以他现在不急于渡河作战。

征集粮食的同时，曹操在东平国境内的安平召开了军事会议，研究下一步行动计划，按照曹操本人的想法，袁绍新败，暂时无力南下，趁这个机会可以解决荆州的刘表。

朝廷秘书长（尚书令）荀彧参加了这次会议，他反对这个计划，荀彧说："袁绍新败，其众离心，应该继续对他保持高压，直到完全打败他（今绍败，其众离心，宜乘其困，遂定之）。如果我们远征江汉，袁绍趁机收拾残众，从我们后面发起攻击，后果不堪设想。"

荀彧说得显然是有道理的，袁绍的实力仍然很强，目前虽然无力对袁绍发起总攻击，但也不能对他有所放松，一旦袁绍缓过劲来，鹿死谁手还真不好说。

曹操重新将主力部署到黄河沿岸。4月，曹操亲自赶到东郡，在黄河岸边指挥了仓亭之战，再次取得胜利，袁军从此不敢轻易渡河。

9月，曹操回到了许县。

刘备听说曹操没有渡过黄河攻击袁绍，想必十分失望。更坏的消息随即传来，曹操在许县未作太多停留，立即整顿人马向自己而来。刘备知道，汝南郡待不住了，目前能容身的，只有荆州。

《三国志》记载，刘备派糜竺和孙乾赶紧前往荆州，联络刘表。

袁曹大战，举世瞩目，直到仗打完了，荆州牧刘表才突然觉得好像失去了什么。

袁绍当初也派人到荆州联络他，希望结成同盟共同对付曹操（绍遣人求助）。刘表口头上答应袁绍，但没有实际行动。

对于不介入的策略，也有人表示反对，荆州副州长（别驾）刘先、州政府参事室参事（从事）韩嵩都劝刘表："豪杰并争，两雄相持，天下之重在于将军。将军若欲有所作为，可以乘此机会崛起；如果不然，也应该选择其中的一方给予支持（固将择所从）。将军拥有十万之众，怎么能坐而观望呢？"

他们进一步分析说，如果对袁绍和曹操都不支持也不反对，实际上在他们那里都不会落好（两怨必集於将军），以荆州目前的状况，想中立那是不可能的。刘先、韩嵩及刘表另一位重要部属蒯越一致劝刘表站在曹操一边，他们甚至建议："不如率全部荆州归降曹操（不若举州以附曹公），曹操必然厚待将军，那样以来可以长享福祚，垂之后嗣，这才是万全之策！"

这让刘表大为惊讶，因为他的内心丝毫没有投降曹操的想法，但他不露声色，对众人的建议表示接受，还派韩嵩到曹操那里走一趟，观察虚实后再作决定。

大约在建安五年（200年）初，韩嵩一行来到官渡前线见到曹操，受到曹操的热情接待。韩嵩又到许县拜见了天子，在曹操的授意下，汉献帝拜韩嵩为朝廷高级顾问（侍中），韩嵩不愿接受，想回荆州，汉献帝又改任他为荆州刺史部零陵郡太守。

韩嵩回到荆州，向刘表汇报所见所闻，对曹操大加赞扬，并劝说刘表送儿子到许县作人质，以证明自己的诚意，刘表更加不安。

一天，刘表召集有数百名部属参加的会议，会上刘表发了火，盛怒之下拿出天子所赐的符节，意思是想斩杀韩嵩。经过大家苦苦相劝，韩嵩总算逃过一死，不过被关了起来。

刘表治罪韩嵩，具体罪状不详，但再笨的人也能看出来，主张归附曹操是韩嵩获罪的原因，所以类似的话再也没人敢说了。

自己当老板挣的再少也是老板，给别人打工挣得再多也是个打工仔，刘表不糊涂。若干年后，孙权也面临了同样的问题，孙权手下大多数人也如韩嵩、蒯越一样主张投降，而孙权宁可冒灭亡的危险也不愿意投降，道理一样。

只是刘表做事更有手段，他不想归附曹操，但主降派你一言我一语，不好力压，所以假意派韩嵩去探情况，韩嵩很天真，没有读懂老板的意思，不仅接受了朝廷的任命，还对曹操不遗余力地赞扬，给了刘表问罪的口实。

刘表问罪韩嵩，可以把他叫到办公室里来谈话，也可以把他交给有关部门审查，完全没有必要当着手下数百人的面进行，刘表此举正是明告那些有同样想法的人闭嘴。

大概按刘表的判断，这场仗恐怕会旷日持久，袁绍很强大，曹操也不好惹，一边是大象，一边是狮子，谁想一口吞掉对方都不可能，他完全可以坐山观虎斗，待二人杀到鱼死网破的时候，他正好出来收拾残局。

但历史证明，老大跟老二斗，只有极少数情况下老三最终能得利，大多数情况下老三不是被老大就是被老二顺手给灭了。

袁绍败得这么迅速和彻底，也让刘表感到吃惊，他这才看清了北方的局势，看来很难抵挡曹操前进的步伐了。他和刘备一样，也希望曹操此时发起北征战役，让袁曹再斗几年，但曹操没有。

曹操挥师南下，表面看是讨伐汝南郡的刘备，但刘表比刘备还紧张，担心曹操来个搂草打兔子，顺道来攻荆州。

荆州现在的治所是南郡的襄阳，即今湖北省襄阳市，麋竺和孙乾来到这里，见到刘表，表达了刘备的想法。刘表很高兴，对刘备一行的到来表示欢迎。

刘表早就知道刘备的名字，这个跟公孙瓒同过学、跟陶谦共过事、跟吕布搭过伙、跟袁术交过手、跟曹操喝过酒、跟袁绍结过盟的人，早已不是一般人物，头上有左将军、豫州牧的头衔，手下有关羽、张飞几员猛将，虽然现在人马不多，但谁也不敢小瞧他。

曹操迟早要南下，在用人之际，单就刘备的名望，就很值钱。

麋竺和孙乾回去复命。这时曹操指挥大军已到汝南郡，龚都及其手下不出意料地一触即散，刘备正在走投无路，听到报告，一刻不敢耽误地率部赶往荆州。

为了表示热情，刘表亲自到襄阳郊外相迎。

如何安排刘备，刘表作了认真思考，不知是不是受到陶谦的启发，刘表也给刘备找了一个好去处——新野。

新野是个县，隶属于荆州刺史部南阳郡，此时南阳郡的治所宛县已在曹军控制之中，新野刚好处在宛县与襄阳中间，是敌我对攻的要冲。刘表给刘备增加了人马（益其兵），让他驻扎在新野。

如今的新野，正如当年的小沛，都是当盾牌用的，刘备折腾了这么多年，又一次被人当成钢盔套在头上。

但刘备别无选择，这次的情况连上一回还不如，属于没人、没钱、没地盘、没前途，已经走投无路，刘表能收留他已是很不错了，地盘虽然小点但总算有个立足的地方，不能挑挑拣拣了。

新野北距宛县 50 来里，南距襄阳不足 100 里，实际上每天都生活在敌人的鼻子尖底下，形势一紧张，睡觉都不敢脱衣服。

刘表给刘备增了兵，让他来指挥这些人马，看起来很大方，其实除了增加防卫力量外，这些人还有一项重要任务，就是监视刘备，到关键时候，他的话对这些人并不好使。

面对如此复杂的内外部情况，换成别人说不定得愁死，但对刘备来说这点事算不了什么，风风雨雨经过了太多，他习惯了这种东奔西跑、在刀尖上行走的生活。

自建安六年（201 年）开始，刘备在新野驻扎了 6 年多，时间不算短。

这几年里，曹操把攻击的重点放在了平定黄河以北各州上。建安七年（202 年）5 月袁绍病死，袁谭、袁尚随即分裂，相互攻伐，曹操巧妙利用他们的矛盾，先让二人相斗，之后挥师北上。

建安八年（203 年）3 月，曹军攻克黎阳；建安九年（204 年）2 月，曹操亲自率军围攻袁氏的大本营邺县，半年后将其攻破，曹操自已兼任冀州牧，袁谭逃往渤海郡的南皮。

建安十年（205 年）正月，曹军发起南皮之战，虎豹骑再显神威，临阵斩袁谭。

袁绍另外两个儿子袁熙、袁尚逃往乌桓人那里避难，袁绍的外甥、并州刺史高干据守壶关，建安十一年（206 年）3 月，曹操率兵攻壶关，高干想逃往荆州，半路被杀。

曹操花了几年时间逐一平定了青、冀、幽、并等黄河以北的 4 个州，由于专注于北方，荆州方面总体还算平静，但期间也发生了一次规模较大的战斗。

《三国志》记载，趁曹操率主力北上之际，刘表也想做点事，他派刘备率部向北攻击。刘备率兵一直攻打到南阳郡最北面的叶县，曹操派夏侯惇率军迎击，派于禁、李典为夏侯惇的副将。

刘表的战略是正确的，机不可失、时不再来，如果不趁曹操的多事之秋主动有所作为，待曹操腾出手来，再想做点儿什么已经晚了。可惜，刘表骨子里一味守成，动作虽有，但只能算小动作，他怕损伤嫡系，只派刘备去执行北征的任务，效果就大打折扣了。

刘备并不想替刘表打到许县去，即使有这个能力，他也不会那么做。他知道自己的定位，不会给刘表真卖命，之所以发起此次进攻，多半是为了应付刘表，以此向刘表多要些粮草装备。

所以，当刘备听说夏侯惇、于禁、李典这几位曹军中最能打的将领联袂而来时，立即下令烧掉自己的营寨撤退（一旦自烧屯伪遁）。

夏侯惇下令追击，副将李典认为不可，李典说："敌人无故退兵，很可能有埋伏。往南面去的道路狭窄，草木很深，不能追啊！"

独眼将军夏侯惇不听，只想扩大战果，于是携于禁追击，留李典守营。

刘备很生气，面子已经归你，还这么不依不饶？刘备毕竟是个经验丰富的老军人，他迅速给夏侯惇和于禁准备了一个口袋，打了他们一场埋伏。

《云别传》记载，埋伏的地点是叶县与宛县之间的博望，刘备所部依托有利地形发起攻击，曹军形势很不利，作战中赵云十分英勇，生擒了夏侯惇的部将夏侯兰。

这个夏侯兰与谯县夏侯氏无关，他的祖籍是冀州刺史部常山郡，跟赵云是老乡。赵云以前就认识夏侯兰，所以向刘备求情不杀他，因为夏侯兰精通法律，还推荐他当了军中的执法官（军正）。

寄寓的岁月

刘备又回到了新野，他现在最想做的事，就是召募人马、广揽人才，不断壮大自己的实力。

以刘备当时的处境和地位，做这件事比较困难，不是他的名望不够，没人愿意跟他，相反，据《三国志》记载，刘备当时已经有了很高的知名度，慕名而来的英雄豪杰不少（荆州豪杰归先主者日益多）。

让刘备感到苦恼和不安的是，他是寄寓在荆州，在别人的地盘上招兵买马是一件很忌讳的事，加上有刘表这样疑心重的人。刘备怕招不来人，更怕招来的人太多，引起刘表的猜忌。

事实上，刘表果然起了疑心，对刘备更加防范（表疑其心，阴御之）。

这让刘备感到了苦闷，《九州春秋》记载，刘备在新野期间，有时会到百里之外襄阳的刘表那里做客，一次在刘表处喝酒，席间刘备去上厕所，宽衣解带，突然看到大腿内侧的肉长了起来，不禁慨然流涕（尝於表坐起至厕，见髀里肉生，慨然流涕）。

返回座位，刘表见刘备闷闷不乐，询问原因，刘备说："我常常身不离鞍，所以大腿内侧的肉都没了（髀肉皆消）。现在好久不骑马，这里的肉又生了出来。时光流水，日月如梭（日月若驰），我眼看快老了，却没有什么功业，所以悲伤啊。"

刘备屯驻新野是在他40岁到47岁这一段时间，人生壮年，正是大干一番事业的好时候，自己却窝在一个小县城里，过着担惊受怕的日子，想想走过的路，也可谓波澜壮阔，但看看前途，却一片渺茫。

刘备看到髀肉顿生感慨，这很容易理解。

与当初幽居于许县相比，此时的刘备不仅更容易感伤，而且内心里的英雄之气也正在一天天消弥，甚至失去了许县种菜时的智慧和机警。

髀肉之叹，叹给关羽、张飞都没问题，叹给麋氏、甘氏二位夫人也可以，但叹给刘表，只能提醒刘表要更好地提防眼前这个人，这明显失策。

有人因此怀疑《九州春秋》的记载，其实这并非不可能，刘备是英雄，也是一个凡人，酒喝多了，话就说了，即使后悔，也就那回事了。

《世语》里有另一个记载，也说刘表请刘备喝酒，但情节凶险得多。

根据这个记载，刘表知道刘备是个英雄，所以对他很怕，跟他无法交心（惮其为人，不甚信用）。刘备当时驻扎在与襄阳一河之隔的樊城，刘表请他喝酒，刘表的亲信蒯越、蔡瑁等人力劝刘表在席间杀掉刘备（蒯越、蔡瑁欲因会取备），刘表同意。

这件事让刘备察觉出来了，但他不露声色，在刘表动手之前假装上厕所，之后悄悄逃走（备觉之，伪如厕，潜遁出）。

刘备乘马逃到襄阳城西一条叫檀溪的小河前，后有追兵，前有河水，刘备急了。危难时刻，刘备的这匹马出了力，这匹马的名字叫的卢，刘备对马说："的卢啊的卢，现在很危险，可得努力呀（的卢，今日厄矣，可努力）!"的卢应声而跳，一跃就有3丈多，跳过了檀溪，刘备才保了一命。

汉末有几匹名马，吕布的赤兔，曹操的白鹄和绝影，加上刘备的这匹的卢，都载于史书，留名后世。

襄阳附近确有檀溪，《水经注》说它是汉水的一条支流。《太平御览》转引傅玄所作的《乘舆马赋》片段，说刘备投奔曹操时，曹操要赠给他马，让刘备自己到马厩中挑。曹操的马厩里尽是名马，有好几百匹，但刘备没有中意的。刘备来到下厩，看到了这匹的卢马，只见这匹马既没精神也不威武，又瘦得骨头一根根可见（委弃莫视，瘦瘁骨立），刘备抚摸这匹马，最后就选了它，众人莫不笑刘备。直到檀溪上演惊心一跳，这匹马奔如闪电，谁都追不上，人们才服，认为刘备慧眼识马。

其实，根据一本叫《伯乐相马经》的书所称，所谓的卢不是马的名字，而是对某一类马的称呼。这种马又称榆雁，其特点是额前有一片白色的毛，一直长至嘴边，与马齿相连（马白额入口至齿者，名曰榆雁，一名的卢），但这种马是凶马，谁骑谁死（奴乘客死，主骑弃市）。

与《九州春秋》的记载相比，《世语》的这条记载至少存在两处明显的漏洞，一个是说刘备已不在新野而驻扎在樊城，这在别处没有相应记载。而据《三国志》等书，直到建安十二年（207年）也就是曹操大军南下前夕，刘备还在新野驻扎，移防樊城缺乏依据。

另一个是刘表是否真有过杀害刘备的举动，值得怀疑。直到刘表临终前，一直都与刘备保持正常来往，虽然刘表对刘备心存猜忌，但表面的关系还是相处得比较正常，刘表最后甚至要把荆州托付给刘备，这是后话。如果有马跃檀溪这回事，二人势必翻脸，日后如何再相见？

《三国志》记载了刘备与刘表的一次闲谈，参加的人还有襄阳名士许汜。

这个许汜之前提到过，他并非平常之辈，在兖州期间曾在曹操手下做事，后来随陈宫、吕布叛乱，成为吕布的手下。吕布失败前，派去袁术那里搬救兵的人里就有他，后来辗转回到了荆州。

这次谈话的主题是共论天下之士，议论的焦点人物是曹操目前手下的干将、正在扬州一带干得风声水起的陈登，许汜对陈登的评价有不太高："陈元龙乃湖海之士，骄狂之气至今犹在。"

陈登曾经做过刘备的属下，刘备对他也很熟悉，对许汜的看法他不太同意，不过没有立即反驳，而是转问刘表："您觉得许先生刚才的话对不对(许君论是非)？"

即使朋友间闲聊，刘表仍然展示了他一贯的滑头，他说："如果说不对，但许君是个好人，不会随便说别人假话的；要说对，陈元龙又盛名满天下（欲言非，此君为善士，不宜虚言；欲言是，元龙名重天下)。"

刘备问许汜："您认为陈元龙很狂，有根据吗（君言豪，宁有事邪)？"

许汜说："我曾路过下邳，见过陈元龙。当时他毫无客主之礼，半天不搭理我，自顾自地在大床上高卧，而让客人们坐在下床。"

哪知这件事的内情刘备知道，当初许汜见陈登是私人有所求，所以陈登怠慢。

刘备不客气地说："先生素有国士之风，天下大乱，天子流离失所，元龙希望您忧国忘家，匡扶汉室，可您却向元龙提出田宅屋舍的要求，言谈也没有什么新意，这当然是元龙所讨厌的，又有什么理由要求元龙和您说话？假如是我，我肯定会上百尺楼上高卧，而让你们睡在地下，哪里只有区区上下床的区别呢（如小人，欲卧百尺楼上，卧君於地，何但上下床之间邪)？"

刘备为人一向温和，这是少有的当面让人下不了台的情况，刘表赶紧出来打圆场。

刘备还深情地说："像元龙这样文武足备、胆志超群的俊杰，只能在古代寻求。当今芸芸众生，恐怕很难有人及其项背了（若元龙文武胆志，当求之於古耳，造次难得比也)！"

到了建安十二年（207年），刘备寄寓荆州已经是第7个年头了。这一年，北方时局发生了新的变化，曹操力排众议，决定率主力北征乌桓。

乌桓人活动于幽州刺史部的北部及其以北地区，在袁曹决战时乌桓人站在袁绍的一边，袁绍的儿子袁熙和袁尚失败后也逃到了乌桓人那里寻求庇护。

曹操决意发起远征乌桓之战，考虑的是未来向荆州和江东用兵，后方必须绝对稳固，鉴于袁氏父子在北方各州深厚的影响力和乌桓人不可小瞧的实力，对他们一旦放纵，将来必然死灰复燃，关键时刻将是曹操致命的威胁。

所以，曹操才不顾反对要亲自远征，这不比平定河北那么简单，这要深入到漠北，面临着不熟悉的地理环境和气候的挑战，而且一去至少得几个月甚至一两年。

刘备认为这是一次绝佳的机会，建议刘表趁机袭击许县，但刘表没有采纳（先主说表袭许，表不能用）。

刘表的优柔寡断再次坏了自己的事，时局每天都在发生不同的变化，强者善于抓住机遇，而更强者，没有机遇都要去制造机遇，像刘表这样让机遇一次又一次白白错失的人，只有被淘汰的命运。

想一想，也不是刘表没有战略眼光，或许他有自己的苦衷。刘表虽然不愿意投降曹操，但他手下几乎全是亲曹派，如果此时举兵北伐，手下又将是一片反对声，勉强为之，恐怕也没有什么好效果。

《汉晋春秋》记载，后来曹操北征得胜而还，这时候刘表后悔了，对刘备说："没有听你的，白白失去了一次大好机会（不用君言，故为失此大会）。"

刘备说："现在天下分崩，每天都在打仗，机会随时还会来，如果今后能抓住机会，现在也没有什么可后悔的（今天下分裂，日寻干戈，事会之来，岂有终极乎？若能应之于后者，则此未足为恨也）。"

顺境不喜，逆境不忧，不愤不怨，保持良好乐观的心态，这是刘备的过人之处。

就在这一年，刘备迎来了人生中的一件大喜事，他有儿子了。

刘备不仅"尅妇"，而且生育能力好像也有问题，40多岁了，娶了几位夫人，之前都没有生下一个儿子。《三国志》记载，在新野期间刘备曾收养了一个姓寇的男孩做养子，这个男孩的舅舅也姓刘，是长沙郡人，刘备收养寇氏的这个男孩后，给他改名叫刘封。

刘备都打算将来以刘封为嗣了，但没想到，建安十二年（207 年），在自己 46 岁时，甘氏突然为他生下一个儿子。

儿子的突然降生，让刘备喜出望外。他给儿子取小名叫阿斗，大名叫刘禅。

诸葛亮的顶层设计

刘备感叹陈登时，流露出他对人才的渴望。

汉末是一个“拼”的年代，既拼出身和起点，也就是“拼爹”，更拼实力、毅力和运气，再有就是拼人才。在群雄争霸的情况下，人才是决定事业成败的关键，人才流动的方向就是霸业的走向。

人才也分高低，普通的人才固然也需要，但对刘备来说现在更需要的是最好的、最顶尖的人才。在武将方面，刘备已拥有了关羽、张飞、赵云、陈到等人，经过大大小小战斗的考验，他们已经成长和成熟起来，现在急缺的是替自己出谋划策的人，像曹操手下的荀彧、郭嘉、荀攸那样的人才，刘备认为曹操之所以不断取得成功，与这些人的贡献密不可分。

刘备的身边也有简雍、孙乾、麋竺、刘琰等人，但他们都还不是刘备心目的那个人，遇到重要决策，往往还是以刘备自己的想法为主，他急需能与荀彧、郭嘉匹敌的高级智囊。

刘备在新野招兵买马，特别留心这方面的人才，还真的有所收获，来了一位很有水平的人，名叫徐庶。

徐庶是北方的颍川郡人，原名徐福，在家乡一带属于侠客一样的人。《魏略》记载，徐庶曾为人报仇，之后用白土涂在脸上，披散着头发逃亡（白垩突面，被发而走），被官吏抓住。官吏问徐庶叫什么名字，徐庶闭口不言，官吏把徐庶绑在柱子上，击鼓下令周围的人出来辨认，但没人敢说认识他。

后来，徐庶的党羽一起来将徐庶救走。此事对徐庶很触动，他觉得打打杀杀没有前途，于是不再舞枪弄棒，换了平常人的打扮，虚心求学（弃其刀戟，更疏巾单衣，折节学问）。

徐庶一向是出来混的角色，突然到学校（精舍）读书，其他学生都不愿意跟他接近（诸生闻其前作贼，不肯与共止）。徐庶态度很谦卑，每天都比别人早起，一个人打扫卫生，小心谨慎，刻苦学习，对经书义理的理解也很快，慢慢改变了大家的看法。

汝颖多奇士，徐庶由一个“带头大哥”成为一个文人，为避战乱，他与同郡好友石韬南下到荆州居住，听说刘备在新野招募人才，徐庶前来投奔，刘备见到徐庶后，非常器重他（徐庶见先主，先主器之）。

刘备让徐庶再为自己推荐一些人，徐庶于是向他郑重地推荐了一个人，名叫诸葛亮，被人称为卧龙。

刘备想起，他在拜访寓居在本地的名士司马徽时，司马徽也向他推荐过这个叫诸葛亮的人。

司马徽也是颍川郡人，避难到荆州，是一位大学者，与襄阳本地名士庞德公交好，被庞德公称为水镜先生。

还在中原时司马徽已经成名，《世说新语》记载，当时有人慕名前去请他，被他坚决拒绝，还有人想让他帮忙出谋划策，他一律说“好”、“好”，这也好那也好，他的妻子忍不住说他：“人家问你事，你怎么一律都说好呢？”司马徽道：“你这样说，也很好！（如卿之言，亦大好）”

这就是“好好先生”典故的由来，司马徽其实不是糊涂，而是装糊涂，他和庞德公一样都不愿意介入世事纷争。到荆州后，司马徽以开馆授徒为生，学生中除诸葛亮外，还有以后在刘备手下担任过重要职务的庞统、向朗、尹默等人。

《襄阳记》记载，刘备听说司马徽的大名，向他咨询世事，司马徽很自谦，说自己是儒生俗士，要说识天下识务，有两个人自己无法相比，分别是伏龙和凤雏。刘备急忙问伏龙是谁，凤雏是谁？司马徽告诉他，一个是诸葛亮，一个是庞统。

徐庶称诸葛亮为卧龙，司马徽称诸葛亮为伏龙，用词尽管不太一样，意思相同，都是说此人的能力不可限量，非世间凡夫俗子可比，只是目前还处在蛰伏阶段。

如果真是这样，那他正是刘备要找的人，徐庶的话引起了刘备的强烈好奇，他渴望马上见到诸葛亮。《三国志》记载，刘备对徐庶说：“那就有劳先生把他请来吧。”徐庶道：“这个人只能您亲自去请，不能硬让他来，将军最好枉驾去一趟。”

刘备于是亲自跑到诸葛亮居住的隆中去请他，前后去了3次，才见到了诸葛亮（由是先主遂诣亮，凡三往，乃见）。

隆中，是一个小山村，位于襄阳城西北二十里处，是个风景优美、十分幽静的好地方。附近的山叫万山，不算太高，岗峦起伏，四季松柏常青，鸟语花香，水声潺潺，周边山形环绕，势若盘龙，登临高处，可以远眺汉水，又距襄阳城不远，在此读书耕种，再好不过了，诸葛亮已在此居住了10年。

12年前，刘备奉公孙瓒之命率部驰援陶谦时，诸葛亮还在他的家乡徐州刺史部琅琊国阳都县，当时他14岁，曹军南征徐州期间对他家乡的摧残，在少年诸葛亮的内心里留下过深深的烙印。

诸葛亮的父亲名叫诸葛珪，当过泰山郡丞，相当于副太守。诸葛亮父母去世得都很早，他有一个哥哥叫诸葛瑾，大他7岁，有2个姐姐，还有1个弟弟叫诸葛均。

父母都不在了，家乡又逢战乱，诸葛亮一家陷入困境，好在他还有一个叔父叫诸葛玄，是个很有本事的人，在洛阳当过官，和袁术、刘表都是朋友。当时袁术盘踞在寿春，正积极向四面发展势力，扬州刺史部豫章郡太守周术死了，袁术表奏诸葛玄为豫章郡太守。

豫章郡大体相当于今天江西省的范围，治所南昌县，即今江西省南昌市，这里并没有完全为袁术所控制，去上任有很大风险，但是面对家乡的不安定，诸葛玄还是决定去。

大约在兴平二年（195年）左右，诸葛玄带上诸葛亮、诸葛均以及诸葛亮的两个姐姐去了豫章郡，诸葛谨暂留家乡伺奉继母，照顾产业。

诸葛玄此去并不顺利，受到其他势力的攻击，最后死在了豫章郡。诸葛亮和姐姐、弟弟便投奔了叔父的另一位好友刘表，来到了襄阳，这时诸葛亮只有16岁。

好在诸葛亮的两位姐姐先后出嫁，而且都嫁入了襄阳本地的名门，其中长姐嫁给了蒯祺，二姐嫁给了庞山民。蒯祺和荆州实权派人物蒯越是本家，庞山民的父亲就是司马徽的好友庞德公。

在庞德公的引荐下诸葛亮拜司马徽为师，后来又娶了本地另一位名士黄承彦的女儿为妻。黄承彦的夫人姓蔡，和刘表的后妻蔡氏是亲姐妹，黄承彦是刘表的连襟，按这么论下来，刘表是诸葛亮的姨父。

早年父母双亡，流离他乡，让诸葛亮养成了少年老成的性格，姐姐出嫁后，他自愿带着弟弟来到隆中居住，勤恳好学，广泛交友，抓紧一切机会充实自己。

诸葛亮的好友、同学等有些已经出来做事了，其中庞统担任了南郡的人事处长（功曹），干得还相当不错，诸葛亮有很多社会关系可以利用，又有一定知名度，想出来谋个一官半职是很容易的事，但他看起来根本没这方面的打算。

诸葛亮和徐庶是好朋友，他们经常聚会的这个小圈子里还有石韬、孟建、崔州平等人。《魏略》记载，一次他们在一起谈论起未来的打算，诸葛亮有感而发："你们三个将来至少都能当上刺史、郡太守。"大家问诸葛亮自己能做到什么官位，诸葛亮只是笑，不说话（三人问其所至，亮但笑而不言）。

徐庶对诸葛亮很了解，所以建议刘备对这个年轻人亲自登门拜访。

刘备为什么去了三次才最终见到诸葛亮？有人认为这是诸葛亮故意试探刘备的诚意，也有人认为诸葛亮其实并没有做好出山的打算，更没有想好要辅佐刘备，所以还在犹豫。

但这些都是推测，诸葛亮此时 26 岁，尽管有些名气，但还没有任何官职，也没有建立起任何功业，年龄几乎长自己一倍、早已天下闻名的左将军刘备来访，说他故意不见以试探对方，似乎可信度不高。而如果说诸葛亮并没有做好人生的规划，仅被刘备的诚意所打动，也不符合诸葛亮做事的态度。

去了三次才见上，可能是碰巧了，在信息交流不发达的情况下，无法提前预约，诸葛亮又经常出门游学交友，刘备扑了两次空，是可以理解的。

史书也有不同的记载，认为刘备第一次见到诸葛亮，不在隆中，而在樊城，并且是诸葛亮主动找上门来的。

持这种说法的有《魏略》、《九州春秋》等书，根据它们的记载，曹操平定河北后，眼光一向敏锐的诸葛亮预感到曹操的下一个打击目标就是荆州，但刘表性情迟缓，不懂军事，诸葛亮就跑到樊城去见刘备。

按照这个记载，刘备已离开了新野，移防到新野以南数十里的樊城。

刘备当时正四处招人，每天来拜访的儒生很多，他并没有听说过这个叫诸葛亮的年轻人，看看他年纪也不大，就把他当成一般儒生接待（备与亮非旧，又以其年少，以诸生意待之）。

当时刘备对儒生集体接见，大家坐在一块扯了一阵，众人就走了，但诸葛亮却没有走，还想跟刘备多聊一会儿。

刘备大概没有跟诸葛亮单独交流一下的打算，他喜欢编织，刚好有人送给他一条牦牛尾巴，儒生们走后刘备觉得无聊，也不管诸葛亮还在跟前，就一个人编了起来。

刘备正陶醉在做手工的乐趣中，诸葛亮上前说："将军您应该树立远大志向，整天弄个牛尾巴编算怎么回事（明将军当复有远志，但结牦而已邪）？"刘备这才打量了这个年轻人，见他身材魁伟，谈吐镇定，气宇不凡，赶紧把手里的东西扔了，说："这怎么说呢，我也是借此打发心中的忧愁罢了。"

这是诸葛亮跟刘备的初次对话，主题是眼下如何对抗曹操。诸葛亮问："您以为刘表将军与曹操相比如何？"刘备回答："刘表不如曹操。"诸葛亮又问："将军您自认为比曹操如何呢？"刘备回答："也不如曹操。"诸葛亮说："你们都比不上曹操，而将军您手里只有几千人马，靠这点力量如何能抵挡曹操呢？"

刘备说："我也正为这犯愁呢，那你说该怎么办？"诸葛亮答道："荆州的人口本不少，只是登记在册的人很少，您可以建议刘表将军，把流动人口管理起来，重新登记户籍，照此调兵。"

刘备采纳了诸葛亮的建议，结果实力大增，从而对诸葛亮以上宾之礼看待。

这是一种说法，虽然也有合理性，但不如三顾茅庐的说法更有影响。

三顾茅庐的说法主要记载在《三国志》中，诸葛亮自己所作的《出师表》可以提供佐证。根据这些记载，刘备第3次来到隆中，终于见到了比他整整小20岁的诸葛亮。

见面后，屏退众人，刘备直接问："汉室衰败，董卓、曹操又先后专权，皇室奔难。我不顾德行和实力能否达到，想为天下人伸张正义，然而智谋浅短、办法很少，连遭失败，以至于今天。然而我的志向没有罢休，您告诉我有没有什么好办法（然志犹未已，君谓计将安出）？"

对这个问题，诸葛亮显然已经做过深入的思考，于是一口气说出了下面一段很有名的话："自董卓之乱以来，豪杰在各地同时并起，占州据郡，称霸一方，多得已数不过来。曹操与袁绍比，名气差，实力弱，然而曹操竟然打败了袁绍，由弱变强，其原因不仅是时机好，而且在于谋划得当。现在，曹操拥有百万大军，挟天子以令诸侯，确实不宜和他争雄。孙权占据江东，经过了三世，那里地势险要，民众归附，又任用有才能之人，宜以之为外援，也不可谋取。荆州北靠汉水、沔水，南达沿海，东面和吴、会相连，西边和巴、蜀相通，这正是用兵之地，但是刘表没能力守住它，这是上天拿来要资助将军的，将军是否有意夺取它？益州地势险要，有广阔而肥沃的土地，是个天府之国，高祖刘邦凭借此地建立了帝业。如今刘璋昏庸懦弱，张鲁又在北面威胁，那里人多物丰，刘璋不知道爱惜，有才能的人都渴望得到贤君。将军是皇室后代，声望闻于天下，罗致英雄，思慕贤才，如能占据荆、益两州，守住险要的地方，和西边、南边的少数民族部落和好，对外联合孙权，对内革新政治，一旦天下形势发生变化，就派一员上将率领荆州的军队杀向宛、洛，将军您亲自率领益州的军队打出关中，百姓怎能不拿着饭食、酒水来欢迎您呢？如果真这样，那么霸业可成，汉室可以复兴。”

这段谈话，就是著名的隆中对策。诸葛亮先通过对时局的分析，总结出兴亡成败的规律，那就是要成大事不仅依赖天时，更要有人谋，也就是说，要想成事，必须重视人才，而只要有不懈努力，客观上的不利条件也是可以改变的。

久处下风的刘备很愿意听到这样的话，如果一切都由命运所决定，那么个人再努力也都无济于事了，刘备是个不服输的人，他认为诸葛亮说得有理。

更为重要的是，诸葛亮就目前天下时局和各路豪强此消彼涨变化进行了具体分析，为刘备规划出一个清晰的战略蓝图，那就是尽可能避开强大的曹操，想办法与正在快速成长的江东孙氏结盟，占据荆州，进而徐图益州，寻求三足鼎立之势。

这是诸葛亮为刘备做出的顶层设计，所谓最顶尖的人才，就是站得最高，看得最远，提出的方案无须繁复，却能一语中的。

听完诸葛亮的话，刘备感到豁然开朗，心中久积的抑郁一扫而空。诸葛亮进一步提出占据荆州和益州之后，等待天下变化，到时候兵发两路，一路由荆州北上宛县、洛阳，另一路由益州攻击秦川，到那时天下可定，汉室可兴，更让刘备大为高兴。

在刘备的邀请下诸葛亮离开了隆中，开始了辅佐刘备建功立业的生涯。

刘备得到诸葛亮后极为高兴，感情日深（于是与亮情好日密），让关羽、张飞都感到了忌妒。刘备发现了这个问题，劝他们说：“我有了孔明，就像鱼儿有了水一样（孤之有孔明，犹鱼之有水也），你们可别再说什么了！”

关羽、张飞这才不再说什么。

第六章　荆州风云

刘表的托付

诸葛亮后来在《出师表》中谈到，刘备亲自登门拜访他，当时的情况很危急，他受任于败军之际、奉命于危难之间，从那时到现在，已经21年了（尔来二十有一年矣）。

《出师表》作于后主建兴五年（227年），按照古人的习惯，21年可以理解为“21个年头”，以此上推，可知刘备遇到诸葛亮是在建安十二年（207年）。

正如诸葛亮所言，这一年是风云急变的多事之秋。5月，曹操率部到达幽州刺史部无终，开启了北征乌桓之旅，刘备建议刘表北伐也在此时，可以推测，刘备的这项建议也许就来自诸葛亮。

8月，曹军取得白狼山大捷，斩乌桓人传奇首领塌顿，袁熙、袁尚逃往辽东，投奔公孙康。9月，曹操率军归师，路过渤海边的碣石山，意气风发地作了一首《步出夏门行》，其中有“东临碣石，以观沧海”的诗句。

10月，公孙康杀袁熙和袁尚，将首级献于曹操，袁氏集团彻底灭亡。

11月，曹操回师至易水，代郡乌桓代理单于普富卢、上郡代理乌桓单于那楼率领他们的属下前来拜贺，标志着北征乌桓战役取得全胜。

但是，这一仗对曹操来说打得也挺艰苦，虽然取得了大胜，也达到了预期目标，但在总结这次战役时，曹操反而下令重赏了当初反对出征的人，说明在曹操看来，这一仗虽胜却有点儿悬。

大多数人认为，回师之后曹操应该下令好好休整一下，至少一年半载之内不会再发起大规模军事行动，曹操手下的将领们这么看，刘表也这么看。现在谁都能看出来，刘表是曹操的下一个对手，所以刘表这时候会为没有接受刘备的建议而懊悔。

但是，不断从北方传来的情报显示，曹操不打算休息，这一仗马上就要打起来。建安十三年（208年）正月，曹操刚回到邺县就下令修建玄武池，在池中训练水军，其目的不用想都知道。

接着，曹操调整了朝廷机构，罢黜三公，恢复汉初的丞相制，自己担任丞相，将大权更加集于一身。曹操命令张辽屯长社，于禁屯颍阴，乐进屯阳翟，这些地方都在许县附近，显示出向南用兵的阵式。

为解除关中、凉州方向的顾虑，曹操以朝廷的名义征凉州军阀、前将军马腾为卫尉，作为交换条件，曹操让马腾的儿子马超以副军长（偏将）的身份仍旧统率马腾的旧部，之后把马腾全家都迁到邺县，成为曹操的人质。

7月，曹操率大军从邺县出发，开始南征荆州。

曹操这一系列反常的举动让人不解，有人认为正是他过于心急，对此次南征准备不足，才导致了后面的惨败。

曹操的确有点儿急，让他着急的不是刘表，而是孙权。

9年前，18岁的孙权从孙策手里接过班，曹操当时并没有把他放在眼里，毕竟他还很嫩。但这些年来江东的巨大变化出乎曹操的预料，孙权年龄不大，手段却很老练，一点儿都不输给他的父亲和哥哥。在张昭、周瑜、鲁肃等人的辅佐下，孙权重用父兄留下来的旧将，提拔新人，拓土开疆，势力范围越来越大。

自建安八年（203年）起，孙权开始向荆州发起进攻，目标是荆州刺史部最东边的江夏郡。江夏郡太守黄祖是当年杀害孙权父亲孙坚的人，孙权征江夏郡，打的旗号是复仇，这样更容易争取同情和支持，但孙权看中的是荆州的地盘。

黄祖是刘表的部下，却不是嫡系，有很大的独立性，黄祖被攻，刘表本不想管，但考虑到唇亡齿寒，也派兵支援过黄祖。孙权攻势很猛，先后3次发起江夏之战，黄祖难以应付。

建安十三年（208年）春天，就在曹操下令在玄武池练水军的时候，孙权再攻黄祖，破夏口，黄祖被杀。夏口在长江边上，位于今湖北省黄冈市境内，由此溯江而上就是湖北省武汉市。

这才是迫使曹操提前发起荆州之战的原因，在曹操看来，好果子不赶紧动手，很有可能让孙权抢了先机。刘表昏聩，只知道守自己的一亩三分地，又被手下人架空，已不足为虑，但孙权势头正猛，不敢大意。

黄祖被杀，刘表考虑的是谁来接替，他的大儿子刘琦主动请缨。

刘表有两个儿子，大儿子刘琦，小儿子刘琮，这两个儿子都不是刘表现任妻子蔡氏所生，但蔡氏的侄女嫁给了刘琮，所以蔡氏更喜欢刘琮。

蔡氏的弟弟蔡瑁是荆州的实权派，跟刘表的外甥张允关系密切，二人掌管着荆州的军队，刘表不得不依靠他们。蔡瑁、张允再加上蔡氏，在刘表面前不断诋毁刘琦，赞美刘琮，刘表也只得依顺他们，对刘琦逐渐冷淡。

诸葛亮追随刘备以后，密切关注荆州的时局，有时通过刘备向刘表提出一些建议。《魏略》记载，诸葛亮曾对刘备说："现在荆州的问题不是人口少，而是登记在册的人口不足，如果按照登记在册的人口征收赋税兵役，不仅不公平，而且在册的人也不会服气。可以告诉刘镇南将军，应下令所有没有登记的游户都必须如实申报登记，以增加在册人数。"

《诸葛亮集》也收录了这段话，题目是《论游户自实》，反映出诸葛亮敏锐的洞察力，刘备有没有把他的话转告刘表、刘表有没有听，史书没有进一步记载。

刘备知道诸葛亮不仅是人才，而且在荆州有广泛的社会交往和人脉，并且和刘氏、蔡氏家族有亲戚关系，所以也让他协助自己跟刘表父子打交道，诸葛亮和刘琦的来往就多了，刘琦也特别器重诸葛亮（刘表长子琦，亦深器亮）。

《三国志》和《后汉书》都记载了一件事，刘琦意识到危局，心中不安，又无计可施，想请诸葛亮替自己出个主意。刘琦多次请教，但是诸葛亮对涉足刘表家事很谨慎，任凭刘琦如何恳求，就是不接话（琦每欲与亮谋自安之术，亮辄拒塞，未与处画）。

刘琦急了，一天，他邀诸葛亮到一处高楼上喝茶，之后悄悄命人除去楼梯，恳切地对诸葛亮说："现在只有咱们两个人，上面不达于天，下面不达于地，话从先生嘴里出，到的是我的耳朵，如此这样能不能说说呢？"

诸葛亮无奈，点拨他说："你难道没看见，申生在内却遇到了危险，重耳在外因此渡过了危机吗（君不见申生在内而危，重耳居外而安乎）？"

一句话点醒了刘琦，于是考虑脱身之计。这时黄祖被孙权打败后战死，刘琦于是请求接任。刘表批准了刘琦的请求，让他担任江夏郡太守，率领一支军队驻扎在江夏郡。

这不经意的一步棋，却成为后来影响整个局势的一处关键点。

刘琦走后，刘表就病了，而且病得很严重。刘表此时66岁，已经到了多病之秋，曹操后来就是在这个年纪上死的。

《后汉书》说刘表得的病是背疽，现代医学称背部急性化脓性蜂窝织炎，外因是外感风热、火毒，湿热蕴结所引起，内因是七情郁结，脏腑蕴热而发。所以刘表得病不仅因为年迈，更是愁的。

外面强兵入侵，襄阳城风声鹤唳；内有家事不宁，袁氏的夺嫡之争会不会发生在自己身上难以预料。

刘表或许并不讨厌刘琦，但很多事情他已无法左右，如果他支持刘琦，内部矛盾恐怕会立即爆发，所以当刘琦主动提出远走江夏郡时，刘表也认为这是一个暂时解决问题的办法。

但面对曹操的大军，刘表却想不出任何办法，所以病倒了。

刚到江夏郡的刘琦听说后，急忙赶回襄阳探望。蔡瑁姐弟认为如果他们父子相见，刘表很难说不会临时起意改变主意，重新确立刘琦为继承人，于是坚决阻止他们相见。

蔡瑁对刘琦说："你父亲命令你镇守江夏郡，这个担子很重。你现在放下众人擅自前来，你父亲见到你必然生气，影响你们父子的亲情，还会增添他的病痛，这不是为孝之道（伤亲之欢，重增其疾，非孝敬之道也）。"连门都不让进，刘琦流涕而去。

《英雄记》和《魏书》都有记载，说刘表临死前曾把刘备叫过去，有过一次谈话，在这次谈话中，刘表指定了自己的接班人，既不是刘琮，也不是刘琦，而是刘备。

《英雄记》记载，刘表在病中正式向汉献帝上表，推荐刘备代理荆州刺史（表病，上备领荆州刺史）。

《魏书》记载，刘表对刘备说："我的儿子不才，而众将中也没有特别突出的人，我死以后，就由你来统领荆州（我儿不才，而诸将并零落，我死之后，卿便摄荆州）。"

对刘备来说，这已经第二次有人以国相托，上一次是陶谦，这一次是刘表。

从中可以看出，刘备的身上确实有某种过人的才干和魅力，至少说他很能笼络人，否则以陶谦的孤傲和刘表的城府，不可能把他抬举得那么高。

跟上次在徐州一样，刘备猛然听到刘表这番话，感到的不是惊喜而是惊讶，他更不了解此话的虚实，于是说："将军您的儿子们都很贤能，不要担心（诸子自贤，君其忧病）。"

刘备拒绝了刘表的好意，这件事便没了下文。

裴松之不相信发生过这样的事，对《英雄记》和《魏书》的这条记载进行了驳斥。裴松之认为，刘表夫妇深爱刘琮，已经做出了舍嫡立庶的决定，无缘无故在临终前把荆州授给刘备，是不可能的（此亦不然之言）。

《英雄记》的作者是刘表老师王畅的孙子王粲，此时也在荆州，《魏书》的作者是王沈，一直仕宦于曹魏，对于这段历史，他们都算当代人，如果完全没有这件事，他们凭空捏造一个，似乎看不出什么动机来。

其实，如果仔细想一想，这件事完全是可能的。

人在重病中，尤其即将不久于人世时，想的会很多，有些过去的想法也会改变。刘表知道荆州的覆亡难以避免，他最不愿意看到的是他死后刘琦和刘琮兄弟相争。袁绍死后儿子们斗得你死我活，刘表都看在眼里，还写长信给他们进行调解，这是刘表所忧虑的。

思来想去，刘表觉得只有把荆州托付给外人才能避免这种情况的出现，和陶谦临终前的想法一样，刘表心中最合适的人选莫过于刘备。

对刘表的盛情，刘备身边有人劝他可以好好考虑一下，最好接受（或劝备宜从表言）。刘备说：“刘景升待我很厚，如果今天接受了，大家一定会以为我薄情，我不忍心那么做（此人待我厚，今从其言，人必以我为薄，所不忍也）。”

是谁劝刘备的史书没有记载，很多人认为应是诸葛亮。在隆中对策里，诸葛亮提出趁机占有荆州的构想，现在机会送上门来，哪能不接受呢？

刘备拒绝了，理由或许不是他说的那样是于情于义不符，而是他没有把握。刘表的话即使发自腹心，对刘备而言却毫无用处，因为此时的刘表只是躺在床上等死的一个老者，荆州已不在他掌控之中，掌握荆州的是蔡瑁、张允、蒯越等地方实力派。

当初陶谦让徐州，刘备倒是敢接，因为那时徐州的地方实力派大多数拥护他，现在他不敢接荆州，理由刚好相反。面对刘表的托付，如果刘备冒然接招，荆州必定掀起新的乱局，以自己目前有限的实力无法收拾这种局面。

没有一点儿把握的事，刘备不敢做。

险些成俘虏

建安十三年（208年）8月，刘表去世，刘琮接任荆州牧、镇南将军。

为安抚刘琦，刘琮命人把朝廷授给刘表的侯印送了过去，意思是官位他继承了，爵位由刘琦继承。

刘琦不干，将印扔在地上，准备借奔丧之机发难。

但曹操的速度更快，没等刘家兄弟大打出手，他的前锋已经到达新野。

大概在此之前，就在刘表病逝前夕，刘表对荆州北部防务进行了调整，刘备移防到了樊城，整个北部防卫由刘表手下的将领文聘负责。

曹操打到了荆州的门口，文聘却率部投降了，襄阳以北无险可守，樊城首当其冲。

刘备顿感紧张，大战在即，荆州易主，刘备对新上任的刘琮并不像刘琦那么熟悉，刘琮现在凡事都听蔡瑁、蒯越等人的，这些人一向对刘备怀有敌意，说不定会使什么坏呢。刘备不断派人到襄阳了解情况，那边似乎对刘备封锁消息，刘备不得要领。

刘备不怕跟曹操打一仗，即使打输了，荆州地盘那么大，很容易找到立足之地，不行就到长江以南打游击去。刘备现在担心的是刘琮不战而降，那样刘备想跑都来不及了。

襄阳城内，刘琮召集紧急会议研究对策，荆州的主要人物都参加了，只是有意不通知刘备。众人的意见惊人的一致，投降。

这是要换老板的意思，刘琮虽然没有他哥哥聪明，但道理还是明白的，这些人只替自己着想，没有站在他的立场上想问题，员工换老板，原来的老板怎么办？不用翻史书，就知道结局往往很凶险。

刘琮不甘心："现在我们据有整个荆州，守着先君之业，又有刘备相助，即使投降，也再观望一阵子难道不行吗？"

投降派们不接受，镇南将军府人事处处长（东曹掾）傅巽出面做刘琮的思想工作，傅巽对刘琮说："逆顺有大体，强弱有定势。以人臣而拒人主，是大逆之道；以小小的楚地对抗中原，是自不量力；以刘备抗击曹公，是很不恰当。以上三个方面我们都不占优，必然灭亡呀！将军自己考虑一下，您与刘备相比如何？"

刘琮想了想，真比不过刘老前辈："差得远。"

傅巽接着说："以刘备之雄尚不足抵御曹公，荆州怎能自保？假如有奇迹发生，刘备能够抵御曹公，他又怎能甘居将军之下？就是这个简单道理，希望将军不要多疑！"

这次劝降工作声势很浩大。《文士传》记载，就连在荆州做客的王粲都参与了劝降，这是个有英雄情结的小个子诗人，也是曹操的疯狂粉丝，他对曹操的评价是"雄才大略在当世排第一，智谋超越整个时代（雄略冠时，智谋出世）"，王粲劝刘琮不要作无谓的抵抗，只有投降才能保全宗族、安享幸福生活。

王粲这些话已经是赤裸裸的威胁了，刘琮无可奈何，同意投降。

这时，曹操亲自率领的大军已经逼近襄阳。

曹操在襄阳城外见到了刘琮的使者，使者带着朝廷赐给刘表的符节，递上降书，但曹操手下也有人表示有怀疑，担心刘琮是诈降。《三国志》记载，曹操自己也吃不准，向他年轻时代的朋友、对荆州情况很熟悉的娄圭进行询问，经娄圭详细分析之后，才敢接受刘琮的投降。

这时刘备还在樊城，他得不到任何消息，曹军压境，他本可率部一走了之，但又怕打乱了刘琮的整个部署，所以每天都在焦急地等待着。刘琮可以投降，刘备却不能降，今非昔比，现在的曹操已容不下他刘备。

《三国志》记载，刘备当时的军事情报相当匮乏，居然不知道曹军已到眼前。等知道消息，自知不是对手，主动率众撤出樊城，路过襄阳的时候，诸葛亮劝刘备趁曹军未进襄阳之机进攻刘琮（诸葛亮说先主攻琮），刘备拒绝。刘备说："我不忍心这么干啊！"

《汉魏春秋》记载，刘琮决定投降却不敢告诉刘备，刘备察觉后派人到襄阳追问刘琮，刘琮无法再隐瞒，派著名学者宋忠到刘备那里传达命令，说准备投降。刘备又惊又骇，对宋忠说："你们这帮人如此做事，又不早点相告，事到临头才通知我，是不是有点太过分了（不早相语，今祸至方告我，不亦太剧乎）！"刘备越说越气，抽出刀来架在宋忠脖子上："现在就是杀了你都不解气（今断卿头，不足以解忿）！"

刘备的气话也只能说说，刘琮料定刘备会生气，所以派了个刘备不敢杀的人来传达命令。作为荆州本地最著名的学者，荆州学派的创始人之一，郑玄死后宋忠便是全国文化界公认的头号人物，这样的人刘备如果一怒之下杀了，那他整天说的仁义也就白喊了。

《汉魏春秋》接着说，刘备立即召集大家商议对策，有人劝刘备劫持刘琮以及荆州官民南下江陵，依托那里的水军以及丰厚的军用物资再做打算。《汉魏春秋》也没有说这个"有人"是谁，但可以推测，这个人还是诸葛亮。

刘备同样拒绝了："刘荆州临亡前对我有托付，背信自救的事我做不来，死后有何面目去见刘荆州啊（刘荆州临亡托我以孤遗，背信自济，吾所不为，死何面目以见刘荆州乎）！"

刘备于是率众人南下，路过襄阳城，刘备在城外呼刘琮出来对话，刘琮不敢出来。《典略》记载，刘备跑到刘表墓前祭拜一番，涕泣而去。

曹军推动迅速，襄阳以北大部分地方都被曹军占领，刘表父子所任命的地方官员纷纷投降，徐庶的母亲住在这一带，成了曹军的俘虏。

徐庶是孝子，由于母亲被俘，只得向刘备提出请求离开。徐庶辞别刘备时，指着自己的心口说（庶辞先主而指其心曰）：“本来想跟随将军共图王霸之业，凭借的是此方寸之地。如今老母亲被俘，方寸已乱，已无益于事，请求从此作别吧！”

徐庶至孝，刘备至仁，尽管不舍，还是放徐庶走了。徐庶到了曹操那里，后来官至右中郎将、御史中丞。诸葛亮的另一位好友石韬后来也在曹操手下供职，曹丕称帝后担任过郡太守、典农校尉等职。

刘备不同意抢占襄阳，但他接受了进军江陵的建议，于是率部南下。

这么多年来刘备一直苦心经营，花了很大代价攒出了一支水军，虽然无法和江陵水军相提并论，但也有各式战船数百艘，刘备让关羽率领这支水军沿汉水南下，前往夏口与刘琦会合。

刘备自己去占江陵，夏口有刘琦、关羽，如果一切如愿，就控制了上千里的长江防线，以长江为依托，可以和曹操周旋一阵，甚至打退曹操的进攻也是有可能的。

听说刘备向江陵方向去了，正筹备襄阳城入城仪式的曹操吃了一惊，立即决定暂不进襄阳城，迅速南下追击刘备，务必赶在刘备之前占领江陵。

江陵即今湖北市荆州市沙市区，前身是楚国国都郢，从春秋战国到五代十国，先后有34代帝王在此建都，历时515年。在汉代，它曾长期作为荆州刺史部的治所，刘表把治所迁往襄阳后，江陵的地位才有所下降。

江陵位于江汉平原西部，南临长江，北依汉水，西控巴蜀，南通湘粤，古称“七省通衢”。刘表的水军基地设在这里，囤积着大量军用物资。曹操担心刘备一旦江陵得手，依赖这支水军和军用物资可以迅速壮大，再去征讨，难度大为增加。

一场追击战就此展开，就看谁跑得快了。

刘备跑不过曹操，因为他没有虎豹骑。曹操亲自率领以虎豹骑为主力的一支骑兵，有5000人，以急行军的速度展开追击，他们的行军速度是一天一夜300多里（曹公将精骑五千急追之，一日一夜行三百余里），在当时这是行军速度的极限。

曹操此举有点儿冒险，因为刘琮虽然表示投降，但襄阳以南还没有交接，一派兵荒马乱的景象，5000人再能打，孤军深入，一旦有人挑头发起围攻，将处于绝地。

这不是空想，还真有人给刘琮出过这样的主意。《汉晋春秋》记载，刘琮手下有个叫王威的人，秘密建议道：“曹操认为将军已经投降，刘备逃走，必然松懈无备，现在又轻行单进，如果以奇兵数千，在险要处埋伏（徼之於险），定可将曹操擒获。那样以来将威震天下，中原可传檄而定。这是难遇之机，切不可失去呀！”

王威其人不详，这小子眼光很毒，如果刘琮放手干一把，曹操当年在淯水河畔被张绣打得溃不成军的一幕将重演。刘琮只要敢挑头，刘备、刘琦，加上江陵的水军以及正悄悄向荆州靠近的孙权，大伙一起动手，正好把曹操围在中央，结局很难预料。

刘琮不敢干，这件事也就不再提了。

相比于虎豹骑的行军速度，刘备所部行进得相当缓慢。造成这个问题的原因，是一路上不断有害怕兵灾的荆州百姓加入，人数很快多达十多万。

可惜这是一支没有战斗力的队伍，有点像黄巾军远征，家属、百姓、逃亡的地方官吏，什么人都有，夹杂着各式各样的车辆，有数千辆之多，这样的队伍行进起来只能用蠕动来形容，一天顶多走十多里（众十余万，辎重数千辆，日行十余里）。

《三国志》记载，有人向刘备建议：“现在我们人数虽多但能战斗的人少，如果曹军杀到，如何迎敌？应该加快行军速度尽快赶往江陵。”言下之意应该弃官民百姓不顾，轻军直奔江陵，跟曹军抢时间。

刘备不接受：“成就大事必须以人为本，现在大家自愿追随我，我怎么能忍心抛弃？”“以人为本”是刘备的原话，如今这几个字已耳熟能详了，不知道刘备是不是发明者。

刘备很重视仁和义，他一向这么说，也尽量这么做，不接受刘表相托缘于仁义，不夺取襄阳也缘于仁义，对百姓不抛弃不放弃也缘于此。可是，仁义是旗帜，却不是武器，刘备难道不知道虎豹骑正急速向这里靠来吗？

刘备当然知道，他并不傻，他可能有自己的想法，但不便说。多年前，他亲身经历过的延津之战也许给当下的紧急情况以启发，他知道这十多万百姓也许能帮助自己躲过一劫。

刘备大概想过，既然曹操舍命来追，即使自己率几千人抢先一步赶到江陵，他也未必能得手，江陵水军的总兵力应该在3万人左右，还不包括一定数量的兵步和骑兵，他们效忠于刘琮和蔡氏集团，让他们在自己和曹操中间作选择，他们肯定不会给自己当垫背。

江陵就算了，能过眼下这一关，已经是命大了。

身陷绝境

走到南郡所辖的当阳县，曹军追上来了。

当阳县即今湖北省当阳市，取名“当阳”，指的是荆山之阳，荆山在其西北一带，向东南方向逐渐缓降为丘陵和平原，因而有许多面积很大的山坡，其中一个山坡名叫长坂坡。

当年的长坂坡一带长着茂密的树木，其中以栎树为多，所以自古以来此地又被称为栎林长坂，《左传》曾提到过它，称它为险地，这是因为它的东面是汉水，西面是沮水和漳水，北面是山地，有著名的虎牙关，南面是长湖，被堵到这个地方，想逃跑相当吃力。

不幸的是，刘备一行正是在这里被曹操亲自率领的虎豹骑追上的。

一场激战就此展开，结果毫无悬念，刘备败得一塌糊涂。

这是刘备和曹操本人第3次在战场上直接交锋，与第一次在徐州、第二次在延津相比，刘备这一回的情况更惨，更不堪一击。但《三国志》武帝纪没有提到这场战斗，所以也有人认为，此战曹操本人没参加，带队的是虎豹骑指挥官曹纯和荆州降将文聘。

但是以曹操的性格和他对骑兵作战的偏爱，亲自率队追上来的可能性更大，被追的人里有老对手刘备，曹操更不会轻视，如果给刘备来个迅雷一击，把他杀了或者活捉，荆州的问题就算彻底解决了。

这样说有一个间接证据，此战结束后曹操很快现身江陵，说明他正是沿着这条路线下来的。

曹军追上后，刘备所部迅速被打乱，刘备找不到了妻子甘氏和2岁的儿子阿斗。按照《三国志》的说法，这娘俩是被刘备丢弃的（先主弃妻子），刘备与诸葛亮、张飞等数十骑败走，曹操把随同刘备一同南下的十多万官民百姓以及辎重等全部俘获。

但是，赵云十分英勇，拼命保护甘氏和刘禅，当时刘备已经往南跑了，赵云抱着刘禅，保护着甘氏，居然杀出重围，最后免于一难。

张飞当时率领20多名骑兵负责断后，张飞把守在一座桥上，瞋目横矛，对追来的曹军大喝道："我是张益德，可以过来决以生死（身是张益德也，可来共决死）!"居然把曹军震住，一时间没人敢靠近。

刘备脱险后清点人数，发现诸葛亮、张飞都在，老婆孩子不在，赵云也不在。《云别传》记载，刘备身边有人说赵云已经投降曹操了（有人言云已北去者），刘备听了很生气。刘备用手戟敲打说话的那个人（以手戟擿之）："子龙绝不会弃我而去!"

过了一会儿，赵云回来了，还带回来甘氏和刘禅，刘备大为高兴。《三国志》记载，刘备临阵提升赵云为牙门将军（迁为牙门将军）。

关羽、张飞此时都有正式军职，关羽是副军长（偏将），张飞是师长（中郎将），史书没有提到赵云的军职，也许职务还不太高，此次直接提拔为军长一级的牙门将军，似乎不合理。

从字面上看，牙门将军属杂号将军，比偏将、裨将要高，赵云如果直接升任此职，说明他后来居上，已超过了关羽和张飞，这就不好理解了。或许《三国志》的记载里多了一个字，"牙门将军"应该是"牙门将"。

古代君王、将帅的大旗旗杆常以象牙作饰物，故其大旗常被称为"牙旗"，其营门也称"牙门"，到南北朝时，"牙门"从军队用到了地方上，后来演变出"衙门"一词。"牙门将"就是守营门之将，并非有将军的军衔。赤壁之战后赵云被派到荆州南部的桂阳郡当太守，那时的军职才被任命的偏将。

刘备在赵云、张飞等人的拼死保护下暂时脱险，给他帮了忙的并不是长坂坡附近茂密的树林，而是那十多万百姓。可以想象一下当时的情形，5000多曹军骑兵杀到，但一下子都傻眼了，因为他们看到的全是人。

推测一下，刘备的兵力至多不过三四千人，他们混在10多万百姓中间，曹军想马上找到攻击目标，比较困难。

曹操干过几次屠城的事，那都是攻城作战后为震慑敌人、打垮敌军斗志而进行的，曹操没有丧失理智，没残暴到见到老百姓就杀的地步，所以虎豹骑纵然彪悍，也不敢纵马乱冲，刘备等人才借机脱险。

现在，再往江陵去已无意义，刘备收拾残部，改向东走，目标是汉水上的渡口（斜趋汉津）。

曹操的目标还是江陵，所以不追刘备，继续南下，前去占领江陵。

幸运的是，刘备率张飞、赵云、诸葛亮等到达汉水上的渡口时，正好遇到指挥水军沿汉水南下的关羽，于是合兵一处，乘船去夏口，与在那里的江夏郡太守刘琦会合。

如果曹操能预知后面发生的事，他或许会后悔当时的决定，从战略全局看，江陵重要，刘备比江陵还重要。

曹操应该继续追击刘备，利用虎豹骑善长机动作战的特点，一定能在刘备到达汉水与关羽会合前把他追上，将刘备就地消灭，之后再去江陵也不迟。

曹操如果彻底消灭了刘备，刘琦只能选择投降，孙权孤掌难鸣，为求自保，只得退回江东，曹操占有荆州，稳扎稳打，经过两三年的准备即可西攻刘璋，东击孙权，一定能在有生之年看到天下统一。

一念之间，改变了历史的走向。

历史无法假设，也无法要求曹操对所有的事情都能料事如神。而且，从当时的情况判断，曹操不去追击刘备，也有他的道理。

曹操率五千骑兵已离开襄阳数百里，目前身处河流纵横、湖泽遍地的荆江地区，对曹军来说这里地况复杂，骑兵的优势也无法发挥，孤军在外，如果荆州的降军有异动，曹军也很危险。

如果向汉水方向追击，有可能遭遇刘备、刘琦的联军，虎豹骑长途奔袭，已很疲惫，如果刘备、刘琦联手死战，曹操并没有取胜的把握。

相比而言，去江陵接收刘表的旧部，然后以此为基地巩固荆州，似乎更稳妥。

曹操精于《孙子兵法》，深谙奇正之道，他经常出奇兵、走险棋，但那都是正面作战难以突破和奏效的情况下进行的，有更好的选择，曹操也不会刻意冒险。

曹操率虎豹骑赶到江陵，很顺利地接收了刘表的旧部，包括大小舰船数千艘，水军 3 万人以上，曹操全部进行了收编，仍由蔡瑁、张允等人统率。

直到这时，曹操才腾出手来处理刘琮投降后的事情。他以天子的名义任命刘琮为青州刺史，封列侯。

青州刺史部在北方，刘琮的这个刺史想必只是个虚职，一旦离开荆州就再也不会拥有实权。刘琮不敢接受这个任命，不是贪权，而是怕死。刘琮觉得如果不能待在荆州，他宁愿待在天子或者曹操身边，那样才更安全。

刘琮给曹操写信表达自己的想法，曹操还算尊重他的选择，收回任命，以天子的名义改任刘琮为谏议大夫。怕荆州官民误解，曹操还专门发布了一道命令，告示军民改任刘琮的原因。

刘琮空出来的荆州刺史一职，曹操选了一个叫李立的人担任，史书只记载他是涿郡人，字建贤，其余一概不知。

曹操之前任命过车胄、单经等人当刺史，看来他对刺史一职不太重视。即便如此，李立脱颖而出当上荆州刺史，仍然让许多人吃惊，《后汉书》五行志记载，当时荆州一带传唱民谣说“不意李立为贵人”。

接着，曹操以天子的名义封蒯越等 15 人为侯爵，表彰他们在荆州“和平解放”中所立的功劳。蒯越不仅封侯，还被征召到朝廷任职，担任光禄勋卿，成为朝廷的部长之一。还有韩嵩，被曹操任命为大鸿胪卿，与蒯越一样都是部长。

曹操提拔任用了大批荆州人士，其中包括一批由内地来荆州躲难的人。诗人王粲被征召到丞相府工作，担任丞相府里的处长（丞相掾）。和其他很多人不一样的是，王粲投身曹营不是为形势所迫，也不是政治投机，他是打从心底里仰慕曹操。

王粲此前一直在失意中度日，自从到了曹操身边，他就像拨开乌云见到了青天，热情地为曹魏事业鼓吹，自己的命运也有了实质性改变。在短短几年时间里他的职务一升再升，成为“建安七子”中政治地位最高的人，也是唯一被封侯的。

有一个名士叫刘巴，是荆州刺史部零陵郡人，从小就有才名，曹操也任命他当丞相府处长（丞相掾），让他到荆州的江南各郡负责招抚工作。

这个刘巴，后来成为诸葛亮的好朋友。

联手孙权

夏口就是之前孙权征黄祖的地方，孙权攻破夏口后，大概考虑到此处距他能控制的地方有点儿远，所以又退到柴桑，即今山西省九江市一带。刘琦就任江夏郡太守，把驻地选在了夏口。

刘备在夏口与刘琦会合。《三国志》记载，刘琦当时手下有1万多人，而刘备方面，加上关羽的水军在内，至多1万人左右。用这点儿力量对付曹操，差得实在太远。

《三国志》还记载，诸葛亮一到夏口就密切关注孙权方面的动向，他对刘备说："事情很紧急，请让我向孙权将军求救（请奉命求救于孙将军）。"刘备于是派诸葛亮沿江而下，去寻找江东的人马，联络孙权共同对抗曹操。

《江表传》的记载则完全不同，说刘备在抵达夏口前，孙权已经派使者前来联络，这个使者是鲁肃，双方相会的地点是刘备打了大败仗的当阳。

《江表传》记载，听说刘表死了，孙权派鲁肃以吊丧的名义前往荆州，真实目的是观察荆州的动向，寻机与刘备建立联系（并令与备相结）。荆州形势变化得太快，鲁肃还没有到襄阳刘备已出逃，鲁肃便改变方向，在刘备的必经之地等他，双方最后相遇于当阳。

见面后，鲁肃转达了孙权的想法（因宣权旨），和刘备共论天下大势。鲁肃问刘备："刘豫州下一步想往哪里去？"刘备答道："我和苍梧郡太守吴巨有些交情，想到那里投靠他。"

苍梧郡属交州刺史部，管辖范围大体相当于今广西一带，治所在今广西壮族自治区梧州市，当时这一带属特别偏僻荒凉的地方。吴巨其人不详，只知道他是刘表的旧部，所以刘备倒是真有可能认识他并和他有一定交情。

刘备这番话当然是试探，他并没有真去苍梧郡的打算。

鲁肃对此也不以为然："孙权将军聪明仁惠，敬贤礼士，江东英豪都归附他，目前已据有六郡，兵精粮多，足以成就大事。现在为君计议，不如派心腹之人出使江东，双方联合起来，共创大业。而吴巨不过是凡人一个，又地处偏远，马上就会被人吞并，怎么可以以身相托呢？"

鲁肃的话里不小心透露出孙权的一项机密，那就是他正在打交州的主意。不久后，孙权果然派部将步骘为交州刺史，设计把吴巨等人杀了，占领了交州。

《江表传》说，刘备听完鲁肃的话大喜，于是前进至鄂县，此处距夏口很近。刘备在那里派诸葛亮同鲁肃一起去见孙权，完成结盟任务。

这两项记载有出入，涉及一个重要问题，那就是谁才是孙刘联盟的发起方，按照《三国志》的说法，发起方应该是刘备；按照《江表传》的记载，这个发起方是孙权。

裴松之对此进行了分析，认为这是后来蜀汉、孙吴写历史的人都想抢功所致（二国史官，各记所闻，竞欲称扬本国容美，各取其功），类似情形在相关史书里经常遇到，造成了史料记载上的混乱。

《三国志》里虽然没有鲁肃和刘备之间的对话，但还有一处记载，记录了鲁肃在当阳遇到刘备的经过，并交代了一个细节，说鲁肃在当阳与诸葛亮有过一次私下谈话，在这次谈话里鲁肃告诉诸葛亮，他是子瑜的朋友（我子瑜友也）。

子瑜就是诸葛亮的大哥诸葛瑾，诸葛亮随叔父离开老家后，诸葛瑾在家乡实在没法待下去，于是携继母一起来到江东避难。开始没有受到重用，生活上也很清贫，后来经孙权姐姐的女婿弘咨的推荐，诸葛瑾引起了孙权的重视，后担任孙权的秘书长（长史）。

这样看来，《江表传》的记载似乎更可信。孙权是个有眼光的人，曹军南下，他已经在为下一步作筹划，联合刘备共同抵抗曹操是孙权既定的战略。

孙权当时就在柴桑，由夏口到柴桑，相当于从今湖北省黄冈市到今江西省九江市，驾车约120公里，坐火车约2个小时，现在选择坐船的倒不多了。

诸葛亮是乘船去的柴桑，自他一走，刘备的心就悬了起来。江陵方面传来的消息一天比一天急迫。时间虽然已经到了深秋，但曹军备战的气息很浓，曹操很有可能就在冬天里发起进攻。

刘备听说孙权只有26岁，比诸葛亮还小1岁，关于这个年轻人的事刘备听说了不少，他知道孙权很有本事，在江东很得人心，无论老将还是新人，都紧紧团结在他的周围，更为难能可贵的是，他不甘心投降曹操，志向很远大。

刘备不担心孙权，但对孙权的手下如何看待战与降的问题深感担忧。和刘琮的手下一样，如果从自己切身利益考虑，投降无疑是最保险最划算的。曹操在江陵连封十几个侯爵，给出去好几个部长级的官位，目的也是给孙权手下们看的。

要打，你得想好是不是对手；要降，高官厚禄，荣华富贵。

所以，诸葛亮能不能完成联合孙权的使命，刘备心里没底。

大约半个月过去了，还是没有消息，刘备派了不少侦察兵不停地打探长江下游的情况，看有没有江东水军到来（日遣逻吏于水次候望权军）。

这一天，刘备终于接到了报告，说看见了孙吴的战船，刘备激动万分。

刘备仍然不敢相信，他问侦察人员，这会不会是曹军中的青徐兵团

(何以知之非青徐军邪)？青徐兵团指的是奉曹操之命由长江下游威慑孙吴的臧霸所部，目前应该在广陵郡一带，即今江苏省扬州市、泰州市附近，距此有千余里，怎会突然在这里出现呢？可见刘备确实吓怕了，江东的水军再不来，他就得崩溃。

侦察人员报告说不是曹军而是孙吴的船，因为孙吴船上标志很明显(以船知之)。刘备这才放心，派人前去迎接。

联系之后，发现确实是江东的水军，领兵的是孙权的部将周瑜，而诸葛亮却没有随行。

刘备还不知道这几天发生的事情，但大体可以判断出诸葛亮此行已经完成了使命，孙权已经下定决心和他联手抗曹。

周瑜的祖籍是扬州刺史部庐江郡，名门之后，他和孙权的哥哥孙策是挚友，孙策死后他倾心辅佐孙权，是孙权最依重的将领，但在军中的资历还不高，目前的军职是师长（中郎将）。

周瑜的名字刘备可能听说过，也可能还不知道此人是谁，他虽然落魄，但好歹也是朝廷正式任命的左将军，论军职比孙权还要高得多，何况小小的中郎将？所以刘备没有亲自前往拜会，只是派了个使者去。

周瑜很不痛快，告诉来使："在下有军务在身，不能随便离开，如果能让刘将军屈尊前来，那是最好不过（有军任，不可得委署，傥能屈威，诚副其所望)。"

刘备此时47岁，周瑜33岁，算是两代人，看起来周瑜除了没有等级观念，还有点儿不太尊重老同志。其实，不是周瑜非要摆谱，也不是他平时就架子大，而是这涉及到下一步两军联合作战他的命令好不好使的问题。

使者回来如实报告，一定惹得关羽和张飞很不爽，因为《江表传》记录着刘备对他们说的话："他想让我去，我们如今一块合作抗曹，如果不去，体现不出我们的诚意（彼欲致我，我今自结托於东而不往，非同盟之意也)。"

刘备于是乘坐一条小船去见周瑜（乃乘单舸往见瑜)，这也有讲究，轻舟简从，既显得潇洒，同时也表明我们其实并没有特别在意你。

《江表传》记载，刘备见到周瑜，商量拒敌之策，开门见山地提出了自己眼下最关心的问题："周将军此次前来，带了多少人？"周瑜如实相告："3万人。"刘备大失所望："太少了啊（恨少)！"周瑜自信地说："这已经足够了，刘将军但请看我周瑜如何破敌。"

这是刘备与周瑜初次相见，看来不太投机，刘备对周瑜印象一般，此人架子挺大，口气也不小，不知道本事如何。周瑜对刘备的印象可能也好不到哪儿去，虽然联手，少不了各有猜疑。

刘备大概觉得跟周瑜实在没有共同语言，于是想请周瑜把鲁肃叫出来一起聊（备欲呼鲁肃等共会语），哪知又碰了钉子。周瑜说："接受命令就不能私自离开（受命不得妄委署），想见子敬的话，你可以专程前往拜访。"

周瑜最后告诉刘备，诸葛亮再有两三天即可到达（孔明已俱来，不过三两日到也）。

两三天后，诸葛亮回来了。

这一趟确实任务完成得很好，但也差点儿回不来。《袁子》记载，诸葛亮到了柴桑，给江东不少人留下了深刻印象，张昭很欣赏诸葛亮的才华，把他推荐给孙权，希望他跳槽到孙吴来，但诸葛亮并不打算换老板。

有朋友不理解，诸葛亮解释说："孙将军算得上是个好领导（孙将军可谓人主），然而据我观察，他能重用我，却未必能让我能尽情施展才华，所以还是算了（能贤亮而不能尽亮，吾是以不留）。"

后世认为，这正是诸葛亮的高明之处。领导信任你、重用你，却未必都能让你尽情发挥，真正顶尖的人才不在乎挣多少，不在乎官多大，在乎的是自我价值是否最大化。诸葛亮没投曹操，也没有早早地跑到刘表那里谋差事，等了很久才等来刘备，他是不会轻易换主人的。

从诸葛亮那里，刘备知道了联络孙权以及孙权决定出兵的详情。

诸葛亮顺利到了柴桑，见到了孙权。如何跟孙权谈联合的事，诸葛亮进行了一番思考，所以上来就给孙权来了个激将法："天下大乱，将军起兵于江东，刘豫州拥兵于汉南，都在与曹操并争天下。现在曹操占领荆州，威震四海。根据眼下的局势，我为将军考虑，无外乎两条出路：如果能以吴、越之众与曹操抗衡，不如早下决心；如果不能，何不按兵束甲，向曹操投降（北面而事之）。"

孙权果然上道，很不爽地说："如果真如先生所说，刘备为什么不投降（苟如君言，刘豫州何不遂事之乎）？"

诸葛亮一本正经地说："田横是齐国的壮士，尚且能守义不辱。刘豫州是王室之胄，英才盖世，众士慕仰。如果成不了大事，那是命运不济（若事之不济，此乃天也），怎么能干投降敌人的事？"

孙权大怒："我不能举全吴之地，十万之众，反而受制于人。我意已决，不是只有刘豫州能抵挡曹操，刘豫州失败了，还有我！"

诸葛亮这时候说："刘豫州虽然败于长坂坡，但手下人马加上关羽将军统率的水军还有万人之多，刘琦所率的江夏郡人马也不下万人。曹军远道而来，所谓'强弩之末势不能穿鲁缟'。而且北方之人，不习水战，荆州投降过去的军民又未必心服。将军如果能命猛将统兵数万，与刘豫州协规同力，必然能打败曹操！"

孙权听了很高兴（大悦），立即召集会议进行研究。

但是，在这次会议上，孙权手下智囊和将领们的想法却让他始料未及，众人的意见呈现一边倒态势，都愿意投降，其中张昭的态度最积极。

孙权郁闷，但也不便强压众人。中途他起身上洗手间（起更衣），鲁肃赶紧跟了出来。孙权握住鲁肃的手问："先生有什么话要说吗？"鲁肃说："刚才听了大家的议论，我认为他们都是要耽误将军，而不足以与他们讨论大事（向察众人之议，专欲误将军，不足与图大事）。你听我说，现在我鲁肃可以投降曹操，但是将军你不可以，为什么呢？"

孙权一定睁大眼睛在认真地听，鲁肃接着说："我鲁肃要是投降了曹操，曹操一定会给我官做，我继续吃香的、喝辣的，最少也得弄个太守、刺史当当（操当以肃还付乡党，品其名位，犹不失下曹从事，乘犊车，从吏卒，交游士林，累官故不失州郡也）。将军您如果投降曹操，曹操会怎么对你？请早定大计，不要听大家瞎议论！"

这些话都说到孙权心坎里了，孙权叹息道："刚才大家说的，很令我失望，先生你的想法，正和我一样。"鲁肃建议孙权速召周瑜回来商议，他当时在鄱阳湖练水军。

周瑜回来后也坚决主张抵抗，给孙权增添了信心。孙权再召集会议，不再征求大家的意见，直接宣布自己的决定。为了表达决心，防止有人再反对，孙权拔出佩刀，挥刀砍向奏案。孙权大声宣布："以后有人再敢说投降曹操的，与此案相同！"

说罢，宣布散会。

根据周瑜的分析，曹操对外扬言水陆两军合计有 80 万人，但其中水分比较大，真实的情况大概在 20 多万。周瑜认为曹军人数虽然占优，但是一群疲惫之卒和狐疑之众，如果有 5 万精兵，就足以打败他们。

孙权听完，拍着周瑜的背说："公瑾，你说得太好了。不过，5 万精兵难以马上凑齐，现在有 3 万人，船粮战具都已准备好，你们先出发，我随后调集人马，准备物资，做你们的后援。"

孙权发布命令，任命周瑜为前敌总指挥（左都督），老将军程普为前敌副总指挥（右都督），鲁肃为参谋长（赞军校尉），率3万主力沿江西进。

临行，孙权还说了一句话让周瑜很感动："你能打赢就打，打不赢你就撤回来，让我亲自上（卿能办之者诚决，邂逅不如意，便还就孤，孤当与孟德决之）!"

燃烧的长江

刘备不太喜欢周瑜，但没办法，人家实力强，现在得听人家的，刘备把所属人马都交给周瑜指挥。

根据联合作战的惯例，刘备应该把所部人马的详细驻防位置、人数、指挥官姓名等如实告诉周瑜，以便统一指挥。但是《江表传》记载，刘备还是留了一手，他私下里隐藏了2000人，这是刘备自己的特别预备队（将二千人与羽、飞俱，未肯系瑜，盖为进退之计也）。

孙刘联盟，除了孙权和刘备，其实还有一方，那就是刘琦，他手里也有1万多人，也由周瑜来指挥。

所以，这不是两方联盟，而是三方联盟。

只是三方加在一起人马也只有5万多一点儿，相对于曹军的20多万，差得还很远。刘备跟曹操打过很多次交道了，深知曹操用兵的厉害，与曹操相比，周瑜还是个愣头青，他能不能打败曹操，刘备的心悬了起来。

所以刘备要留下2000人，万一战败，真的要跑到南方找老朋友吴巨，路上也得有几个本钱吧？

这时是建安十三年（208年）10月，在江陵的曹操下达了总攻击令，分兵两路直奔夏口而来，此时距占领江陵尚不足1个月。

一路由曹操亲自带队从江陵出发，走水路乘船而下，由曹纯、曹真、曹休等曹氏子弟统领的虎豹骑，许褚统率的宿卫军，以及陆续赶到江陵的徐晃、满宠、任峻等部，大约三四万人，加上投降的荆州水军，总兵力应该有五六万人左右，从长江赴夏口。

从江陵到夏口，从地图上看其直线距离不算太远，但这一段长江变化多端，曲折难行，今天被称为荆江。长江流至江陵，没有直接往东，而是先往南，绕了一个大圈再往东去，在这个半圆形的圈子里是河网密布、湖泊纵横的低洼地带，当时的名字叫云梦泽，现在叫洪湖。

另一路由襄阳出发，沿汉水南下，目标也是夏口，由没来得及南下江陵的曹军主力组成，包括于禁、张辽、张郃、乐进、路招、朱灵、冯楷等部。他们现在的军职全部是将军，其中于禁是虎威将军，张辽是荡寇将军，张郃是平狄将军，乐进是折冲将军，路招是扬武将军，冯楷是奋威将军。也就是说，这一路主力是7个"军"，按汉代军制，每"军"满编状态下有1万多人，这一路的总兵力近10万人。

前一路可以称为东进兵团，后一路可以称为南下兵团，两路人马大约有15万人左右。

这和周瑜估计的曹操直接投入荆州会战总兵力20多万相一致，因为除这2个兵团外，曹操还得留下一部分人马驻守襄阳、江陵等已占领的重要城市，其中留在襄阳的是曹洪，留在江陵的是曹仁。

5万对15万，这个仗仍然不好打。但如果能各个击破，比如用自己手里的5万去对付曹操亲自率领的那5万，这个仗就有得一打了。

这，其实正是赤壁之战孙刘联军最终获胜的真相。

不知道曹操考虑过这个问题没有，在两大兵团联合作战方面似乎应更加协同和谨慎，进军的节奏应该慢一些，至少应该等这两路人马同时到达江夏郡后再发起攻击。但曹操或许根本没有把刘备、刘琦放在眼里，或许对孙权的最新举动缺乏足够的情报来源和估计，所以东进兵团先出发了。

《江表传》记载，曹操从江陵出发前还专门给孙权写了一封信，这封信只保存下来几句话："最近我奉天子之命讨伐罪臣，大军南下，刘琮投降，现在我率领水陆混合部队共80万人，邀请将军到江东会猎（近者奉辞伐罪，旄麾南指，刘琮束手。今治水军八十万众，方与将军会猎于吴）！"

这当然是一封挑战书，也是一封恐吓信。会猎不是打猎，是邀你出来找个地方练练。

有人据此认为，曹操此次两路夹击，最终目标并不是去打一个江夏战役，他的目标更加远大，是要消灭孙权，平定江东。

这当然是一个激进的战略。对曹操来说，此次荆州会战直到目前一切进展得都很顺利，可以说有点儿出人意料的顺利，夺取江夏郡后，荆州全境基本可以纳入自己的控制范围，目的也就达到了。如果都不休整一下，紧接着再发动一场江东会战，未免过于唐突和冒险。

这不符合曹操的性格，在用兵上他固然经常大胆和冒险，但在绝对优势的情况下，冒险并不是他的选项。

曹操给孙权的这封挑战书仅记录在《江表传》中，它的作者是西晋人虞溥，从这部书散佚下来的100多条记载来看，基本上是写孙吴的，其中以吹捧孙策、孙权、周瑜为最多，政治倾向很明显，所以有人认为这封挑战书的真实性有问题。

但深入分析一下，这封挑战书也许是存在的。曹操如果真的打算现在就发动江东会战，他不必再给孙权写信，以刺激和惊动孙权；曹操如果并没有发动江东会战的打算，他反而会这么做。

曹操要收拾刘备和刘琦，为了不让孙权插手，故意写一封信过去，目的是吓阻。可惜孙权不是吓大的，曹操低估了孙权的决心和勇气。

曹操没想到，他不仅没有打下江夏郡，甚至连夏口都没有看到。

听说曹操亲自率江陵主力沿江而来，周瑜一定觉得这是天赐良机，要战胜曹操大概也只有这一个机会了。通常的打法是以逸待劳，但那样以来两路敌军将会合，要想战胜基本没可能。

所以周瑜立即决断，率孙刘联军果断溯江而上，主动迎击，相向而行的两支大军最终在长江上一个叫赤壁的地方相遇。

这个地方的具体位置历来有争论，归纳起来居然有20多种说法，比较集中的有5种，包括蒲圻赤壁、江夏赤壁、汉阳赤壁、汉川赤壁、嘉鱼赤壁等，其中一般公认的是今湖北省蒲圻县，如今该地已改名为赤壁市。

如果以江陵为起点，以夏口为终点，这里大体位于整个路程的四分之三处，曹军沿着长江走了一大半的路，眼看快到夏口，遇到了敌军。

这是一场决定天下大势的重要战役，如果曹军取胜，天下大局可定，一个统一的王朝指日可待；如果曹军不能取胜，形势将如何发展则很难预料。

《后汉书》记载，10月1日，发生了日食，曹操率水军讨伐孙权，孙权命周瑜将其击败于乌林、赤壁。(冬十月癸未朔，日有食之。曹操以舟师伐孙权，权将周瑜败之于乌林、赤壁)。

《三国志》武帝纪记载，曹操率军到达赤壁，与刘备交战，失利。这时候发生了大瘟疫，将士死了很多，于是撤军（公至赤壁，与备战不利。于是大疫，吏士多死者，乃引军还）。

《三国志》孙权传记载，孙权命令周瑜和程普为正副总指挥，各率1万人，与刘备一块进军，和曹操遭遇于赤壁，大破曹军。曹操把剩下的船烧了，之后撤退，士卒中发生了饥饿和瘟疫，死了一大半人（瑜、普为左右督，各领万人，与备俱进，遇於赤壁，大破曹公军。公烧其馀船引退，士卒饥疫，死者大半）。

《三国志》刘备传记载，刘备和曹操战于赤壁，把他击败，烧了他的战船。刘备与吴军水陆并进，一直追到南郡，此时发生了瘟疫，曹军死了不少，曹操撤回北方（与曹公战于赤壁，大破之，焚其舟船。先主与吴军水陆并进，追到南郡，时又疾疫，北军多死，曹公引归）。

除这些记载，《三国志》诸葛亮、甘宁、吕蒙、黄盖、关羽等人的传记也零散记载了一些此战的内容，但都比较简单，而且还有很多矛盾之处。比如，关于战斗发生的地点，除了赤壁外又有乌林，此地位于今湖北省洪湖县，在长江以北；关于作战对象，有说曹操与刘备交战的，有说曹操讨伐孙权的；关于战斗的结果，有说曹操被打败的，有说曹操自己撤退的。

在所有史书记载中，《三国志》周瑜传对这场著名战役的描写最详细，人们了解到的关于这场战斗的史实，基本都出自这里。

根据《三国志》周瑜传的记载，双方相遇于赤壁，此时曹军中发生了疫情。刚一交战，曹军就败退了，曹操下令在江北扎营，周瑜率军在南岸。周瑜的部将黄盖说："现在敌众我寡，难以持久。我发现曹军船舰首尾相接，可以采取火攻。"

于是，找了数十艘小战船（蒙冲斗舰数十艘），里面装上柴草，浇上油脂，外面裹上帷幕，上面再插上牙旗。黄盖先给曹操送去封信，要诈降。又准备轻舟，系在大船后面，一块前进。

曹军将士伸着脖子在那里观望（公军吏士皆延颈观望），都以为是黄盖来投降。黄盖趁机放出诸船，同时点火。这时风很大，全部烧向曹军水营。

顷刻之间，烟炎张天，人马烧死和落水溺死的很多，曹军大败。

综合以上记载可以看出，造成此战曹军溃败的主要原因有两个：一是曹军将士遭遇了严重的疫病，战斗力下降；二是周瑜、黄盖运用火攻，打乱了曹军的部署。

曹军将士得的是什么病史书没有明确记载，很多人认为是血吸虫病，人一旦感染，会出现发热、斑疹、丘疹、腹泻、腹水、腹痛、肝肿大等症状，致死率很高。但血吸虫病有 8 至 10 周的潜伏期，且在寒冷的冬季难以大规模爆发，所以后来又有人提出是疟疾或流行性斑疹伤寒。

不管什么原因，曹操的东进兵团在赤壁遭遇了惨败，其过程更像是一场不期而遇的遭遇战。对曹操来说，来得突然，败得糊涂，所以这场战斗留下来的史料也不多。围绕这场战斗的其他故事，如舌战群儒、借东风、草船借箭、蒋干盗书、周瑜打黄盖、华容道关羽义释曹操等，在史书上查无出处。

东进兵团大败的时候，南下兵团还在路上，也就是在汉水一线，曹操这时似乎应该收拾残部，向东北方向转进，与南下兵团会合。但不知道什么原因，慌乱中曹操指挥人马向西而去，想重回江陵。

船已烧了，回江陵只能走陆路，要过数百里的云梦泽，艰辛程度可想而知。

曹操的奇怪决定也许与刘备有关，按照联合作战的部署，刘备、刘琦主要负责长江北岸的防卫，因为他们的主力不是水军，曹操溃败后，刘备指挥关羽、张飞、赵云等人四处出击，截杀曹军，慌乱中曹操判断不清北面有多少敌兵，不敢轻易北上，只能向西。

明代顾祖禹所著《读史方舆纪要》记载，刘备阻击曹操，曾驻扎在蜀山（先主会吴拒曹，曾驻跸于蜀山），这里的蜀山位于今湖北省嘉鱼县境内。

结果，曹操率残部走了 4 天才来到离江陵不太远的华容县境内，这里道路泥泞，天气条件转坏，刮起大风，曹操下令让士兵背着草，遇到有水的地方填上草，马匹才能勉强通过。其间大家争先恐后，人马相撞，老弱病残的士兵被战马踩踏，有的陷入沼泽中，又死了不少人。

最后，总算连滚带爬地撤到了江陵。

远赴京口

曹操退到江陵，沿汉水行进的南下兵团也折回到襄阳。

这时候就断定曹操已经完全失败还为时尚早，更不能说天下已经三分。

北方各州以及长安、洛阳、许县等仍牢牢掌握在曹操手中，即使荆州的7个郡也大部分为曹操所掌握。

孙权、周瑜、刘备动作很快，迅速扩大战果，这必须趁热打铁，一凉就不好办了。

周瑜、刘备指挥孙刘联军迅速追击到江陵，保持战略上的攻势，让曹军新败之后仍不得喘息之机。同时，孙权又走出一步好棋，于建安十三年（208年）12月，即曹军在赤壁大败后的1个多月，由他亲自率队开辟了东线战场，出击曹军控制下的合肥。

孙权这招算是佯攻，目的是配合荆州作战，让曹操不敢在荆州组织全力反击。但曹操不敢大意，如果置之不理，佯攻难免变成真攻，合肥丢了，曹操的控制范围将被大幅度压缩，甚至被整个赶到黄河以南。

关中还被凉州军占着，听说马超也有点儿跃跃欲试，在此情况下，曹操不得不考虑撤退。

但曹操不愿意放弃这次荆州会战取得的成果，江陵和襄阳他还要守，于是任命曹仁为南方军区司令（征南将军），由横野将军徐晃协助，守卫江陵，折冲将军乐进守卫襄阳，曹操率领其余主力北撤。

曹操刚走，周瑜、刘备率领的人马就杀到了江陵，按照周瑜的想法，最好一战而下，这样就可以放手扫荡荆州各郡的曹军。但这一仗却没那么好打，孙刘联军前后攻了1年多。

曹仁是个猛人，曹军当时敌众我寡，且士气低落，曹仁觉得有必要提振一下士气。敌人前锋数千人杀到江陵城下，曹仁临时征集了一支300人的敢死队，由部将牛金率领主动出城迎敌。

牛金冲入敌阵，杀了不少敌人，但毕竟人数悬殊，一下子被吴兵围住。在城上观战的曹司令看到，立即做出了一个惊人之举。

他让人牵过战马，要亲自出城解围。曹仁的秘书长（长史）陈矫看到后赶紧和身边的人上来阻拦。曹司令披甲上马，率领数十名勇士纵马出城，陈秘书长不敢怠慢，忙骑了匹马跟了出来。

城外有条小河，牛金等人在河对岸100多步外的地方正与敌兵撕杀，陈秘书长考虑首长的安全，建议曹司令就在河这边为牛金他们助阵就行，千万不要再往前走了（矫等以为仁当住沟上，为金形势也）。

但曹司令好像没听到，跃马过了小河，杀入敌阵中，经过一番搏杀，将牛金一行救了出来。可回过头再看，还有几个人仍被围困在敌阵中没出来，曹司令二话不说，再次杀回（余众未尽出，仁复直还突之），最后把他们全部救了出来。

吴兵被敌方主将的气势所震撼，于是退兵。陈秘书长看傻了，见到曹仁，不由得惊叹道："将军您真是天人啊（将军真天人也）！"

但是，就总体形势而言，仍然是孙刘联军强大，曹军处于劣势。

江陵城一时难以攻克，周瑜便指挥人马去占江陵上游的夷陵，即今湖北省宜昌市，在夷陵大破曹军，此战中年仅30岁的年轻将领吕蒙脱颖而出，被孙权任命为副军长（偏将）。

孙刘联军在江陵攻防战中也付出了代价，在一次战斗中，联军总指挥周瑜亲自督战，结果右臂被射中一箭，伤势相当严重。曹仁得知周瑜负伤，率军前来挑战。为了不影响士气，周瑜勉强挣扎着起来，到各营巡视。

《吴录》记载，看到江陵城无法攻克，刘备向周瑜建议："江陵城里粮食很充足，这是攻不下来的主要原因（城中粮多，足为疾害）。建议让张飞率1000人跟您攻城，您分给我2000人，从夏水绕到曹仁的后面，曹操听说后必然撤走。"

夏水是汉水的一条支流，发源于江陵一带，刘备的具体作战方案无法考证，但他提出的以另一种思路打破战场僵局的想法是有价值的，被周瑜所接受，周瑜后来给刘备增兵2000人（以二千人益之）。

从这条记载可以看出，虽然孙刘联盟，但战场上以吴军为主导，指挥权也在周瑜手中，刘备所部只能充当协同的作用。

经过周瑜、刘备等人坚持不懈的努力，到建安十四年（209年）下半年，曹操看到江陵再守十分困难，决定撤出，回防到襄阳。周瑜带伤指挥作战，迅速攻下江陵及其以东长江沿线的许多重要据点，从柴桑到夷陵的长江防线基本上被吴军占领。

孙权任命周瑜为南郡太守，驻守江陵；程普为江夏郡太守，驻守沙羡；吕范为彭泽郡太守，驻守柴桑。

孙权的行动很果断，丝毫没有考虑联盟另外两方刘备和刘琦的感受，比如江夏郡太守，原本由刘琦担任，程普再去当太守，明显是内讧。换成别人，早就去吵架了，但刘备经历过也看到过太多这样的事，他丝毫不以为意。

据说俄罗斯总统普京说过一句很有名的话："没有实力的愤怒毫无意义。"这句话要让刘备说，他估计会说："没有实力的愤怒很危险。"

眼下不能和孙权弄僵，联手抗曹还是当前的首要任务。为此，刘备赶紧表奏刘琦为荆州刺史，为了不与程普争锋，把自己原来驻扎在夏口一带的人马也全部撤出。《江表传》说，孙权和周瑜给刘备指定了一个叫油江口的地方，让他在这里驻扎。

油江口是长江南岸的一个小地方，属南郡，位于江陵沿江而下约百里的地方，归南郡太守周瑜管。南郡有三分之二在江北，三分之一在江南，在江南的部分，至少五分之四是荒无人烟的山区，孙吴一连得了3个郡，作为另一个战胜方，刘备只得到了这一点儿，确实不公。

刘备继续忍耐，为了换取孙权的支持，刘备主动表奏孙权为车骑将军。

在此之前，孙权的正式职务是讨虏将军兼会稽郡太守，相当于禁、徐晃那样的角色，比刘备的左将军差好几级，和孙权的实际权力严重不符。但朝廷掌握在曹操手中，过去还有可能给孙权升一升，眼下是不可能了。

孙权的职务不高，影响到手下人的任命，造成江东文武职务都偏低，孙刘联军总指挥周瑜赤壁之战后因功才被升为副军长（偏将），不是孙权抠门，是因为他才不过是一个军长。

孙权也可以自己给自己升官，像袁绍那样，表奏自己一下，但那样被认为是比较丢人的。如果由别人表奏，表奏者的身份和影响力就很关键，目前由刘备出来做这件事无疑是最合适的，所以孙权欣然接受，从此他便以车骑将军相称，并马上组建了车骑将军府，对外办公。

车骑将军相当于全国武装部队副总司令，高于左将军，刘备的潜台词十分明显，他不寻求与孙权争锋，愿意服从孙权的领导。

除了军职，孙权担任的最高行政职务才是太守，刘备索性把人情做大，又表奏孙权兼任徐州牧。徐州现在是曹操的地盘，刘备除了送顺水人情，还有挑事的嫌疑。

这时，刘琦因病去世，孙权作为回报，表奏刘备为荆州牧。

荆州最北边的南阳郡和南郡的襄阳在曹操手里，南郡的大部以及江夏郡、彭泽郡在孙权手里，江南还有4个郡，目前处在自治状态，刘备的这个荆州牧也就在油江口一带说话管用。

油江口听起来总是一个小地方，不适合把荆州的治所放在这里，刘备便改油江口为公安，作为自己的大本营，此地即今湖北省公安县。

公安毕竟太小了，刘备想自己这个州牧手里至少也得有一个郡吧，他决定亲自去面见孙权，当面提出把南郡让给他。

赤壁之战后孙权已回到京口，即今江苏省镇江市，听刘备说要去京口见孙权，所有人都大吃一惊，诸葛亮更深表忧虑，劝他不要去，以免遇到危险。但刘备执意前往，并于建安十五年（210 年）冬天出发。

刘备的举动让孙权也吃了一惊，孙权当然不能拒绝，刘备于是到了京口。赤壁战火已熄灭 2 年了，两位盟主才第一次相见。

刘备开门见山说出来意，孙权没有思想准备，让刘备先别急，他和属下们商量商量。

在江东内部，对此事的看法出现严重分歧。身在江陵的周瑜听说刘备到了京口，写密信给孙权说："刘备是个枭雄，又有关羽、张飞这样的熊虎之将，不会久居人下。我建议把刘备留在吴地，给他修宫室，让他整天吃喝玩乐，使他与关张二人分隔起来，我趁机发起挑战，大事可定（愚谓大计宜徙备置吴，盛为筑宫室，多其美女玩好，以娱其耳目，分此二人，各置一方，使如瑜者得挟与攻战，大事可定也）。"

在周瑜看来，如果割地给刘备，刘备必然如蛟龙得云雨，一定不是池中之物。周瑜的看法得到时任彭泽郡太守吕范的支持，他建议孙权趁机把刘备扣留，不要放他走（范密请留备）。

另一派意见以鲁肃为代表，认为应该答应刘备的请求。《汉晋春秋》记载，鲁肃建议把南郡的江北部分让给刘备，理由是给曹操树个对手，给自己添个盟友，这才是上计（多操之敌，而自为树党，计之上也）。

鲁肃考虑得更加长远，赤壁大败后曹操把主攻方向放到了东线的合肥，目前正整顿人马以谯县、寿春、合肥等为基地向孙吴发起攻势，荆州虽然重要，但当务之急是全力以赴保东线，现在没有力量增兵荆州，所以不能和刘备闹翻。只要孙刘联盟在，曹操就不能不有所忌惮，在荆州一线就得保持足够的兵力，这样东线的压力可以减轻。

最后，鲁肃等人的建议被孙权接受，孙权决定撤出南郡，让给刘备。对孙权来说，让地盘只有这一次，所让出的其实只有半个南郡，这就是"借荆州"的由来。

从战略上看这的确是高明的一招，受益的不仅是刘备，还有孙权自己。《三国志》记载，曹操听说孙权撤出南郡的消息时正在给人写信，这个消息让他吃惊不小，一紧张笔都掉到了地上（曹公闻权以土地业备，方作书，落笔于地）。

天下掉下孙妹妹

刘备的京口之行确实是一次冒险之旅，所以他也不敢多留，赶紧回荆州。

《江表传》记载，刘备临行前，孙权携张昭、鲁肃等十多人乘坐飞云大船相送，又在船上举行宴会叙别。宴罢，张昭、鲁肃等出去，孙权单独与刘备密谈。

谈话中，刘备故意感叹道：“公瑾此人文武兼备，是天下少有的俊才，我看他志向远大，恐怕不是能久居人下之人（公瑜文武筹略，万人之英，顾其器量广大，恐不久为人臣耳）。”

裴松之看到这里忍不住发出了感慨，认为刘备此言有失厚道，到人家那里做客，目的也达到了，还不忘挑拨离间一把（瑜威名远著，故曹公、刘备咸欲谮之）。

刘备不喜欢周瑜，因为周瑜是江东的鹰派，看着这个人在眼前晃悠，刘备总感到不舒服。孙权虽然答应把南郡让出来，但作为南郡太守的周瑜能不能顺利执行这项决定，刘备感到担忧。但刘备有所不知的是，周瑜与孙权之前有着深厚的感情，是孙权目前最依赖的人，谁也无法挑拨他们的关系。

江东的情况比较特殊，一部分人是跟随孙坚的旧部，如程普、黄盖、朱治、韩当等；一部分人是孙策发现和提拔的，如张昭、周瑜、蒋钦、周泰、吕范、太史慈等；还有一部分是孙权自己看中和培养的，如鲁肃、吕蒙、诸葛瑾、徐盛、潘璋、朱然、步骘、陆逊等。

如果不以年龄而以资历划分，江东是一个老、中、青三代齐聚的场面，大家虽然比较团结，但难免也有心结，孙权主要的倚重的是新崛起的一代，但在他们成长的过程中，需要有人承前启后，周瑜就发挥着这样的作用。

不知道孙权听了刘备的话如何反应，但这次谈话的效果似乎不佳。《山阳公载记》记载，刘备见过孙权后对亲随说：“孙将军这个人，长得上身长、下身短，这样的人不可能居于人下，我可不想再见到他了（孙车骑长上短下，其难为下，吾不可以再见之）。”

刘备离开京口，让手下人马不停蹄往回赶（乃昼夜兼行）。

与诸葛亮齐名的庞统不久后也来到京口，待过一段时间。后来庞统投奔了刘备，《江表传》记载，刘备听说庞统了解一些江东的内部情况，就问他：“我到京口，听说周瑜曾劝孙权把我扣下，有没有这事？”

庞统回答：“确有此事。”

刘备深感后怕：“当时情况很严峻，因有求于孙权，不得不亲自前往，没想到差点儿落入周瑜之手。天下智谋之士所见略同，当时孔明竭力劝我别去（时孔明谏孤莫行，其意独笃），担心的也是这个。我主要考虑到孙权最大的威胁在北面，还希望引我为外援，所以才敢去。看来这是一次冒险行动，不是万全之计。”

庞统去江东是公干，他是护送周瑜回江东的。

早在刘表时期，庞统就担任了南郡的人事处长（功曹），南郡后来落入孙权手中，周瑜当了南郡太守，庞统仍然在任，周瑜成为他的上司。

孙权做出撤出南郡的决定后，周瑜果然不同意，马上赶回京口向孙权阐述自己的主张。周瑜对孙权说：“曹操刚被打败，又忧内部不稳，暂时无暇与我们交战。这正是一个好机会，不如让我与奋威将军孙瑜一起攻取益州，得手后再攻汉中张鲁，之后留下孙瑜守备蜀地和汉中，与凉州的马超结好，我回来与您一道攻取襄阳，届时我们多路出击，北方可定。”

周瑜的这个战略规划相当宏大，甚至超过了诸葛亮的隆中对策。诸葛亮提出两路出击北方，一路汉中，一路荆州。周瑜的计划则包括了汉中、益州、襄阳、合肥等处，从西、中、东三路同时发起总攻击，是全线作战的计划。如果这个计划最终得以实现，曹操一定傻眼。

周瑜的这个计划其实否决了让出南郡的决策，如果现在去取益州，得手的可能性也很大。孙权听了很高兴，批准了这项计划，让周瑜回江陵做好攻取益州的准备。

看来周瑜想这些事也不是一天两天了，从当时的实力和士气来看，即使刘备不帮忙，以江东的力量去取益州，把握也是很大的。如此以来，诸葛亮为刘备设计的战略将化为泡影，益州的刘璋将提前灭亡，曹操的恶梦也将从此开启。

但是，天妒英才，老天爷帮了刘备、刘璋和曹操一个大忙，周瑜死了。

在由京口回江陵的路上，走到一个叫巴丘的地方，周瑜去世，年仅36

岁。一般认为，周瑜英年早逝与当初在江陵城外所中的那一箭有关。

孙权接到消息哀痛欲绝，亲自穿素服举哀，悲伤之情感动左右。灵柩还吴，孙权从京口亲自赶到芜湖迎接。

庞统来江东，就是以下属的身份护送周瑜灵柩的。《三国志》记载，周瑜病重期间给孙权写信，推荐鲁肃接替自己的职务，孙权于是任命鲁肃为奋武校尉，派他到荆州。

周瑜去世前只是偏将，算是副军长，鲁肃的校尉比偏将、中郎将还低，算是旅长。作为孙权派往荆州地区的实际负责人，他们的职务真的不高，这与他们在军中的资历有关。但孙权用人一向不拘一格，常以低级军职节制高级军职，所以就实权而言，鲁肃此时的权力非常大。

鲁肃的观念和周瑜完全不同，在对待刘备的问题上周瑜是鹰派，鲁肃则是鸽派。鲁肃受命上任，马上就把南郡让了出来，把自己的指挥部搬到江陵下游的陆口，即今湖北省蒲圻西北。

鲁肃在这里治理地方，发展军务，很有成效，所统率的人马由接手时的4000人发展到1万多人。南郡不存在了，孙权便把已占领的长沙郡以及陆口周边一部分地区划出来，新设了一个汉昌郡，任命鲁肃为汉昌郡太守，军衔升为副军长（偏将）。

对刘备来说，周瑜的去世是一个转折，从此之后，和江东方面的关系不再像之前那么敏感和紧张，获得了南郡，也让刘备拥有了新的发展平台。

周瑜去世是在建安十五年（210年）的年底，在此前后，刘备的夫人甘氏也去世了。甘氏是在小沛来到刘备身边的，跟着刘备这些年整天担惊受怕，先后2次被吕布所俘，1次被曹操俘虏，还有1次差点儿在战场上丧命。

除甘氏外，刘备身边还有一位糜氏，身份相当于妾。甘氏去世，糜氏如果扶正也是常事，况且糜氏出身于富豪之家，两个哥哥对刘备的事业给过巨大支持，于情于理糜氏都应该继为正室。

可还在刘备无暇考虑这些事的时候，孙权主动上门提亲，要把自己的妹妹嫁给刘备。

甘氏去世的消息传到京口，孙权灵机一动，他正好有个妹妹尚未婚嫁，于是主动提出把妹妹嫁给刘备，进一步巩固孙刘两家业已存在的良好关系（进妹固好）。

史书对这桩政治婚姻记载得相当模糊，《三国志》、《汉晋春秋》和《华阳国志》等略微提过几次，但这个孙妹妹叫什么名字无考，《汉晋春秋》说她叫孙仁献，这不太像女人的名字，后世一些书籍和文艺作品也有叫她孙仁、孙尚香的，都属附会。

女方主动提婚，又是孙权的妹妹，刘备没有拒绝，于是和这位孙妹妹成婚。刘备马上就50岁了，孙权还不到30岁，他的这个妹妹当然只有20多岁，双方年龄相差一倍。

这个孙妹妹不是娇妻，而是一个典型的野蛮女友。孙坚是有名的虎将，一生在刀尖上行走，杀人不眨眼。虎父无犬女，孙坚的这个女儿在女人中算是相当另类。

《三国志》记载，孙妹妹虽然挺有才，但跟孙策、孙权等几个哥哥一样作风泼辣刚猛，浑身透着男人气（才捷刚猛，有诸兄之风），随她而来的还有100多名侍卫婢女，个个执刀弄枪。刘备每次去见孙妹妹，看到身边那么多舞刀弄枪的人，总会觉得心惊胆战（刘备每入，内常觉凛然惊惧）。

《云别传》记载，孙妹妹仗着是孙权的妹妹，平时骄横得很，她手下的那些人常横行不法（孙夫人以权妹骄豪，多将吴吏兵，纵横不法）。

也有人揣测，孙妹妹到刘备身边没准还肩负着某种特属使命，必要时可以把刘备抓起来作人质都有可能，所以刘备见了才会害怕。这看似小说家之言，但其实也颇有几分道理，后来发生的事部分验证了这种推测。

但总的来说，这桩政治婚姻对双方倒是利大于弊，联盟因此得以进一步巩固，可以让孙权放手与曹操在东线抗衡，不必为荆州的事过多分心分力。

对刘备来说，维护联盟的存在也是当前重要的战略方针，如果和孙权闹翻，他将占不到任何便宜。为了对付共同的敌人，双方尽量搁置分歧，互相让步，让联盟不断巩固，只有这样才符合他们各自的利益。

平定江南四郡

这段时间，刘备不仅和孙权的联盟关系大为巩固和改善，北面的形势也十分有利，曹操因为发起了潼关战役，暂时无力南下荆州。

潼关战役的作战对象是马超，他和另一个凉州军阀韩遂联合，并纠合起盘踞在关中的侯选、程银等诸将占据关中，部众达10万人，名义上归顺朝廷，实际上曹操并不能控制他们。这严重威胁到洛阳、许县的安全，曹操早就想解决他们。

建安十六年（211年）初，曹操命钟繇、夏侯渊等人讨伐汉中的张鲁，大军要经过关中，马超、韩遂等人公开叛乱。这其实是曹操故意安排的，目的是就逼迫他们起事，把这个迟早要破的脓包挤掉。7月，曹操集结大军兵临潼关，讨伐叛军。

这样，荆州方面的压力明显减轻，对刘备来说，这是稍纵即逝的机会，他必须牢牢抓住，以最快的速度广揽人才、扩充队伍、抢占地盘。

在人才方面，刘备收获颇丰。《三国志》记载，早在刘备从襄阳撤出时，就有不少荆州士人投奔他（琮左右及荆州人多归先主），在南郡立足后，由于有荆州牧这个头衔，投奔他的人更多了。

诸葛亮在荆襄一带有广泛的人脉资源，也为刘备招揽人才提供了很大帮助，之前提到诸葛亮在司马徽老师那里的几位同学，包括庞统、向朗，都来到了刘备身边，另一位同学尹默效命刘备的时间稍晚一些。

庞统护送周瑜的灵柩到江东，吴人久闻凤雏大名，纷纷与他结交，等他回荆州，陆绩、顾劭、全琮等名士齐会于昌门为他送行。庞统回到荆州，南郡已归刘备所有，庞统原来担任的功曹大概已有其他人，刘备便任命庞统为耒阳县令。《三国志》记载，庞统在耒阳干得不怎么样（县不治），刚好诸葛亮也不在刘备身边，庞统便被免了官。

刘备对庞统应该不陌生，当初司马徽向他推荐人才时，除了诸葛亮外还推荐了庞统，认为他们一个是龙，一个是凤，不相上下。刘备轻视庞统，要么是和庞统初次见面后印象不佳，要么是想先考验一下这位凤雏。

在陆口的鲁肃听说这件事，觉得可惜，专门给刘备写信："庞士元非百里才也，最少也要让他任治中、别驾这样的职务，才能尽其所能（始当展其骥足耳）。"在外地的诸葛亮也知道了这件事，专门写信向刘备进言，推荐庞统。

鲁肃和诸葛亮共同推荐一个人，这才引起刘备的注意。刘备单独约庞统交谈，这次谈得很深入，庞统毫无保留地展示了他的才华。谈完刘备大为高兴，对他深为器重，任命庞统为州政府人事处长（治中从事），对他信任的程度仅次于诸葛亮（亲待亚於诸葛亮）。

《九州春秋》记载，在这次谈话中庞统对说刘备说："荆州已经残破，东有孙吴，北有曹氏，想以此为鼎足之计，已难实现。益州国富民强，人口上百万，兵强马壮，可以借以成大事。”

刘备说：“我和曹操势如水火，他急，我宽；他暴，我仁；他诡，我忠。只有与曹操不一样，事情才能成功。所以，夺取益州难免失信义于天下，我不能取。”

庞统说：“现在是讲究权变谋略的时代，不是固执一面就能成就大事（权变之时，固非一道所能定也）。兼并弱小，攻取愚昧，这就是春秋五霸的事业。逆取顺守，推行善政，待大局已定，给原来的主人以优厚的待遇（事定之后，封以大国），又何妨于信义呢？如果不取，终落入别人之手。”

庞统与诸葛亮可谓英雄所见略同，刘备听完，进一步坚定了西取益州的信念。

诸葛亮的同学向朗之前在刘表手下做事，被刘表任命为临沮县长，可能也是在诸葛亮的推荐下，被刘备委以重任，负责秭归、夷道、巫县、夷陵等4个县的军务和民政（先主定江南，使朗督秭归、夷道、巫、夷陵四县军民事）。

这4个县包括了南郡的整个西部地区，也是荆州的西大门，周瑜占据南郡期间这里是孙吴重点经营的地方，吴军撤出南郡后，刘备加紧了对这一带的经营，为将来西进益州做准备。

荆州有七大家族，分别是蒯、蔡、庞、黄、马、习、杨氏，诸葛亮和他们也多有交往，除了和庞、蔡、蒯、黄氏有姻亲关系外，马氏的马良、马谡兄弟，习氏的习祯，杨氏的杨颙、杨仪兄弟，受诸葛亮的影响或推荐，纷纷来到刘备身边。

马氏多俊才，襄阳一带有民谣“马氏五常，白眉最良”，说马氏有兄弟5个都是人才，其中眉宇间有一撮白毛的那个最优秀，也就是马良。他比诸葛亮小六七岁，很早便与诸葛亮相识，诸葛亮曾在信中称他为“尊兄”，这个称呼只用在同辈中比自己年长者，裴松之由此推断，马良可能与诸葛亮结拜为兄弟，或者有某种亲戚关系（良盖与亮结为兄弟，或相与有亲）。

马谡是马良的弟弟，那时年龄更小，他们兄弟俩投奔刘备后，都被刘备任命为州政府参事室参事（从事）。

《襄阳记》说习祯的才华也很高，比庞统差一些，但比马良高（名亚庞统，而在马良之右），他的先祖习郁称臣于光武帝刘秀，被刘秀封为襄阳侯。《襄阳记》记载，习家住在襄阳城南至宜城之间的冠盖里一带，家世显赫。

习祯的妹妹嫁给了庞统的弟弟庞林，庞统是诸葛亮二姐夫庞山民的从兄弟，习祯跟诸葛亮还带点转弯的亲戚关系，他投奔刘备后，职务不详。

出身于荆州另一大家族杨氏的杨颙和杨仪后来都在蜀汉担任过重要职务，尤其是杨仪，名气很大，他们也是这一时期投奔刘备的，只是开始的职务也不详。

这一时期被刘备延揽的荆州人才，还有廖立、蒋琬、魏延等人。

廖立是荆州刺史部武陵郡人，当时还不到30岁，刘备很器重他，任命他为州政府参事室参事（从事），后来提拔为长沙郡太守。

蒋琬是荆州刺史部零陵郡人，少时好学，聪明过人，长得仪态轩昂，气度不凡，因为有才学而知名当地。

魏延是荆州刺史部江夏郡人，是一员猛将，但那时他的地位较低，入蜀时他仅以部曲的身份随行。

刘备拥有整个南郡后，立即向长江以南发展势力。

荆州有7个郡，江北3个，江南4个。江南的4个郡分别是武陵郡、长沙郡、零陵郡、桂阳郡。在地图上看，这4个郡的面积很大，远远超过北方的3个郡，范围涉及今湖北、湖南、广西、广东、贵州等几个省区。

武陵郡的太守叫金旋，长沙郡的太守叫韩玄，桂阳郡的太守叫赵范，零陵郡的太守叫刘度，他们过去都由刘表任命，刘表死后曾短暂地归服于曹操，曹操撤走后，这4个郡实际上处于自治状态。

刘备派诸葛亮、赵云等人收服江南各郡，他现在是荆州牧，理论上说这4个郡也应该听从他的命令，如果不从，就以武力夺取。

收服工作进展得很顺利，除武陵郡外，其他几个郡都投降了。武陵郡太守金旋拒不投降，战败被杀。

刘备提升赵云为副军长（偏将），兼任桂阳郡太守（领桂阳太守）。

《云别传》记载，桂阳郡原太守赵范投降后一心巴结赵云，他的嫂子樊氏长得很漂亮（有国色），而他哥哥已死，嫂子寡居。赵范想把嫂子嫁给赵云，被赵云拒绝。

赵云不想伤赵范的面子，推辞道："我和你同姓，你的兄长就好比我的兄长一样，怎能娶兄嫂?"有人劝赵云接受，赵云说："赵范是被迫投降的，心里怎么想还不知道（范迫降耳，心未可测）。天下女子多得是，不必着急。"

赵云这个人，看来很有头脑，因为后来赵范果然逃亡了。

在收服长沙郡的过程中，刘备得到了一员猛将，名叫黄忠。他是荆州刺史部南阳郡人，刘表时担任师长（中郎将），和刘表的侄子刘磐一块驻守在长沙郡。曹操到荆州后，有意拉拢黄忠，升他为副军长（裨将），仍然驻守原地，归长沙郡太守韩玄指挥。

韩玄投降刘备后，黄忠也投身到刘备阵营，他作战勇敢，战绩卓著，身为高级将领经常带头冲锋陷阵（忠常先登陷阵），逐渐成为刘备手下与关羽、张飞和赵云齐名的猛将。

这段时间，诸葛亮也有了第一个正式头衔，军师中郎将。

这是一个武职，相当于师长这一级，关羽这时已升为荡寇将军，张飞升为征虏将军，相当于军长，下面是赵云和黄忠，相当于副军长，中郎将比他们略低。

这与人们印象中的情况不太一样，但以诸葛亮的年龄和资历，中郎将一职已经不算低了，不是刘备对他不重用，相反是刘备对诸葛亮的破格提拔。

这个职务虽然以“军师”冠名，但它不是属官，而是主官，刘备没有把诸葛亮留在自己身边，而是让他以军师中郎将的身份领兵驻扎在外地。《三国志》记载，刘备交给诸葛亮的任务是征调零陵、桂阳、长沙三郡的赋税，以备军用（以亮为军师中郎将，使督零陵、桂阳、长沙三郡，调其赋税，以充军实）。

这段时间刘备手下人马增加很快，仅靠南郡无力保障后勤供应，新收的江南四郡面积广大，虽然在当时农业生产尚欠发达，但如果好好经营，潜力也很大。之前诸葛亮提出过游户自实的建议，在他看来赋税难收的一个重要原因是户籍登记制度不严格，大量人口不在编，因而不交税，增加税赋要先从重新登记人口做起。

这个问题到了江南各郡更显突出，如何解决这些问题，史书虽然未做进一步交代，但可以想见，诸葛亮到了江南后，一定想尽办法发展当地经济，同时加强人口管理，打牢统治基础。

《零陵先贤传》记载，诸葛亮到了江南，长驻在临烝这个地方。湘水有一条支流叫烝水，又称承水，其与湘水交汇之处即临烝，位置在今湖南省衡阳市附近，之所以选择此地，因为这里正好处在零陵、长沙、桂阳三郡交会处，方便联络。

诸葛亮在临烝前后待了3年左右，出色地完成了任务。

在向南发展的同时，刘备加快向北拓展的步伐。关羽升任荡寇将军后，刘备让他兼任襄阳郡太守，驻扎在江北；张飞升任征虏将军后，兼任宜都郡太守，以后又转任南郡太守。

襄阳郡、宜都郡都是刘备新设的，襄阳过去是南郡的一个县，目前还在曹操手中，刘备设置襄阳郡，具体所辖虽不可考，但应该是分南郡一部分地区所设，目的是加强对江北地区的管理和控制，与襄阳的曹军抗衡。宜都郡的治所在枝城，主要辖区是原南郡的西部地区。

直到这时，荆州的总体格局才算落定，仍以荆州 7 个郡的版图看，曹操占有整个南阳郡和南郡的一小部，孙权占有江夏郡和其他一些地方，刘备占有大部分南郡以及零陵郡、长沙郡、桂阳郡和武陵郡，三家瓜分了荆州。

刘备新设了襄阳郡、宜都郡，孙权也设了彭泽郡、汉昌郡，曹操新设了章陵郡、南乡郡，荆州的格局变得复杂。

三分荆州就这样完成了，但还算不上三分天下。

对刘备来说，辛辛苦苦的努力总算换来了丰厚的回报，从三分荆州开始，他事业的转折点才真正到来了！

意外的收获

诸葛亮在江南期间还给刘备还推荐了一个人才，但刘备对这个人的印象却不太好。

这个人就是刘巴，曹操进入江陵后任命他为丞相府处长（丞相掾），因为他是江南四郡里的零陵郡人，祖父、父亲都当过太守，在当地很有名望，就派他回江南，负责安抚和招纳工作。

刘巴天赋很高，从小就挺有名气，刘备对他也不算陌生。《零陵先贤传》记载，刘表还在世时，刘备曾派一个叫周不疑的人到刘巴那里求学，刘巴很不给面子，拒绝了。周不疑是何人，刘备为何派他去拜刘巴为师，这些均不详。

曹操南下，不少荆州士人纷纷投奔刘备，而刘巴却选择投奔了曹操，不知道与之前跟刘备打过交道是否有关。刘巴到了江南，但曹军已撤往北方，刘备完全占有了江南各郡，刘巴无法完成曹操交付的使命，打算远走交州避难。

《零陵先贤传》记载，刘巴临行前给诸葛亮写了封信，信中写道：“我虽乘危历险，无奈此地到处是秉义之民，承天之心、顺物之性不是我能劝动的。如果已经道穷数尽，我将托命于沧海，不再回荆州了。”

根据信里的口气，刘巴似乎曾试图说服诸葛亮归顺曹操，并因此与诸葛亮相识。无奈诸葛亮意志坚决，刘巴觉得无望，向诸葛亮告辞。

诸葛亮认为刘巴是个人才，想争取他为刘备效力，写信劝他道：“您雄才盖世，据有荆土，莫不归德，天意人事该何去何从，应该能看清了（天人去就，已可知矣），先生干嘛还要去别处？”刘巴不肯，回复道：“我接受任务而来，不成自然得回去，这是理所当然的事，先生何必多此一问（足下何言邪）？”

刘备听说了此事，对刘巴印象更差了（先主深以为恨）。

青山不老，绿水长流。刘巴先去了交州，后又辗转到了益州，最终还是来到了刘备手下，这是后话。

建安十六年（211 年）夏，潼关之战结束了，曹操打败了马超、韩遂以及关中诸将组成的联军，平定了关中，马超、韩遂退回凉州，关中诸将杀的杀、降的降。

天下格局又发生了新的变化，曹操的控制区进一步扩大，受此震动最大的，一个是在汉中割据的张鲁，另一个是益州的刘璋。

张鲁虽然担忧，心里却很平静，因为他已经打定主意投降；刘璋不一样，他知道关中既平，张鲁就是曹操的下一个目标，张鲁或败或降，之后他就将面临与刘表一样的命运，刘璋睡不着了。

此战也提醒了孙权，孙权想起周瑜临终前当面向自己提出的建议，觉得益州人心惶惶，现在进军益州倒是好机会。《献帝春秋》记载，孙权派人到公安，给刘备写信道：“张鲁据有巴郡、汉中郡为王，为曹操作耳目，妄图吞并益州，刘璋不武，无法自守，如果曹操占据蜀地，则荆州危矣。现在我想先攻取刘璋，之后进讨张鲁，使首尾相连，一统吴、楚。如此，即使有十个曹操来，也没什么可担心的了（虽有十操，无所忧也）。”

孙权意思是借道伐蜀，刘备当然不能答应，回信道：“益州百姓富强，土地险阻，刘璋虽弱，足以自守。张鲁为人虚伪，未必肯忠于曹操。现在如果骤然用兵，人马军需将运转于万里之间，要取得成功，吴起、孙武在世也不敢保证（此吴起不能定其规，孙武不能善其事也）。曹操虽有无君之心，但是却有奉主之名，听说曹操失利于赤壁，现在已无远志。如今天下三分，曹操据其二，他的想法是饮马于沧海、观兵于吴会，怎么肯去攻打汉中、益州？我们之间不应互相猜疑、攻伐，那样就会让曹操有机可趁，非长久之计。”

刘备劝孙权，益州、汉中都不是那么好打的，吴起、孙武都办不成的事你难道有办法？而且，曹操根本没把什么汉中、益州放在眼里，他盯着的是你们江东，如何保全自己，你还不好好想想，到时候还得我来帮你，你哪有机会去攻打别人？

看到刘备的回信，孙权很生气。盛怒之下孙权决定单干，命孙瑜率水军前进至夏口，正式知会刘备，要经过荆州攻打益州。

江东的水军要去益州，必须经过公安、江陵、夷陵、秭归等要塞，这些地方如今都在刘备手中，刘备不同意，孙瑜根本过不去。孙瑜急了，摆出一副硬闯的架式。

孙刘联盟面临着最严重的危机，内战一触即发。

这时候，如果刘备顶不住，让道给江东的水军，后果将十分严重。如果孙瑜把刘璋灭了，夺取了益州，孙权自然不会容自己夹在中间，必定设法将自己消灭；如果孙瑜在益州未能得手，回师途中顺手把自己灭了，也是很有可能的。

刘备急了，宁肯现在就干一仗也不给孙瑜让路。《献帝春秋》记载，刘备对孙瑜发下了狠话：“你如果强行通过攻取蜀地，我就披发入山，决不在天下人面前失去信义（汝欲取蜀，吾当被发入山，不失信于天下也）!”

《三国志》也有类似的记载，刘备对孙瑜说：“我刘备与刘璋同为宗室，凭借先人的英灵匡扶汉朝。今天刘璋得罪大家，我深感竦惧，不敢听闻，希望阁下对他能加以宽贷，如不准，我将披发归于山林。”

面对更为强势的孙权，刘备祭出仁义的大旗，既保证与孙权斗而不破，又让孙权无法反驳。同时，刘备做好了充分的军事斗争准备，他把诸葛亮从江南调回来，让他率部驻扎在南郡，让关羽驻扎在江陵，张飞驻扎在秭归，自己驻扎在孱陵（命关羽屯江陵，张飞屯秭归，诸葛亮据南郡，备自住孱陵）。

南郡不是一个城池的名字，诸葛亮负责防守的这处要塞，推测起来应该是公安。这几处要塞都在长江沿岸，一字排开，成为对付吴军西进的四道封锁线，

刘备告诉孙权和孙瑜，我不想打，但要真打起来我也不怕。孙权无奈，考虑再三，觉得现在自己也没有一口吞下刘备的把握，于是放弃了攻打益

州的计划，命孙瑜回师。

益州牧刘璋现在很矛盾也很头疼，如果没有刘琮的前车之鉴，刘璋也许会选择投降曹操，但曹操对刘琮的安排让刘璋感到寒心，他深感投降没有出路。

不降就得打，刘璋掂量一下，觉得他老爸刘焉即使还活着，父子俩加在一起都不是曹操的对手。

刘璋的矛盾心理被一个人看在眼里，这个人叫张松，是益州副州长（别驾），刘璋的主要助手。张松的祖籍是益州刺史部蜀郡，他有个哥哥叫张肃，是益州刺史部广汉郡太守，都是益州本地实力派人物。

张松觉得刘璋这个官二代确实没有能力领导益州走出危局，为了让益州百姓少受灾难，刘璋应该投降，只是张松比较讨厌曹操，而喜欢刘备，希望由刘备来主持益州的大局。

张松政治倾向的形成是有原因的，早在曹操南下江陵时，刘璋其实想过归附曹操，于是前后派出多个观察团赴荆州，一方面向曹操示好，另一方面观察形势，张肃、张松先后担任过观察团的负责人。

在张松出使荆州时曾见过曹操，但印象极差。《汉晋春秋》记载，这时曹操大约刚拿下江陵，有些志得意满，对刘璋特使的重视程度降低，对张松本人也不太客气（曹公方自矜伐，不存录松），这让张松很不舒服。张松回到益州，说了曹操不少坏话，劝刘璋不要联合曹操，可以转而联合刘备。

赤壁之战后，益州面临的外部压力一度降低，这个话题也就暂时不提了。现在，当来自曹操的威胁突然加大时，张松又劝说刘璋，认为只有邀请刘备来益州才能增加益州的防卫力量，既可以打败张鲁，抢在曹操之前拿下汉中，又能对抗曹操，让曹操不敢窥视益州。

张松并不是一个人在战斗，在益州他还有几个坚定的支持者，他们主要有法正、孟达、射援、上官胜等人，这几个人的祖籍刚好都是关中地区的扶风郡，有人也称他们为扶风派。

益州的政治格局比较复杂，有益州本土派，还有随刘璋父子来益州的所谓东州派，而在这两大派系之外，还有一些人既不出身于本土，也和刘璋父子没有太深渊源，比如扶风这一派。

刘璋父子的策略是依靠东州派对本土派进行打压，维持政治上的平衡，对扶风派这些人基本没放在眼中。扶风派人单力薄，历来不受重视，但他们个个都是人才，很有能力也很有想法。

可以想像，在对待是否引入刘备这件事上本土派肯定是反对的，他们在益州本来过得挺好的，来了个刘焉、刘璋，已经把他们搞得很不爽了，再来个刘备，岂不是再无出头之日了？至于东州派，可能还没有拿定主意，不过本土派如果势头上升，他们这些人内心里倾向于有外人来帮帮忙，既能对付曹操，也能弹压本土派。

扶风派则很坚决，他们强烈希望改变现状。张松是益州人，本来属于本土派，但他和法正、孟达关系一向很好，政治观点接近，成为扶风派的成员，至少是坚定的支持者和盟友。

张松在刘璋跟前有一定影响力，加上法正、孟达等人的策划，刘璋的态度逐渐明确，最后下决心请刘备来益州。

刘璋想先派人去联络一下，张松顺势推荐了法正。

法正这时大概35岁左右，他的祖父叫法真，有清节高名。《三辅决录注》说他活了89岁，知名于世，号称玄德先生，其号与刘备的字相同。法正的父亲叫法衍，在朝廷当过官。

建安初年，长安陷入空前的动荡，加上饥荒，百姓生活艰难，大量逃往汉中、益州等地避难。法正和同郡好友孟达一起来到益州，他们都很有才能，但刘璋不善用人，法正最后才当了个新都县令，常遭当地人的排挤诽谤，十分苦恼。

法正受张松推荐，为了不引起刘璋的疑心，他假模假样地推辞了一番（正辞让，不得已而往），之后受命出使。

消息传出，益州内部炸了锅。刘璋的办公室主任（主簿）黄权劝刘璋说一国不容二君，希望刘璋慎重考虑。有个叫王累的官员更绝，《华阳国志》记载，.这位王兄为劝说刘璋，不惜自刎于州政府大门外，来了个尸谏。

之前逃到交州的刘巴此时也在益州。《零陵先贤传》记载，刘巴先到了交州，改姓张，想重新开始自己的人生，无奈与交阯郡太守士燮不合，于是经牂牁道来到益州。刘巴的父亲刘祥当太守时曾举刘璋的父亲刘焉为孝廉，因为这层关系，刘璋对刘巴挺尊重，每有大事都向他征询意见。刘巴也认为刘备不是能屈居于人下的人，把他弄来必然是引狼入室（备，雄人也，入必为害，不可纳也）。

但是刘璋主意已定，命法正按计划成行。

法正一行沿行而下，走了近2000里路，在孱陵见到了刘备。

当着众人的面，法正办完公事，待没人时，法正立即向刘备把话挑明，道出了夺取益州的具体计划（正既宣旨，阴献策于先主）。

法正对刘备说：“以将军的英才，应该乘刘璋的懦弱而有所作为。张松在益州是个重要人物，他可以从里面响应您（张松州之股肱，以响应於内），得手之后就拥有了益州的殷富以及天府之国在地理上的险阻，以此成就大业易如反掌！”

刘备正为益州的事犯愁，面对孙权咄咄逼人，刘备虽然扛过一时，但他知道并非长久之计。但现在就去攻打益州，刘备还没有把握。法正的到来，让刘备信心大增。

第七章　三分天下

进军益州

法正回到成都后，就荆州之行的情况与张松又进行了密谋，张松虽竭力称颂刘备，但其实他并没有见过刘备。法正回来后，对张松说刘备既有雄才又有大略（为松称说先主有雄略），他们迎请刘备的决心更加坚定了。

但这时刘璋的态度却出现了松动，曹操收复关中后没有立即发动汉中之战，刘璋感到危机还没那么迫切，加上以本土派为主反对请刘备来益州的人在他面前不断进言，刘璋有所犹豫。

扶风派的政治理想只开了个头就要夭折，张松、法正等人哪能放弃？张松劝刘璋说："现在益州庞羲、李异等人都自恃有功而十分傲慢，心里各有想法，如果不请刘豫州来，到时候就会出现敌人攻于外、自己人攻于内的情况，必然失败。"

张松的一番话可谓对症下药，直指刘璋的心结。庞羲属东州派，他原来在朝廷当议郎，和刘璋的父亲刘焉有通家之好，刘焉的长子刘范在长安朝廷作人质，刘焉曾密令刘范私通马腾袭取长安，事败被杀，庞羲召募勇士解救了滞留在长安的刘范的几个儿子，后把他们带到益州，受到刘焉的感激和器重。

刘焉让庞羲率兵攻打张鲁，庞羲势力因此逐渐坐大，后被任命为巴西郡太守。刘璋继位后，庞羲表面服从但渐露骄横，本土派的赵韪曾反叛，有人说庞羲也参与其中，但没有证据，刘璋对庞羲疑心很重。

张松的话触动了刘璋，刘璋不再犹豫。《三国志》记载，刘璋派法正率领 4000 人去迎请刘备，并给刘备带去了大批军费（前后赂遗以巨亿计）。刘璋的想法是，让刘备来益州后，趁曹操没有南下汉中，帮助自己打败张鲁，占领汉中，之后共同抵抗曹操。

《三国志》还记载，随法正一起去的还有扶风派的另一员干将孟达，刘璋让他当法正的副手，4000 人马中他们二人各领 2000 人（刘璋遣扶风孟达副法正，各将兵二千人，使迎先主）。

法正、孟达再次见到刘备，这一回他们还给刘备带来一份大礼。

《吴书》记载，刘备之前和张松、法正谈得很投机，对于他们二人的建议，刘备都倾心接纳，双方都很满意（备前见张松，后得法正，皆厚以恩意接纳，尽其殷勤之欢），在与他们谈话中刘备多次询问蜀中情况，尤其关心军事部署及山川地理情况，张松等一一作了回答。此次，他们干脆画了地图，标示出各种重要事项，将益州的虚实全部列出，献给刘备。

有人认为这条记载不可靠，因为张松和刘备还没见过面。张松之前曾出使过荆州，但他见到的是曹操，那时候刘备已逃至夏口，不可能见面。

其实这并不重要，张松、法正、孟达等人已经私下倾心于刘备，他们所掌握的情报对刘备一定会毫无保留，以法正和孟达的地位，平时接触的重要情报不会太多，张松则不一样，作为益州副州长（别驾），他知道的东西肯定很多，把一些重要内容写成书面材料或画成图，让法正、孟达带去献给刘备，是完全可能的，《吴录》只是没有说清楚而已。

建安十六年（211 年）12 月，刘备留诸葛亮、关羽、张飞、赵云等人守荆州，自己率数万人马沿长江而上，进军益州。

诸葛亮等人没有随行，刘备可能也是经过深思熟虑的。一方面，相比益州荆州目前更重要，北有曹操，东有孙权，刘备不得不防；另一方面，此次去益州是应邀前往，客不欺主，不能一上来就给刘璋造成压力。

刘备很想把诸葛亮带上，但让关羽或者张飞独当一面他还不放心，在处理复杂局面、临机决断方面，关羽、张飞还不够成熟，需要诸葛亮坐镇指挥，尤其处理与江东的关系上，诸葛亮更不可少。

刘备走后诸葛亮成为荆州事务的实际负责人，诸葛亮的职务虽然只是师长（中郎将），比关羽、张飞至少低两级，但他的排名已到了关羽等人之前（先主留诸葛亮、关羽等据荆州）。

刘备的做法跟孙权有点儿像，不论资排辈，按照实际能力用人，在根据实际情况做出的各种临时性安排中，常常以下制上。

随刘备出征的有庞统、简雍、黄忠、魏延、廖立等人，刘备提拔庞统为军师中郎将，职务与诸葛亮相同。庞统之前建议刘备夺取益州，他对此也进行了深入研究，刘备把他带在身边，可以弥补诸葛亮不在的缺憾。

《云别传》记载，刘备特意任命赵云为后方警备司令（留营司马），让他协助诸葛亮负责大本营的日常事务。之所以做出这项安排，刘备考虑的是他走之后还有一件麻烦事，那就是他的新夫人。

孙妹妹一向无法无天，刘备在时尚骄横不法，如果刘备不在跟前，恐怕没人能够约束，还不知道会闹出什么事来。刘备认为赵云平时比较威严，能压得了阵，所以让他掌管内务（先主以云严重，必能整齐，特任掌内事）。

幸亏有这个安排，不然真要出大事了。

孙权听说刘备西征益州，觉得自己被耍弄，刘备前面说的那些大话都是骗人的。盛怒之下，孙权决定把妹妹接回江东。

孙权直接派大船来公安接人，孙妹妹要回娘家，谁也拦不住，大家也不好说去请示完刘备再放行，只得让她走。可是，孙妹妹不仅自己走，还要把刘备的幼子刘禅一起带走（夫人内欲将后主还吴）。

刘禅此时 4 岁，他的生母甘夫人不久前病故，平时就由年轻的继母孙妹妹带着。谁也没料到孙妹妹会有这一手，仓促之间刘禅竟然被她抱到了船上。

孙妹妹要带刘禅回江东，也许出于感情上无法割舍，毕竟带了孩子一段时间，产生了感情，所以想让他跟着自己一起走。但更有可能的是，这是孙权的主意，把目前刘备唯一的儿子带走，让他成为人质，待刘备真的拿下益州后，再用刘禅跟刘备讨价还价。

幸好赵云和张飞得到了消息，立即带兵从陆路赶到前面，勒兵截江，把刘禅抢了回来。

有法正、孟达一路相伴，刘备率领的大军行进得很顺利。

大军应该是乘船溯长江而上的，越过益州最东面的门户鱼复就进入刘璋的地盘，之后过朐忍、临江、平都、枳县等地，到了益州东部最重要的城池江州。

江州今称重庆，是益州刺史部巴郡的治所。巴郡太守名叫严颜，是益州本地人，听说刘备真的来了，不禁捶胸长叹：“这是独坐穷山、放虎自卫啊!”

独自坐在没有出路的山里，把老虎放出来保卫自己，在严颜看来，这就是引刘备来益州的后果，无异于饮鸩止渴。但大政方针已定，严颜不能不执行，只得放刘备过去。

刘备没率部去成都，而是去了成都北面的重镇涪城。涪城今称绵阳，距成都 120 公里，是成都北面的门户。刘璋听说刘备如约而至，还带来数万精兵，很高兴。

更让他感到欣慰的是，刘备手下的重要将领关羽、张飞等一个都没来，说明刘备此行是帮忙的，而不是抢他的地盘的，刘璋于是亲自赴涪城与刘备相会。

《三国志》记载，刘璋盛情欢迎刘备的到来，他是率领3万多步骑去的涪城，一路上车乘帐幔，精光曜日，十分威风和热闹。到了涪城，刘璋与刘备相见，无比亲近，刘璋下令摆下盛宴，给刘备以及手下将士们接风洗尘。

这场酒喝了100多天，参加的人数多达数万，不知道是否能创造一项纪录，刘璋不仅跟刘备喝，还和刘备手下的将士喝，喝得很高兴（先主所将将士，更相之适，欢饮百余日）。

在一片热烈友好的气氛中发生了一件小插曲。《三国志》记载，有一次刘备酒多了，发现刘璋旁边坐着一个人，这个人长得比较有特点，胡子特别多（其人饶须）。

刘备喝得高兴，就拿他开起了玩笑："过去我在家乡涿县，那里有很多人姓毛，东西南北都有，县令说哪来这么多毛环绕着涿县（诸毛绕涿居乎）?"

听领导讲笑话是个学问，会听的人，领导的笑话好笑不好笑都笑，不会听的人会犯傻地问人家笑点在哪里。不过，即使犯傻的人，在领导讲笑话的时候也不会抬杠。被刘备调侃的这位仁兄大概属于傻得不透气的那种人，他没有笑，没有抬杠，却顺手回赠给刘备一个笑话。

此人说："过去有个人在上党郡潞县当县长（昔有作上党潞长），后来升了官，当上了涿县令，该县令辞官回家，别人给他写信，就称他为'潞涿君'。"

潞与露谐音，涿与啄音同，啄是嘴的意思，露啄即露嘴，也就是没胡须，根据史书的记载，刘备恰好没胡须。

刘备拿人家胡子多开涮，此人就回敬他嘴上没毛。

嘴上没毛，办事不牢。刘备心胸比较开阔，但也记在了心上。后来一打听，说此人名叫张裕，是刘璋身边的参事（从事），刘备暗暗地把这个名字记住了。

《吴录》记载，刘璋回成都前下令拨给刘备一批物资，包括20万斛米，1000匹马，1000乘战车，以及缯絮锦帛等，作为替自己攻打张鲁的酬劳。

刘璋还以益州牧的身份表奏刘备代理大司马、兼任司隶校尉（行大司马、领司隶校尉）。此前刘备已有左将军、荆州牧的头衔，一个是朝廷给的，一个是孙权表奏的，现在这个大司马比三公的地位还高。目前，曹操已废三公设丞相，在朝廷的正式序列里大司马已不复存在，刘璋不管那一套。

司隶校尉相当于州牧，所辖范围从长安到洛阳，都是十分重要的地区，目前基本处于曹操的控制之中。刘璋表奏刘备担任司隶校尉，潜台词是支持刘备向那里发展，是对曹操的公然挑衅。

作为回报，刘备也表奏刘璋为镇西将军，兼任益州牧。

《三国志》记载，张松没有来涪城，他让法正悄悄转告刘备，可以借此大会之机，一举将刘璋拿下，大事可成。对这个建议，刘备拒绝了。

刘备说："这是大事，不能太仓促（此大事也，不可仓卒）。"

《三国志》记载，庞统也提出了和法正一样的建议，庞统觉得现在时机正好，可以一举拿下刘璋，夺取益州。庞统说："借着这个机会，正好把刘璋抓起来（今因此会，便可执之），那就免去用兵之劳而可坐拥一州了！"

刘备一样拒绝了："才入益州，恩信未立，不能这么做。"

同样是拒绝，刘备给法正和张松的理由比较笼统，而说给庞统的才道出了他的心里话。

相对于地盘，刘备更在意的是人心。人们都知道他是受邀而来的，刘璋又如此盛情厚义，他对益州没有任何建树，却趁机发动政变，即使得手，也会让益州官民心寒。张松、法正以及庞统考虑的是战术层面的胜利，而刘备考虑的是战略层面的成功。

经过20多年的磨砺，刘备已经成长为一名成熟的政治家。

起兵白水关

根据刘璋和刘备的约定，刘备率所部以及刘璋增拨的兵马向北进攻汉中。《三国志》称此时刘备的总兵力是3万多人（先主并军三万余人），但结合前面的记述，刘备来益州自己就带了"数万人"，法正、张松又带"数千人”协助他，刘璋再次给他增兵，其兵力远远不止这3万。

刘备率领这些人马由涪城向北进发，到了葭萌。

葭萌是益州刺史部广汉郡的一个县，在古白水之上，位置介于今四川省剑阁与广元之间。其境内的白水关是益州在北面的最后一道防线，刘璋在此设白水军督，相当于边防军区，所辖各部称白水军，指挥官（白水军督）名叫杨怀，副手叫高沛，刘璋命令他们都归刘备指挥（令督白水军）。

刘璋很着急，恨不得刘备马上出击汉中，但刘备却不着急，一到葭萌就住了下来。这时是建安十六年（211年）与十七年（212年）之交，刘备离开时是建安十七年（212年）的年底，也就是说他在这里住了将近1年。

在此期间，刘备没有向张鲁用过一次兵。《三国志》说他在这里到处做好人好事，收买人心，树立个人威望（厚树恩德，以收众心）。

庞统认为葭萌不可久留，如果不赶紧行动，必然会出现大麻烦（若沉吟不去，将致大困）。为此，庞统制定了3个方案供刘备参考：第一个方案是悄悄选派精兵，昼夜间行，直接袭取成都，刘璋实力不强，防备力量不足，如果突然发起攻击，可一举将其拿下（璋既不武，又素无预备，大军卒至，一举便定）；第二个方案是告诉杨怀、高沛说荆州那边有事，要回荆州救急，之后做出要回去的样子（并使装束，外作归形），这二人既惮于将军的威名，又高兴将军现在离去，必然会轻骑来见，到时候一举将其擒拿，进而攻取成都；第三个方案是暂不用兵，退回白帝城，与荆州相连，益州之事徐图缓进。

上、中、下这三策摆在了刘备面前，经过思考，刘备一定觉得出奇不意地攻取成都，在军事上是胜算最大也是最有效的方案，但和之前的顾虑一样，不明不白地突然反戈一击，势必造成极大震动，为治理益州留下后患。至于下策，等于这一年白忙活了，基本上也不在考虑范围之内，刘备最终选择了中策。

其实这大概正是庞统预料之中的，他也知道上策虽好，刘备不会采纳。至于下策，说出来也只是做个陪衬，庞统的真实意图，大概就是中策。

给领导提建议、做方案，要会揣摩领导的心思，把自己的真实意图不露痕迹地隐藏起来，引导领导自己去选择，所有聪明的下属都会这一手。几个方案一块提出来，领导便有了选择的过程，选择是思考也是创造，比被动接受更容易获得成就感。目的达到了，又让领导享受了创造的过程，这才是高明的下属。

恰在这时，机会也来了。建安十七年（212年）10月，曹操率部征讨孙权，攻击目标是孙权在长江北岸的要塞濡须口，孙权有点儿扛不住，向刘备求援。

刘备并不关心孙权的死活，他关心自己的机会。接到孙权的求救信，刘备马上给刘璋写信："曹操征吴，孙权那边快顶不住了（曹以征吴，吴忧危急）。我和孙权是联盟，唇齿相依。而且，曹操还派乐进在青泥进攻关羽，如不相救，关羽也危险了，乐进必然大举进攻荆州。张鲁虽然要打，但现在荆州那边更危险（其忧有甚于鲁）。张鲁毕竟是守在那里的敌人，不足为虑。"

乐进和关羽是否真有一场青泥之战，没有其他史料作旁证，但并不证明这条信息是刘备瞎编的。为配合曹操东线战场的行动，防守在襄阳的乐进此时主动向关羽发起进攻，可能性是存在的，不过有诸葛亮、关羽、张飞等人严密防守，乐进不可能突然总攻荆州，那是刘备夸大其辞。

刘备向刘璋提出，请求增加1万人马以及相应的军需物资（从璋求万兵及资实），供自己回荆州救急。刘备的意思是，客人是你请的，车票就得给买成往返，负责接来，也要负责送走。

接到刘备的来信，刘璋的愤懑之情可想而知，等了整整一年，好吃好喝好招待，又给人又给钱，血本都投进去了，没有得到任何回报，现在要走人！

但后悔没用，一气之下和刘备翻脸，刘璋没有这个勇气，更重要的是没有这个把握，刘备现在拥数万之众，又在一定程度上赢得了百姓的好感，动起手来，刘璋认为自己未必是对手。

刘璋又气又急又犯愁，想了半天，给刘备回了封信。《三国志》记载，刘璋在信中同意刘备先回荆州去救急，只是1万人马太多，只能凑齐4000人，其他军需物资，按照刘备所列清单一律减半供给（璋但许兵四千，其馀皆给半）。

应该说，刘璋还是够意思的。

张松此时在刘璋的身边，他并不知道刘备、庞统的计谋，还以为刘备真的要走。《三国志》记载，张松赶紧给刘备和法正写了密信，信中说："眼看大事将成，为何放弃目标要回去（今大事垂可立，如何释此去乎）？"

张松的哥哥张肃不知怎么得到了消息，大吃一惊，害怕连累自己，就向刘璋告发了。刘璋接到报告，才知道刘备在自己身边安插了这么大一个卧底，压抑很久的气愤瞬间爆发。他下令把张松杀了，同时密令各地，今后重要文书不再知会刘备（敕关戍诸将文书勿复关通先主）。

刘备听说张松被杀，无比愤怒，也无比痛惜。《华阳国志》记载，刘备竟然脱口而出道："你杀了我的内应啊（君矫杀吾内主乎）！"

双方彻底撕破了脸，建安十七年（212 年）12 月，刘备在葭萌正式起兵，反击刘璋。行动前，刘备按照庞统的计策，设计杀了白水军正副总指挥杨怀、高沛。

《三国志》记载，刘备把杨怀、高沛叫来一通责备，之后杀了他们（责以无礼，斩之）。

《零陵先贤传》记载，杨怀一直对把刘备请来这件事不满，多次向刘璋进谏，刘备知道后，请杨怀来喝酒。酒酣之际，刘备见杨怀身上佩戴一把匕首，就从自己身上也掏出一把来，对杨怀说："将军的匕首不错，我也有，把你的那把给我看看。"

杨怀把匕首交给刘备，刘备拿着杨怀的匕首，对他说："你这个小人，怎敢离间我和刘益州之间的兄弟感情（何敢间我兄弟之好耶）？"杨怀知道要坏事，对刘备破口大骂，骂声未绝，刘备即下令把他斩杀。

《华阳国志》记载，刘备命黄忠、卓膺、魏延等率兵向成都方向攻击，刘备留霍峻守葭萌城。黄忠现在至少是副军长（裨将），魏延的军职稍低，这里提到的卓膺，情况不详，后面也再无有关他的记载。霍峻是荆州刺史部南郡人，他的哥哥叫霍笃，在乡里聚合部曲数百人，霍笃死后霍峻投归刘表，以后又率众归顺刘备，刘备任命他为师长（中郎将）。

刘备亲自到白水关，把那里接收了，为防备他们生乱，刘备下令把守关将士的妻子儿女作为人质（质诸将并士卒妻子），之后率部与黄忠、卓膺等人会合。

《魏书》记载，刘备在白水关还发表了战前动员讲话，他激励众将士道："我替刘益州征强敌，辛辛苦苦，一刻不得安息（师徒勤瘁，不遑宁居）。如今刘益州府库里堆满了大批财物却不愿意赏赐那些有功之士，还奢望有人替他卖命，怎么可能？"

刘备率大军南下到了梓潼，没想到首战即不顺利。

梓潼是个县，县令名叫王连，他固城坚守，刘备一时无法得手。几万大军，准备了这么长时间，居然攻不下一个小小的县城，换成别人肯定会气馁，但刘备很有经验，下令留一部人马接着攻城，其余主力继续南下，向益州北部重镇涪城发起攻击。

涪城是成都的北部屏障，刘璋急了，派刘璝、冷苞、张任、邓贤等将领率各部人马向涪城增援。仅仅一年之前，涪城大会，酒酣耳热，觥筹交错，现在却刀兵相见了。

益州军战斗力很弱，刘备指挥人马一举将其各部先后击败，攻克涪城，刘璝、张任等人率残兵退保绵竹。刘备进入涪城，命摆下酒宴进行庆贺，这顿酒喝也得挺高兴，中间也发生了一个小插曲。

酒宴进行中，刘备对庞统说："今天在这里聚会，真是快乐极了（今日之会，可谓乐矣）！"

看来刘备的酒喝得差不多了，作为领导，他平时在下属面前想必都是正襟危坐的模样，酒桌上喝出了原生态，来益州这一年多，也够郁闷的，领导也是人，需要释放释放。

可庞统没喝多，看到领导即将失态，他很严肃地劝道："跑到这里来攻打别人的国家，还觉得挺高兴，这算不上仁义之师（伐人之国而以为欢，非仁者之兵也）。"刘备听了很不高兴："武王伐纣时也是前歌后舞，难道武王不仁义？先生此言不当，请出去（卿言不当，宜速起出）！"

庞统可能从未见过刘备生这么大的气，想走不敢走，不走又不行，迟疑再三，还是走了（统逡巡引退）。好在刘备不是一般的领导，酒要喝，事情还能拎得清，脑子很快清醒下来，想起刚才说的话，很后悔，命人赶紧把庞统请回来，仍然坐在原位。

遇到这种情况，总得有人主动打破僵局，不然下不了台。通常情况下，不管领导对与不对，先回话的都应该是下级。可庞统不管，只顾吃喝，也不向刘备道歉（初不顾谢，饮食自若）。刘备终于沉不住气，对庞统说："刚才咱们的争论，你说谁对谁错（向者之论，阿谁为失）？"

庞统答道："咱们都有错（君臣俱失）。"刘备听完大笑，宴乐如初。

这件小事本来连花絮都算不上，更无关宏旨，但是惹来了习凿齿、裴松之等史学家的一番宏论。

习凿齿认为，成就霸王之业首要是仁义为本、信顺为宗，做不到这些虽成就了霸王之业也无益。刘备袭夺他人的土地，即使为的是成就个人霸业，但也负信违情，于德义有亏，打了个小胜仗，何乐之有？庞统担心他说的话传到外面，才匡正其失误，可谓达于大体，如果不说，反而是惜其小失而废其大益。

裴松之认为，谋袭刘璋的建议出于庞统，毕竟这有违公义，庞统内心必感内疚，没法高兴起来，听到刘备那么说，可能触动了他的心事。问题在于，刘备宴酣失语，道出了他的心机，那就是他自比武王而毫无愧色，这才是问题的根本。习氏所论虽然大意没错，但也只是泛泛之语，没有看到要害。

其实没那么复杂，打了胜仗，刘备高兴，喝多了，跟常人一样，不免有点小得意，一时忘形，如此而已。

刘备命令大军在涪城进行休整，到了5月，才继续南下，攻取成都。

涪城大败让刘璋乱了阵脚，不知该如何应对。刘璋手下有个叫郑度的人建议："刘备现在孤军深入，其前锋不足万人，士气不齐，粮草不足，为今之计不如把巴西郡、梓潼郡的百姓全部迁到涪城以西，把田野里正在长的和仓库里存的谷物全部烧毁（仓廪野谷，一皆烧除），之后筑起高垒，开挖深沟，静而待之。刘备来请战，不跟他打，时间长了，他们缺少后勤保障（久无所资），不出百日，自己必然退走。待他撤退时发起攻击，定可将刘备擒获。"

郑度在刘璋手下担任参事（从事），《华阳国志》说他是广汉郡人。看来再熊的领导手下也有俩能人，刘璋算是草包一个，但他手下人才倒不少。法正、孟达不必说，就是这个叫郑度的也挺有两下子。他说的这个办法，拿到现在就叫坚壁清野，对付强敌入侵这个办法最好使。打不过他不要紧，把该藏的全藏起来，不跟你打，饿死你，困死你，你熬不下去想抽身，我再狠狠地揍你。

在当时情况下，对刘璋来说这无疑是最正确的方案，刘备的软肋就是不能拖，如果刘璋不跟他打，还真不好应付。

郑度的建议被刘备侦知，刘备急了（闻而恶之），问法正该怎么应对。

这说明刘备的消息很灵，除了张松，他可能在刘璋身边还安插了其他人，也可能是刘璋的手下不断有人在投靠刘备。法正此时应该已经公开追随刘备行动，他很了解刘璋，针对郑度的建议，他给刘备出的对策很简单，不用理。

法正对刘备说："别担心，郑度的建议刘璋不会采用。"

让法正料对了，刘璋听到郑度的建议对大家说："我只听说拒敌以安民，从没有听说把人藏起来避敌取胜的（吾闻拒敌以安民，未闻动民以避敌也）。"不仅不用郑度之计，还免了他的职。

夺取成都

刘璋决定主动出击，他制定了一个两路夹击的战略。一方面派扶禁、向存等率1万多人马由阆水北上围攻葭萌；另一方面派刘璝、冷苞、张任、吴懿、邓贤、李严、费观等率各部在成都以北的广阔地区阻击刘备。

霍峻驻守葭萌，他的兵力很有限，不到敌人的十分之一，刘备此时正全力向南进攻，无法分兵去救霍峻，只能靠他们自救。霍峻很顽强也很有经验，他坚守葭萌不出，扶禁、向存无法得手。

霍峻一口气守了一年，其间还伺机出击，选精锐向敌人发起突袭，把敌将向存斩杀，刘璋两面夹击的计划落空。

在成都以北的会战中，刘璋手下众将皆败。师长（中郎将）吴懿率先投降，被刘备当即提升为军长（讨逆将军），连升了两级。榜样的力量无穷大，刘璋的护军将军李严、参军费观在绵竹也率部投降，都被刘备任命为副军长（裨将）。

也有宁死不降的，一次在雒城外雁桥交战中，刘备将张任生擒。刘备素闻张任在益州军中威望很高，希望能劝说他投降。张任慷慨激昂，高呼："老臣终不复事二主！"刘备无奈，把他杀了。

刘璋仍然作拼死一搏，他下令由儿子刘循统一指挥残部退守雒城，此地在今四川省广元以北。若再下雒城，成都将不攻自破，刘备率重兵将其团团围住。

在这次战斗中，年仅36岁的庞统中了冷箭，竟然不治身亡！事情来得太意外了，刘备简直不敢相信。

刘备痛失股肱，悲伤不已，一连几天只要一说话就流泪（言则流涕）。

有个叫张存的人，以荆州政府参事（从事）的身份随刘备入蜀，此人估计也有些才学，但最不服庞统，在一旁故意说起了风凉话："庞士元虽说尽忠可惜，不过却有违大雅之义（统虽尽忠可惜，然违大雅之义）。"

张存说的"大雅之义"推测起来可能有两个意思：一是暗讽庞统以军

师中郎将的身份跑到最前沿攻城，死得不值；另一个是说庞统出谋划策袭取刘璋，生得光荣，死得却不伟大。

刘备勃然大怒："庞统已杀身成仁，你还在说什么风凉话（统杀身成仁，更为非也）?"当即下令罢了张存的官。张存吓得够戗，不久便得病死了。

刘备对庞统的家人给予了格外优待，表奏庞统的父亲为议郎，以后又升为谏议大夫。庞统的弟弟庞林、儿子庞宏后来都在蜀汉担任过郡太守。

庞统去世的消息传到荆州，诸葛亮也悲痛不已，庞统不仅是他的好友也是他的亲戚，诸葛亮亲自到庞家祭拜（亲为之拜）。

庞统一死，战局似乎也有点发生转折，刘备指挥人马继续围攻雒城，但频频受阻，使尽了各种办法，仍未攻克。

这样一来就危险了，正如郑度说的那样，只要刘璋坚守不出，来他个坚壁清野，刘备难以支撑长久。益州的家底毕竟还在，东部的巴西郡、巴东郡和巴郡号称"三巴"，其综合实力不容小视，刘备在此还寸土未占。

南部还有几个郡，包括汉昌郡、益州郡、越巂郡等，他们现在多持观望态度，表面服从刘璋，实则保持中立。一旦久攻雒城不下，被刘璋趁机反攻得手，这些人肯定会一哄而上，等到那样的局面出现就无力回天了。

刘备着急了，赶紧写信给诸葛亮，让他火速率兵增援。

建安十九年（214年）5月，诸葛亮率张飞、赵云所部赶赴益州，荆州交给关羽镇守，马良、麋竺、麋芳、廖化等人留下协助关羽。

这一年诸葛亮34岁，虽然他的职务仍然只是军师中郎将，但他已是一支数万人马军队的统帅。《三国志》记载，除了张飞、赵云，刘备20岁左右的养子刘封也参加了这次行动。

诸葛亮命张飞先行，自己和赵云随后赶到，约定在江州会合。

张飞首战巴东郡，将其攻克。再往前，到达巴郡的郡治江州，遇到了顽强抵抗。经过一番激战，张飞攻破了江州，将严颜生擒。

诸葛亮随后与赵云也赶到了江州，在这里稍作休整。之后，分兵三路向益州腹地进发：第一路由张飞率领，由垫江向北，收服巴西郡，之后折向西南，去德阳等待会合；第二路由赵云率领，继续沿长江而上，攻占江阳、犍为等战略要地，之后迂回至成都东南方向；第三路由自己率领，由江州直接西进，攻占德阳，与张飞会合后直赴成都。

三路大军分头行动，进展都很顺利。张飞率部进军巴西郡，严颜给了很大帮助，巴西郡功曹龚谌投降，赵云也顺利地平定了江阳、武阳等地。

诸葛亮率部攻击德阳，遇到的抵抗最大。刘璋帐下司马张裔顽强抵抗，与诸葛亮战于德阳附近的柏下，经过激战，张裔被打败，退回成都。

三路大军从不同方向逼近成都，刘璋困于围城，坐卧不安。

刘备让法正给刘璋写了封信，进行劝降。信的大致内容如下：

“今国事已危，祸害在即，我虽身在外，内心一直在替将军着想。将军的本心我其实知道，您也不想与刘左将军交恶，之所以造成今天的局面，全是您手下那些不了解何为英雄之道的人造成的（卒至于是者，左右不达英雄从事之道）。”

“事情已如此，不要以为刘左将军的人马是远道而来，粮谷不多，而设想以多击少，旷日相持。从葭萌一路而来，所历辄破，雒城虽有万兵，也都不再有战斗力，双方实力对比，已不相当。”

“如果您手下有人想，再守百日，敌兵必然无粮而退，那就是一个错误的判断。现在这边营守已固，谷米已积，反观将军城池一个个被攻破，再守下去也是空守而已。张益德率数万之众，已定巴东，入犍为界，分平资中、德阳，三路大军齐进，将军还有什么资本？”

“现在，通往荆州的道路已被打通，增援部队还会源源不断而来，孙权将军又派他的弟弟以及李异、甘宁等将领作为后续部队（孙车骑遣弟及李异、甘宁等为其后继）。现在巴东、广汉、犍为各郡，一大半已不是您的了，巴西全郡也不为将军所有。坚城皆下，诸军并破，兵将俱尽，已入腹心，将军只能坐守成都、雒城，存亡之势，昭然可见。”

“法正我虽然已蒙不忠的名声（正虽获不忠之谤），然而心里还惦念着您的情义，为您现在处境而痛心。刘左将军考虑到和您是本家，他对您的友好之情未曾改变（从本举来，旧心依依），实在没有别的意思，我认为可以想想如何变通，化解现在的危局，以使您家族得以保全。”

司马光在《资治通鉴》归纳了法正这封信的中心意思，就是劝刘璋考虑一下，变化一下主人和客人的位置，以换取家族的安全。在这封信里，刘备借法正之口向刘璋表明态度，那就是他若肯降，可以保全其家族，希望刘璋三思。

这封信极大地动摇了刘璋顽抗到底的决心，但他内心里还抱着最后一丝希望，对于是否马上投降，还拿不定主意。

这时，发生了一件事，彻底击垮了刘璋的斗志。

建安十九年（214）年夏天，凉州名将马超突然来投刘备，极大地振奋了刘备所部的士气，成为压垮刘璋的最后一根稻草。

随着公孙瓒、吕布、袁术、袁绍、孙策等人先后离世，配得上天下名将称号的将领已经没有多少了，关羽、张飞、赵云尽管在后世名气很大，但放在当时，要跟马超比起来，还差得相当远。

潼关之战前马超曾联络刘璋一块行动，但刘璋拿不定主意，考虑再三，最后拒绝了。潼关之战后，马超逃回凉州，待曹操率大军撤走后，马超又蠢蠢欲动。

这时韩遂已死，马超联络了羌族首领阿贵、氐王千万等再次起兵，攻打效忠朝廷的郡县，马超同时联络了张鲁，张鲁派将领杨昂率兵助战。

马超率众人击破陇上各郡县，杀了曹操所署的凉州刺史韦康，占据冀城，自称征西将军，兼任并州牧。但是，后面的事越来越不可思议。仗让马超打得稀里糊涂，曹操没来，就连驻扎在长安的夏侯渊也没来，仅靠地方上的一些官民就把马超打败了，还杀了马超的妻子儿女。

马超走投无路，逃往汉中投奔张鲁。《典略》记载，张鲁开始对马超挺重视，任命他为都讲祭酒，还想把女儿嫁给他，但有人劝阻道："如果连自己的亲人都不爱，怎能去爱别人？"

马超起兵后，留在邺县的父亲马腾及全家上百口人都被曹操杀了，自己的妻子儿女也死在凉州。在一般人看来，明知自己的亲人为人质还要起兵，无论什么理由，这都是不仁和不孝。张鲁想想有理，打消了收马超为婿的念头。

马超在汉中街得挺难受，每次想起亲人更加痛心。《典略》记载，马超有一个姓种的妾，她的弟弟留在关中，后也来到了汉中，过春节时别人家都在团圆过年，只有这个小舅子陪他。

小舅子为他祝酒，马超悲从中来，搥胸痛哭，以至吐血（搥胸吐血）。马超说："阖门百口，死于一旦，仅剩咱们两个，还有什么可贺的？"

张鲁手下将领杨昂与马超不合，另一位将领杨白也嫉妒马超的才能，都想害他。马超害怕，不敢在汉中待下去，就从武都郡逃回氐中，在那里也无法立足，思来想去，天下之大，只有刘备这里有可能收留自己，于是辗转来到益州。

还有一种说法，认为马超的到来是刘备派人秘密联络策动的结果。《三国志》记载，被刘备派去策反马超的人叫李恢，通过李恢做工作，马超最后才投奔了刘备（遣恢至汉中交好马超，超遂从命）。

刘备听说马超到来，大喜过望，忙派人迎接。马超此行应该没带几个人，他在汉中新纳的妻子董氏以及儿子马秋还在张鲁手里，他的爱将庞德也没有随行，总之来得很匆忙，或者说很狼狈。

刘备看中的是马超的名气。《典略》记载，刘备悄悄给马超增兵，对外说是马超带来的，让他们屯驻在成都城北，然后宣称马超带凉州兵前来助战。城内本来就信心不足，听说名将马超和勇猛异常的凉州军来了，斗志终于彻底瓦解。

刘璋父子一向十分敬重的名士许靖当时担任蜀郡太守，他翻越城墙逃出去投降刘备（将逾城降），行动中被发觉，许靖被抓了起来。

刘璋对左右说："我们父子在益州20多年，对百姓没什么恩德，却给大家带来3年的战乱，百姓饥荒露宿，死于道途，这些都是因我而起，让我何以心安?"

刘璋终于决定投降。

刘璋派张裔出城，作为自己的谈判代表去见刘备。刘璋的条件很简单，只要保证自己及一家人的安全，他愿意和平让出成都。

刘备当然高兴，强攻只能把成都打烂，尸横遍野只能在士民中增加仇恨，他更看中益州的未来，对刘璋提出的条件他都答应。他向张裔表示，只要刘璋出城投降，一定会对他充分尊重并作出适当安排（礼其君而安其人）。

刘备命简雍随张裔一道进城，向刘璋当面重申自己的承诺。简雍在刘备手下，对重大决策发挥的作用一般，但他风度翩翩，谈吐不凡，很适合担任大使这一类的角色。

刘璋见到简雍，悬着的心放下了一半，他请简雍和自己同乘一车出城（璋遂与雍同舆而载），刘璋的手下们见此情景，不禁流下泪来（群下莫不流涕）。

刘备兑现了自己的承诺，把刘璋及其家人迁往南郡的公安居住，归还其财物，其中包括振威将军的印绶。

前后历时近3年，刘备终于如愿以偿地得到了益州。

53岁的刘备迎来了人生中的另一个高峰，起兵近30年来，刘备几乎年年都在打仗，过着刀尖上行走的日子，其间历经坎坷和挫折，几次濒临绝境。

自从5年前在隆中与诸葛亮一番晤谈后，竟神奇般地改变了自己的命运。先是与孙权联手战胜了曹操，继尔又占据了荆州大部，第一次拥有了亲手打下的一块地盘，之后发展势头不减，与曹操、孙权有了平起平坐的资格。

夺取益州虽然历经波折，但目的最终还是达到了，过程也基本圆满，不仅掠了地，也收了心。凭着耐心等待，一点点分化和瓦解敌人，初步树立了自己的威信，为下一步治理益州奠定了一个好基础。

不拘一格用人才

刘备率大军进城，有人欢喜有人忧。

欢喜的如许靖，投诚被发现，虽然暂时保住了一条命，但谁知道后面的结局怎样。现在好了，刘备来了，自己的性命算是无忧了。而那些本来就亲刘备的人，或者和法正、孟达等人一向交好的，也都盼着刘备早点进城。

还有一部分人抱着无所谓的心态，老板随时换，干活还得他们这些人，谁来掌管益州对他们来说其实无所谓。

但也有吓得要命的，比如那些说过刘备坏话的，或者在和刘备交战中比较卖力的，都担心刘备会秋后算账，其中刘巴就是最紧张的一个。

刘巴曾经是刘备赏识的人，也被诸葛亮所看好，但他一次次拒绝了刘备、诸葛亮的盛情，又在刘璋面前再三说刘备的坏话，现在刘备来了，刘巴很紧张。

《零陵先贤传》记载，刘备大军进城，刘巴对外宣称自己有病，闭门不出（闭门称疾）。刘备和诸葛亮却没有忘记这个老朋友，刘备专门向军中下达命令，谁都不得找刘巴的麻烦，有违抗的诛其三族（有害巴者，诛及三族）。

刘备见到刘巴时，很高兴。

大军进城，事情千头万绪，诸葛亮展示出杰出的理政才能，协助刘备处理各项事务。

《零陵先贤传》记载，在围攻成都时刘备与众人约定，如果成都攻破，府库里面的东西都归大家，他自己不要（若事定，府库百物，孤无预焉）。这条命令造成了混乱，正在需要大家各司其职做好各项工作时，许多人却找不到了，将士们都放下武器，奔向各个官府仓库，自行拿取那里的财物（士众皆舍干戈，赴诸藏，竞取宝物），几天后这种混乱才结束。

《华阳国志》记载，当时益州十分富有，刘备又下命令置酒大会，犒劳三军将士。刘备拿出城中大批金银颁赐给将士，把谷物布帛还给百姓（先主克蜀，蜀中丰富盛乐，置酒大会，飨食三军，取蜀城中民金银颁赐将士，还其谷帛）。

刘备的这次赏赐出手十分阔绰。《三国志》记载，刘备赏赐按功劳大小分成不同等级，享受到最高一档的有4个人，分别是诸葛亮、法正、张飞和关羽，赏赐的标准是黄金500斤，白银1000斤，钱5000万，锦缎1000匹，折算一下，不算锦缎，也合6000万钱以上。

东汉《食货志》记载，汉桓帝时一石米价格是50钱，6000万钱可以买120万石米，汉代1石合现在的60斤，120万石米相当于现在的7200万斤。按照现在的市价，以1斤米2.5元计算，相当于刘备给每人赏赐了1.8亿元。

除了诸葛亮等4位“亿万富翁”，其他人也都受到了不等的赏赐（其余颁赐各有差），跟随刘备一路披荆斩棘的将士们个个兴高采烈，这些年他们吃够了苦，受够了累，现在总算有了回报。

可有个别人还嫌不过瘾，提出了更宏大的想法。《云别传》记载，有人向刘备建议，说成都城里还有不少官家的房产地产，城外还有许多公家的园地桑田等，不如把这些也分赐给诸将（欲以成都中屋舍及城外园地桑田分赐诸将）。

分了钱，还要分房、分地，可见富贵如毒药，容易上瘾。

这样的提议一般都会受到大家的强烈欢迎，谁反对谁就是跟大家过不去。赵云不管这些，表示反对：“霍去病当初说匈奴未灭、无用家为，现在的国贼何止是匈奴，还没有到求安稳享乐的时候。只有到天下平定的那一天，大家各返故乡，再谈享受才合适（须天下都定，各反桑梓，归耕本土，乃其宜耳）。益州士民初罹兵革，遭受战乱之痛，田宅都应归还其主人，令其安居复业，然后制定差役、赋税政策，这样才能让大家安心。”

刘备当然不傻，知道赵云说得很对，采纳了他的建议。

东汉益州刺史部辖汉中郡、巴郡、广汉郡、蜀郡、犍为郡、牂牁郡、越巂郡、益州郡、永昌郡、广汉属国、蜀郡属国、犍为属国、巴东属国等13个郡国，有118个县，治所成都，辖区相当于今四川、云南、贵州等省大部及陕西、甘肃、湖北的一小部，在东汉13个州里面积排在第3位。

论富裕程度，益州的排名还要靠前，它被称为“天府之国”。

天府本为周代所设官职的名称，掌管钱财米粮、金银珠宝、图书文册等，在那个时候，这些东西都是一国的精华，天府之国指的就是充满了这些宝物的地方，是人间最富有的地方。

天府之国最早指的是关中。《战国策》记载，苏秦当年忽悠秦王，说秦王如何如何强大，如何如何富足，田肥美、民殷富，有战车万乘、精兵百万，沃野千里、蓄积饶多、地势形便，苏秦为了让秦王增加印象，于是总结道：“关中就是所谓的天府，是天下最牛的国家（此所谓天府，天下之雄国也）！”

秦朝占据关中统一了天下，然而未能休养生息，而是修长城、征徭役，又耗费巨大国力修建了阿房宫、始皇陵，这些超级工程动不动要征发民夫几十万，严重破坏了生产力，汉兴秦亡，关中于此式微。与此同时，第二任蜀郡太守李冰在成都平原修建都江堰，奖励农耕、发展生产，成都平原的经济获得极大推进，成为朝廷主要粮食基地和赋税来源，加之易守难攻的特殊地理位置，避免了战争的破坏，新的天府之国由此诞生。

成都地形舒缓，东部是广阔平原，西部众山拱卫，河流纵横，沃野千里，气候湿润，风景秀美，被李白称赞为“九天开出一成都，千门万户入画图”。蜀地行政中心自确定于此后，2000多年来始终没有发生过变迁，这在其他地区没有出现过。

刘备得到了富饶的益州，心中的宏图一下子展开，在他正要雄心勃勃大干一番的时候，却遇到了大麻烦，还是经济方面的问题。

《零陵先贤传》记载，刘备让大家进城后“各取所需”，事后又拨出巨款厚赏群下，结果造成了严重的财政困难（军用不足）。

刘备搞政治行，打仗也还行，但抓经济是外行。刘备问诸葛亮该怎么办，诸葛亮趁机向他推荐了刘巴。

《零陵先贤传》记载，刘备进入成都后对刘巴很厚待，但刘巴还是很清高，不太搭理人，刘备对他更不满。刘备曾生气地对诸葛亮说：“我欲平定天下，但这小子是专门来捣乱的（而子初专乱之）。他心里的真实想法还是想去北方投奔曹操，不过是借道这里罢了，哪里是帮我成就事业啊！”

诸葛亮赶紧替刘巴解释：“要论运筹于帷幄之中，我远远比不上刘巴（运筹策于帷幄之中，吾不如子初远矣）！如果论提棰擂鼓、集会军门、召

集百姓这些事，那就另当别论了（若提枹鼓，会军门，使百姓喜勇，当与人议之耳）。”、

刘备还对他说：“刘巴这个人，确实才智绝伦，不过也只有遇到我才能用他，如果不是我，他难以获得任用（子初才智绝人，如孤，可任用之，非孤者难独任也）。”

在诸葛亮推荐下，刘备把刘巴请来商量如何破解当前遇到的经济难题，这是刘巴的强项，加上他来益州的时间较长，对本地情况比较了解，在刘备看来一筹莫展的难题，刘巴自信地说：“容易（易耳）！”

刘巴随后向刘备提出平诸物贾的建议，物贾是物价，平诸物贾就是平抑物价。当时益州经济受到的是暂时性破坏，物价飞涨，百姓怨气很大，要收回人心，就先要平抑物价。

具体措施是铸造新的货币，一枚新货币等值百钱（当铸直百钱），然而以行政手段强制推行（令吏为官市）。从现代经济学的角度看，益州当时面临的经济问题是通货膨胀，也就是货币贬值。一种解决办法是增加物资供应量以平抑物价，使商品价格回归理性；另一个办法是默认贬值，不增加供应量，而增加货币投放量，建立新的物价秩序。

前一种办法解决问题比较彻底，但需要时间；后一种办法解决问题比较快速，但治不了根本，“刘巴经济学”是后一种模式。

刘备于是下令由官府专断发行大面值货币，增加货币供应量。《南史》记载，为推行货币新政，刘备下令收集旧钱和铜铸造新钱，他自己身体力行，把帐子上的铜钩都捐了出去（取帐钩铜铸钱，以充国用）。

《零陵先贤传》记载，新措施推行后，也就短短几个月时间，财政困难的局面便被化解（数月之间，府库充实）。

在人事布局方面，刘备采取兼容并蓄的方针，多方面延揽人才，重点建设左将军府和益州牧府两套班子，一个主武，一个主文。

左将军相当于大军区司令，进入成都后，刘备对手下武将的军职进行了重新调整，马超虽然新附，但影响力远在关羽、张飞等人之上，刘备表奏他为平西将军，是除刘备以外军职最高的。

关羽、张飞二人军职仍然是将军，诸葛亮被提升为军师将军，赵云被提升为翊军将军，黄忠被提升为讨虏将军，魏延被提升为牙门将军。

左将军府的日常事务，刘备交给诸葛亮来处理（署左将军府事）。同时，任命许靖为左将军府秘书长（长史），任命益州地方实力派庞羲为左将

军府司马，任命刘巴为左将军府人事处处长（西曹掾），马良等人担任其他各处的处长（掾）。

刘备在左将军府中还聘任了一批益州人士，让他们担任参事室主任（从事祭酒）、参事（从事）等类似于顾问的角色，主要有蜀郡人何宗、广汉郡人秦宓等。

在益州牧府，主要官员都是益州本地人，其中汉嘉郡人王谋当副州长（别驾），建宁郡人李恢当人事处处长（功曹）。

在各郡太守的选择上，既有本地人，也有外来的人。益州有2个郡最重要，一个是蜀郡，一个是益州郡。刘备任命法正担任蜀郡太守，同时还任命他为扬武将军，除了当太守，还领兵，说明法正在此时已深得刘备的信任。益州郡太守由诸葛亮兼任。

其他各郡国中，张飞兼任了巴西郡太守，费观担任巴郡太守，李严担任犍为郡太守，向朗担任牂柯郡太守，江阳郡太守是刘邕，朱提郡太守是邓方。霍峻守葭萌有功，刘备任命他为梓潼郡太守，早年跟随刘备的刘琰，被任命为固陵郡太守。

上述郡国中，有些不在益州13个郡国之列，是刘备陆续新设的，据史书记载，益州的郡国最多时曾达到27个。

这些人事布局，刘备特别注意做到各方面的平衡。益州本来就有本土派、东州派之争，他们到来后，格局更加复杂了。

刘备开始没打算重用许靖，原因是成都破城前许靖曾试图投降，刘备认为许靖在气节方面有亏欠。法正劝刘备："天下往往有一些人，有虚名但无其实，许靖就是这样的人。不过，主公始创大业，有些道理不可能挨家挨户去向大家说明（天下之人不可户说），许靖的浮名早已播流四海，如果不能以礼待之，天下之人就会认为主公不尊重人才。对许靖应当敬重，显示给远近之人，就像燕王当年对待郭隗那样。"

刘备认为有理，这才厚待许靖。

被刘备任用为巴郡太守的费观，身份比较特殊，他是刘璋的女婿。但费观很有文才武略，办事精明强干，条理清晰，为人又比较刚直，擅于辩论，常以钱财资助他人，讲义气又有原则，受到大家的尊敬与爱戴（扬威才干，欷歔文武，当官理任，衎衎辩举，图殖财施，有义有叙），所以刘备也加以重用。

费观有个族子名叫费祎，深得诸葛亮的信赖，是蜀汉后期的风云人物。

还有一个吴壹，也是刘璋的亲戚，他的族父是何进当年的部将吴匡，吴匡与刘焉有旧交，所以吴壹来到了益州。后来，吴壹的妹妹嫁给了刘焉的儿子刘瑁，刘璋任命吴壹为师长（中郎将）。吴壹后在涪陵之战中投降刘备。

刘瑁是个精神病人，刘焉为儿子娶吴壹的妹妹，是听了相面人的话，说她面相很好，日后必有大贵。刘备进成都前刘瑁就死了，吴氏寡居在家。此时，甘夫人已经去世，孙夫人回了江东，众人劝刘备聘吴氏为妻（群下劝先主聘后）。

刘备有些犹豫，并非因为吴氏是寡妇，而是觉得自己跟吴氏的前夫刘瑁都姓刘，怕人说闲话（先主疑与瑁同族）。法正劝刘备说："要论亲疏，怎比得了晋文公和子圉的关系呢（论其亲疏，何与晋文之于子圉乎）?"

《史记》记载，子圉是晋文公的亲侄子，他在秦国做人质，在那里娶妻，后来单独逃回晋国，秦国又把他的妻子嫁给了晋文公。

刘备于是纳吴氏为夫人，任命吴壹为护军。

宋代以后理学盛行，刘备的这桩婚姻受到了批评，一来娶了寡妇，二来娶了同族的孀妻。《三国志旁证》的作者梁章钜认为："法正误导刘备逾越礼法，刘备开始犹豫最后还是做了，君臣都有过失（法正导君以非礼，先主始疑而终遂之，君臣俱失）。"梁章钜还顺便批评了诸葛亮，认为诸葛亮应该在此事上对刘备进行提醒和劝阻，但他没有尽到责任。

刘备娶吴氏，可能是吴氏长得漂亮，刘备看上了，加上都在传说吴氏的面相很好，谁娶谁富贵，所以刘备想娶她。按照当时的伦理观，寡妇再嫁是很平常的事，曹操的众多夫人中至少有两位是已婚再嫁的，至于刘备和刘瑁同族，那都是300年前的事了。

再战老对手

建安十九年（214年）10月，也就是刘备攻入成都不久，曹操在合肥跟孙权打了一仗。这一仗曹操心事重重，所以仗也打得马马虎虎，后来干脆主动撤军了，走时留下张辽、乐进、李典守合肥，只给他们留了7000人马。

曹操把大部分主力集中起来，因为他有大用。

建安二十年（215年）4月，61岁的曹操亲率重兵征讨汉中的张鲁，出关中西部的大散关，7月前锋抵达汉中西面的门户阳平关，张鲁战败逃往大巴山，曹操占据汉中。11月，张鲁率家属从大巴山出降。曹操以天子的名义拜张鲁为镇南将军，封阆中侯，食邑一万户，封张鲁的5个儿子为列侯。

汉中与益州山水相连，消息传到成都，整个益州都震动了。《傅子》记载，曹操占领汉中首府南郑的7天后，有从蜀地投降过来的人说，蜀中听到汉中被占，一天之内数十惊，刘备虽然杀了不少人，也平息不了局面（蜀中一日数十惊，备虽斩之而不能安也）。

张鲁逃往大巴山时，副军长（偏将）黄权向刘备建议："如果失去汉中，则巴郡不可保，等于失去了益州的一条臂膀。"刘备于是任命黄权为护军，督率就近的各路人马前往巴郡迎接张鲁，可是晚了一步，张鲁投降了曹操。

曹操任命夏侯渊以都护将军的身份率张郃、徐晃所部留守汉中，派丞相府秘书长（丞相长史）杜袭以驸马都尉的身份负责处理汉中的政务，之后回邺县，过了一段时间，爵位由魏公晋升为魏王。

曹操走后，诸葛亮、法正等人都主张主动出击汉中，法正还向刘备进行了详细分析和策划："曹操一举收服张鲁，占有汉中，没有借此势头进图巴、蜀，只是留下夏侯渊、张郃屯守，自己率军北还，这并不是他战略目光短浅，也不是他力量有所不及，必然是他的内部出现了问题（此非其智不逮而力不足也，必将内有忧偪故耳）。"

"现在看，以夏侯渊、张郃的才略还无法胜任帅才，如果率大军前往征讨，必能攻克。攻克汉中后，在那里发展农业，积蓄粮谷（广农积谷），然后寻找机会，上可以彻底打败敌人，重振汉室；中可以蚕食曹魏的雍州、凉州，广泛开拓境土；下可以固守于要害，与敌人展开持久战（上可以倾覆寇敌，尊奖王室，中可以蚕食雍、凉，广拓境土，下可以固守要害，为持久之计）。这正是机不可失，失不再来呀！"

出兵汉中事关重大，刘备还有所犹豫，他最担心的，可能是曹操一旦率大军增援汉中，该如何应对，所以必须做出周密准备，才能保证此战的胜利。

建安二十三（218年）春天，刘备经过大量准备后，正式出兵汉中。

刘备命诸葛亮留守成都，负责后勤供应和补充兵员，自己率主力北上。

刘备把大军分成东、西两路：东路由自己亲自率领，包括法正、赵云、黄忠、魏延等部，由成都北上直取汉中；西路由张飞率领，包括吴兰、雷铜等部，向西攻击汉中的侧翼，目标是曹军在汉中以西的重镇下辩。

下辩在今甘肃省成县一带，是汉中郡的西邻，属曹魏武都郡，那一带羌族人聚居，考虑到马超在羌人中有很大影响力，刘备让马超随张飞行动。

负责镇守汉中的夏侯渊得知消息后，赶紧向远在邺城的曹操报告，曹操派曹洪、曹休率一支人马增援。

西路军已占领下辩，曹洪、曹休率军赶到，把他们围了起来。刘备、法正及时调整作战方案，让张飞率兵驻守下辩北面的固山，扬言要断曹洪和曹休的后路。但曹军没上当，继续猛攻下辩，最后将其占领。张飞、马超只好退回，西路军失败了。

虽然进攻遇阻，却没有动摇刘备进攻汉中的决心。刘备以法正为军师，率黄忠、赵云、魏延等部到达阳平关，张飞、马超赶来会合，做出攻打汉中郡的态势。

夏侯渊不敢大意，一边与张郃、徐晃等移军阳平关一带阻挡刘备的进攻，一边再次向曹操报告，要求进一步增援。

7月，曹操调集兵马，亲自增援汉中。

夏侯渊指挥张郃、徐晃等部挡住刘备的猛攻，让刘备没有太大进展。刘备派部将陈式等去断绝马鸣阁道，夏侯渊派徐晃阻击，把陈式打败。刘备又从广石发动进攻，张郃坚守广石，刘备攻之不克。

接连失利，刘备感到压力很大，他写信给留守在成都的诸葛亮，要求想办法补充兵员。接到刘备的来信，诸葛亮找来对益州情况很熟悉的杨洪，向他征求意见，杨洪说："汉中是益州的咽喉，存亡的关键，如果没有汉中也就没有益州了，不用多考虑！"

诸葛亮当机立断，代表刘备任命杨洪为蜀郡太守，负责办理征兵及后勤供应事宜，支援汉中前线。

9月，曹操率领的援军到达长安，但不知何故，他在此逗留了2个多月，这给刘备发起新一轮攻击创造了条件。

到了次年正月，刘备终于有了突破，前锋越过了阳平关，沿着汉水河谷向前推进了一段距离，到达定军山下。

汉中的核心地带是一块由汉水河谷扩展开的盆地，其四周都是高山，重要的城镇几乎都在中心地带的汉水两岸。阳平关是这块盆地的西大门，它也坐落于汉水之上。从阳平关沿着汉水往前，可以到达汉中郡的郡治南郑，但在到达那里之前还会遇到一处屏障，就是定军山。和汉中盆地周边的深山大川相比，它的海拔并不很高，主脉是由 12 座东西绵延的山峰组成，总长约 20 多里，其最高处海拔 800 多米，由此再往东，就是一马平川。

夏侯渊一看，急忙来救，双方展开激战。刘备发动夜袭，烧了曹营的鹿角。这时候夏侯渊驻守在西边的营寨，张郃驻守东边的营寨，刘备集中力量攻击张郃，张郃有点顶不住，夏侯渊把自己这边的守军分出一半增援张郃。《三国志》记载，夏侯渊是亲自率兵来增援张郃的，法正看到后，觉得机不可失，建议刘备不惜一切代价猛攻，直取夏侯渊。

刘备命黄忠担任主攻，咬住夏侯渊的增援部队不放，一阵猛打猛冲，曹军大败，曹魏的征西将军、博昌侯夏侯渊居然战死沙场，一同战死的还有曹操任命的益州刺史赵颙。

夏侯渊是曹魏整个西线战场的总指挥，相当于元帅级的人物，他猝然战死，曹军上下无不震怖（三军皆失色），大家惶恐不已，不知道该怎么办。

曹操的丞相府秘书长（丞相长史）杜袭此时在汉中任督军，曾在曹丕五官中郎将府担任过治安处处长（门下贼曹）的郭淮此时在夏侯渊军中当司马，他们二人收敛散卒，号令全军说："张郃将军是国之名将，刘备也有所忌惮。现在事情很紧急，非张将军不能主持大事。"

杜袭和郭淮共推张郃为临时统帅，张郃重新调整了部署，安好营寨，大家才稍稍安定下来。

定军山之战让一代名将夏侯渊丧命，也成就了另一位名将黄忠，同时让法正扬名天下。《三国志》记载，曹操后来听说了定军山之战的全过程后，记住了法正的名字。曹操之前就认为，老对手刘备没有这两下子，一定是有高人在旁边辅助（吾故知玄德不办有此，必为人所教也）。

曹操听说夏侯渊战死，震惊之外，也意识到汉中已危在旦夕，所以立即率增援部队向汉中急进，为节省时间，没走上次的路线，改走褒斜道。

建安二十四年（219 年）3 月，曹操出褒斜道到达汉中，两个老对手再次相逢了。

刘备采取先不与其争锋的对策（敛众拒险，终不交锋）。定军山大捷让他信心十足，刘备对左右说："曹操虽然亲自前来，必然会无功而返，我一定能拿下汉中。"

曹军的运粮队从北山下经过，队伍很长，黄忠认为可以袭击一下，把粮食劫过来。汉中是个不大的地方，突然间云集了双方这么多军队，军粮供应将是个大问题，如果能把对方的军粮劫过来，那对敌人将是双倍打击。

刘备派赵云跟随黄忠一块劫粮，黄忠先出发，赵云在后，但到了约定时间黄忠仍然未归，赵云率几十名骑兵出了营寨，去接应黄忠。

赵云刚出来就遇到曹军主力，双方展开激战，赵云身边只有几十个人，且战且退，奋力杀出重围。这时赵云发现部将张著负伤被围，赵云又折返回去，杀入重围把张著救了出来，之后杀回自己的营寨。

赵云的营寨已被曹操原先任命的沔阳县长张翼带人占领，张翼闭门拒守，赵云杀了进去，将营寨重新占领，之后把营门打开，偃旗息鼓。

曹军到后，看到这种情况怀疑营内有伏兵，不敢攻营，于是撤退。赵云不干，雷鼓震天，用弓弩射击曹军，曹军惊骇不已，自相践踏，还有不少人坠入汉水中淹死，这一仗被认为是三国时期真正的“空城计”。

第二天，刘备亲自到赵云营中视察，看到前一天的战场，不禁赞叹道：“子龙一身都是胆啊！”当天，刘备下令在营中摆酒庆贺，一直喝到晚上（作乐饮宴至暝），刘备军中称赵云为虎威将军。

战事进行得很激烈，《三国志》记载，有一次刘备形势不利，应该赶紧撤退，可刘备不肯，没有人敢劝。此时矢如雨下，法正急了，一下子挡在刘备身前，刘备喊着法正的字叫道：“孝直避箭！”法正说：“主公您都在亲自用身体挡箭石（明公亲当矢石），何况小人我呢？”刘备才冷静下来，下令撤退。

《魏略》记载，刘备屯兵在栖于山上，派养子刘封下来挑战。曹操大怒，骂道：“一个卖鞋子的小子，居然用养子抗拒你家主人（卖履舍儿，长使假子拒汝公乎）？待唤我家黄须儿来收拾你！”

黄须儿是曹操的儿子曹彰，因为胡须是黄色的被曹操呼为黄须儿，他刚刚领兵征服代郡的乌桓人。曹操还真下令让曹彰来，曹彰接到命令，从邺县昼夜西行。

双方相持了1个多月，都没有立即取胜的战机，刘备干脆来个拒险死守，跟曹操拼消耗。曹军连失重地，只能在南郑等少数据点坚守，时间长了后勤供应果然成了问题，由于吃不饱饭，曹军士兵有不少人逃跑开小差（操与备相守积月，魏军士多亡），还有些投降到敌人那里。蜀汉后来有一个挺有名的将领叫王平，多次随诸葛亮北伐，他原来是曹军的将领，就是在这个时候投降刘备的。

曹操萌生了放弃汉中的打算。《九州春秋》记载，有一天要确定曹营的口令，曹操顺口说了个“鸡肋”，大家不知道是什么意思。随同曹操出征的丞相府办公室主任（主簿）杨修听到后就开始收拾行李，大家很惊讶，问他何故。杨修说：“鸡肋这个东西，扔了怪可惜，吃吧又没什么味道（弃之如可惜，食之无所得），这就好比现在的汉中，我因此知道魏王想撤军了。”

杨修的理解是正确的，曹操实在不想把主力部队长期集中在汉中这个大山之中的小盆地里。合肥一线的孙权，襄阳一线的关羽，还有北方的公孙氏和乌桓人，哪一个都不让他省心。

近一两年来，曹魏控制区又频频发生叛乱活动，曹操已经有了心力交瘁之感。于是曹操下令从汉中全线撤退。

汉中王

汉中再次易手，这块战略要地在曹操手里前后才不到3年。

在汉中郡的东边有房陵郡、西城郡和上庸郡，这3个郡是曹操上次征张鲁后新设的，范围相当于今陕南、鄂西和川东北地区，其中房陵郡太守蒯祺是诸葛亮的姐夫。

刘备占领汉中后，想派人再取这三郡。法正推荐了孟达，刘备任命孟达为宜都郡太守，让他率部从秭归出发，进攻房陵郡。孟达是个能干的人，一鼓作气拿下了房陵郡，顺便把蒯祺杀了。

刘备派养子刘封从汉中出发，沿汉水南下与孟达会合，刘备特别明确，刘封到了房陵后可以领导孟达（统达军）。

这项决定看来很有问题，因为刘封此时的军职不过是副军中郎将，孟达作为郡太守无论年龄、地位还是功劳都远高于刘封，所以孟达对刘封很不服气，为日后矛盾爆发埋下了伏笔。

《三国志》记载，刘备担心对孟达难以控制（先主阴恐达难独任），才派刘封与他会合，刘备一定会把此去的真正意图告诉刘封，所以刘封才一直不把孟达当回事。

刘封指挥孟达继续攻打上庸郡，上庸郡太守申耽投降，为笼络申耽，刘备拜他为征北将军，这一军职甚至超过了马超，同时还让他兼任上庸郡太守，拜申耽的弟弟申仪为建信将军，兼任西城郡太守，曹操辛苦经营的汉中、房陵、上庸、西城一线全部落入刘备手中。

汉中大捷是刘备一生事业的顶点，此时刘备的个人声望也达到了空前高度，论地盘、实力以及个人声望，大家都认为刘备比曹操已经不差什么。3年前曹操已经称王，现在不少人认为刘备也应该称王，与曹操平起平坐。

汉初，高祖刘邦领着大家杀白马盟誓，使得异姓称王成为一个禁区，如果不姓刘，称王就是造反，天下人可以共诛之。所以，两汉几百年里，异姓而称王的没有几个。

曹操一生未称帝，但他离皇帝只有一步之遥，因为他是魏王。曹操的称王之路比较漫长，先是改三公制为丞相制，自己当上丞相，之后修改五等爵制，恢复了“公”这一爵位，又成为魏公。经过几次试探后，发现问题不大，才公开称王，成为魏王。

称王后，可以划出一块独立王国，一般有几个郡大，像朝廷那样设置三公九卿和办事机构，实施自治。曹操的魏国包括10个郡，比一个州都大。

刘备现在拥有荆州的大部和整个益州，算起来也有30多个郡了，论地盘比孙权大得多，仅次于曹操。刘备如果称王，有一点曹操比不了，他姓刘，尽管此刘非彼刘，但毕竟姓刘，加上刘备一向打着兴复汉室的口号，所以他要称王，政治上的反弹小得多。

在这种情况下，大多数人认为刘备称王的时机到了。

建安二十四年（219年）7月，刘备在汉中称汉中王。

曹操的魏王虽然出于己意，但好歹还有汉献帝的诏命，这一点刘备没法办到，表奏、遥拜也不合适，他称王的途径是劝进。

《三国志》记载，刘备手下重要官员120人联名向远在许县的汉献帝刘协上了一份表，报告汉献帝，大家一致推举刘备为汉中王，并兼任大司马。这120人里有平西将军马超、镇军将军许靖、营司马庞羲、军议中郎将射援、军师将军诸葛亮、荡寇将军关羽、征虏将军张飞、征西将军黄忠、镇远将军赖恭、扬武将军法正、兴业将军李严等。

在这份劝进表里，明确了汉中王官署设置的原则和封邑的具体范围，汉中王将严格遵循汉初以来诸侯王设置官署的规定，其封国范围是汉中等5个郡。

刘备下令在汉中郡沔阳县即今陕西省勉县作坛，陈兵列阵，在此举办了称王仪式。仪式上，先宣读了准备送呈汉献帝的表奏，之后刘备登坛，拜受汉中王玺绶，戴上王冠。

汉末异姓称王，不算宋建、王国那样的土皇帝，曹操是第一个，刘备是第二个。

把群臣的表奏送出，刘备紧接着以汉中王的身份再向汉献帝上了一份表，重申了群下奏表中的内容，强调了自己忧国效忠的想法。和这份表奏一同送往许县的，还有当年曹操以汉献帝名义拜刘备为左将军、宜亭侯的印绶。

刘备以汉中王身份下达的第一份诏令，是立吴壹的妹妹为王后，即穆王后，立刘禅为王太子。吴壹的妹妹嫁给刘备后又为刘备生下一个儿子刘永，但刘备深知立嗣问题异常重大，稍有不慎就有灭国之灾，前车之鉴已多不可数，所以直接明确了12岁的长子刘禅接班人的地位。

随后，刘备以汉中王的身份任命关羽为前将军，张飞为右将军，马超为左将军，黄忠为后将军。之前在所有武将中，申耽的征北将军最高，马超的平西将军为次，现在军职最高的是关羽。

《三国志》记载，在酝酿这项人事安排时诸葛亮有不同意见，主要是黄忠骤然与关羽、张飞等人同列，担心关羽不好接受。

诸葛亮说："黄忠的名望一向不如关羽、马超，现在和他们同列，马超、张飞在跟前还好办，亲眼目睹了黄忠的功绩，尚可以理解（马张在近，亲见其功，尚可喻指）；而关羽不在跟前，他听说了，恐怕不会高兴（羽遥闻之，恐必不悦），是不是再慎重考虑一下？"

定军山一战黄忠立下大功，刘备考虑了诸葛亮的意见，但仍然坚持原来的想法，他对诸葛亮说："我会去做关羽的工作（吾自当解之）。"

返回成都前，刘备宣布了留下镇守汉中的人选。

汉中虽是一个郡，但在众人心中此时跟荆州的重要性不差上下，所以必须挑选一个与关羽旗鼓相当的人镇守这里。众人议论较多的人选是张飞，就连张飞自己都这么认为（飞亦以心自许）。

但是，当刘备把留守汉中的正式人选公布后，所有人都大吃一惊。刘备选的人不是张飞，也不是黄忠或赵云，他选的是魏延。这个任命太出人意料，军中上下一片惊讶（一军尽惊）。

魏延此前是牙门将军，虽然升得够快的了，但在军中的地位并不算太高。刘备下令，提拔魏延为镇远将军，兼任汉中郡太守，负责汉中一带的军政事务。

曹操用人一向讲究程序，越级提拔是孙权常干的事，现在刘备也出人意料地干了一回。刘备做出这个重要决定的深意，历来也倍受猜测。有人认为这表明刘备的防范心理很重，提拔新人，是在培养和强化绝对听从于自己的势力。

但也许没有这么复杂，刘备善识人，他了解每个部下的优点和缺点。张飞虽然资历老、威望高，对自己的忠诚更没有问题，但现在要的不是将而是帅，有的人永远是将才而非帅才。同样都很勇敢，同样能打硬仗，张飞或许显得头脑有些简单，而魏延就灵活得多。

刘备也知道提拔魏延有的人心里肯定不服，所以有意力挺。在行前召集的大会上，刘备故意当着大家的面问魏延："如今委你重任，你有什么打算（今委卿以重任，卿居之欲云何）？"

魏延气壮山河地回答："如果曹操倾天下之兵而来，我替大王挡住他；如果曹操只派一般将领带10万人马前来，我替大王吞了他（若曹操举天下而来，请为大王拒之；偏将十万之众至，请为大王吞之）！"

刘备立即表示赞许，大家也被魏延的豪言壮语所感染（众咸壮其言）。

荆州突变

汉中归来，刘备心里还惦记着给诸葛亮说过的话，觉得关羽那边确实需要安抚，所以特意派益州前部司马费诗去荆州，授给关羽前将军的印绶。

前将军在四方将军中地位最高。关羽成为武将之首，很满意，认为自己名至实归。但正如诸葛亮所料，当他听说就连黄忠都担任了后将军时，立刻就火了，不肯受拜。关羽直言不讳地对费诗说："我不愿意跟一介老兵同列（大丈夫终不与老兵同列）！"

遇到这种情况一般人当场就傻眼了，但费诗胸有成竹，一番劝导下来，关羽转怒为喜，接受了任命。费诗日后成长为出色的外交家，多次出使孙吴，以能言善辩著称。

在关羽坐镇荆州的这段时间里，局势并不平静。

孙权夺取益州，孙权既后悔又气愤，向刘备提出归还荆州的问题，刘备以装糊涂应对，写信给孙权说："等得到了凉州，再将荆州归还（须得凉州，当以荆州相与）。"

孙权忍无可忍了，没有这样耍人的，得了益州要得凉州，得了凉州是不是还要再得长安、洛阳？孙权不管那一套，于建安二十年（215 年）直接任命了长沙、零陵、桂阳 3 个郡的太守，单方面去接收上述地盘，但被关羽赶了回来。

孙权急调吕蒙率兵 2 万来攻打这三郡，吕蒙向三郡官民发布公告，长沙郡和桂阳郡望风归服，只有零陵郡太守郝普守城不降。

刘备急了，当时汉中之战还没开始，刘备命关羽以武力还击，刘备亲自赶到公安，就近指挥。孙权当仁不让，也赶到了陆口。

这件事闹得很大，差点儿打起来，但后来双方都冷静了下来，还是达成了和解。双方同意，以湘水为界将荆州一分为二，湘水以东的长沙郡、江夏郡、桂阳郡归孙权，湘水以西的南郡、零陵郡、武陵郡归刘备。

孙权应该比较满意，当初他让出的地盘仅是半个南郡而已，如今却拿回来差不多 3 个郡。刘备做出让步的原因，是因为马上要去打汉中，跟孙权必须维持良好关系。

关羽送走费诗，此时大概是建安二十四年（219 年）8 月，江汉突降大雨。这场雨下得很大，不仅连下数天，而且雨量充足，汉水暴涨。

曹军在荆州前线的主要据点襄阳和樊城都在汉水边上，一个是汉水南岸，一个是汉水北岸，汉水发了大水，水势很猛（平地数丈），城池及军营都被淹了。曹军南部战区司令（征南将军）曹仁感到紧张，命徐晃守宛县，左将军于禁率立义将军庞德屯兵樊城外，与樊城成觭角之势，曹仁自己守樊城。

看到这场大雨，关羽突然产生了一个大胆想法，他想趁机率军北上，出击曹军占领的要地樊城和襄阳。关羽命南郡太守糜芳守江陵，将军傅士仁守公安，其他主力随他一同北上，其中包括江陵的水军。

这一仗打得特别顺手，可以说占尽了天时、地利、人和。关羽一路北上，绕过襄阳，把主攻目标锁定在樊城。当时樊城外驻有曹军七八万人，但由于汉水大涨，他们受了淹，于禁等人仓皇避到高处，发现关羽率领水军乘大船向他们袭来。于禁没有水军，只能坐以待毙，最后无奈之下向关羽投降。立义将军庞德被俘后不降，被关羽杀了。

樊城外围的曹军主力全军覆没，在樊城内坚守的曹仁汲汲可危，城里到处是水，房屋大量崩坏，曹仁杀白马盟誓，与大家死守。

驻守襄阳的曹军是吕常部，也被关羽围了起来，襄阳和樊城成为大水浸泡下的两座孤城，周边的驻军和官民纷纷投降了关羽，包括曹操任命的荆州刺史胡修、南阳郡太守傅方等高级官员。

许县以南的梁县、郏县、陆浑县等地变民纷纷起事，他们杀害曹魏任命的地方官员，接受关羽任命的职务和印绶，与关羽遥相呼应（为之支党），关羽的个人声望达到顶峰（羽威震华夏）。

这时候，在汉中惨败的曹操才走到洛阳。面对荆州急转直下的形势，一生经历过无数艰难险阻的曹操也一筹莫展，看到关羽的势头还有不断扩大之势，为保证汉献帝的安全，曹操甚至想将天子转移到别的地方以避关羽的锋芒（魏王操议徙许都以避其锐），后被丞相府办公室主任（主簿）司马懿、丞相府人事处副处长（西曹属）蒋济等人劝阻。

司马懿等人建议一方面调集周边的曹军去增援，另一方面联络孙权，共同对付关羽。

孙权本来是刘备的同盟，但关羽突然大打出手，改变了荆州的现状，孙权既不满，更不安。《典略》记载，关羽发起樊城战役时，孙权主动派人来见关羽，请求助战（权遣使求助之），关羽挺高兴，允许孙吴的人马联合作战，但他并不知道孙权此举另有打算。

孙权暗中命令参加联合作战的部队进军速度不要太快，结果惹得关羽很不高兴，这时关羽已经俘虏了于禁等人，气势如虹，对孙权派来的联络官说："你们这帮畜生敢这么对我（貉子敢尔）？等我拿下樊城，看我怎么灭了你们！"

孙权得到报告，知道已经把关羽激怒了，但觉得戏还没有演够，又亲笔写了封信给关羽表示陪罪，同时答应关羽，自已将亲自率兵前往助战（许以自往）。

孙权只是用这些办法稳住关羽，让他放松警惕。

鲁肃这时已去世，接替他的是鹰派的吕蒙。吕蒙早就建议孙权夺取荆州，为进一步麻痹关羽，孙权和吕蒙商量，对外宣称吕蒙病了，而且病得挺重（遂称病笃），孙权用公开命令（露檄）的方式召吕蒙回建业养病。

接替吕蒙的是陆逊，也是一个鹰派，孙权任命他为副军长兼前敌副总指挥（偏将、右部督），代替吕蒙任总指挥，进驻陆口。陆逊上任后，马上写信吹捧关羽，在信里还暗示自己愿意向关羽效忠，以求有个好前程。

关羽对后方彻底放心（大安），樊城、襄阳久攻不下，关羽便从后方的南郡、公安等地抽调一部分人马到前线。陆逊密报孙权，孙权决定动手。

大约在建安二十四年（219 年）10 月底至 11 月初之间，对外宣称养病的吕蒙悄悄抵达柴桑以西的寻阳，在此组织精兵和船只，把士兵藏在船舱里，让老百姓划船，外面的人扮作商人，昼夜不停地逆长江而上。长江沿岸有关羽布置的不少哨兵（屯候），吕蒙把他们全都抓起来，所以关羽还不知道背后发生的情况。

关羽留在后方负责军政事务的是南郡太守糜芳和将军傅士仁，关羽向来心高气傲，一直瞧不起这两个人。此次出兵，糜芳、傅士仁负责后勤保障，中间难免有供应不及时的地方，关羽很生气，威胁说回来后要收拾他们（还，当治之）。

吕蒙了解到其中情况，派人前去劝降，结果这二位就投降了，吕蒙兵不血刃顺利进入江陵。

关羽听说，如五雷轰顶，立即下令撤军。孙权派多路人马合围关羽，关羽败退至麦城，此地在今湖北省当阳境内。这一年 12 月，关羽和他的儿子关平、部将赵累等人被吴军俘虏，后被斩杀于南郡境内一个叫临沮的地方。

对刘备来说，短短三四个月时间里荆州的形势简直如过山车一样，开始一片大好，后来急转直下，关羽竟然被杀，荆州全部失守！

曹操也喘了口气，不过仅 1 个月后，他便因病于洛阳去世，享年 66 岁。

随后，上庸、西陵、房陵三郡也出现了连锁反应，孟达担心刘备追究他不增援关羽的责任，加上与刘封平时矛盾很深（达既惧罪，又忿恚封），于是投降新继位的魏王曹丕。

刘封无法立足，逃回成都。刘备十分生气，在诸葛亮建议下，刘备将刘封赐死。糜芳投降了孙权，他的哥哥糜竺把自己绑起来到刘备那里请罪。刘备对他进行了安慰，对他仍然信任如初，但糜竺很羞愧，于一年后得病去世。

称帝武担山

关羽被杀，荆州和三郡丢失，孟达投降，刘封被赐死。

刚刚成为汉中王的刘备，迎来了一连串恶梦般的事件，尽管他已习惯了起起伏伏，但这样的打击对他而言也十分沉重。

不幸的事情还没有结束，担任汉中王秘书长（尚书令）的法正和后将军黄忠又先后去世了。法正是如何死的史书记载不详，与孟达叛降有没有关系不得而知，他的死对刘备打击也很大。

建安二十五年（200 年）10 月，魏王曹丕在众人拥戴下经过 19 次辞让，终于同意改朝换代，建国号为魏，改年号为黄初，降汉献帝刘协为山阳公。经刘邦亲手创建、刘秀中兴的两汉终结，历时 422 年。

对刘备来说，荆州的事要先放一放，眼前有一个更迫切的问题，这就是汉献帝退位后他的地位问题。作为汉中王，他原来尊奉的是汉朝天子，现在天子是魏朝的曹丕，这个汉中王变得很尴尬。

孙权也面临着这个问题，不过他好办，曹丕称帝后，他马上称臣，被曹丕封为吴王。孙权知道，荆州的事没有完，刘备马上就会向他复仇，所以要把曹魏死死抓住。

刘备不能那么做，长期以来，他一直告诉拥戴他的官民，曹操是汉室的敌人，他是汉室的维护者。这种观念已深入人心，成为一种意识形态，如果突然转向，一定会让大家无所适从，思想上产生混乱。加上汉中之战抢了人家的地盘，杀了夏侯渊，其中的复杂性远非孙权能比。

诸葛亮等人分析了当前面临的严峻形势，提出了一个破解危局的办法，那就是也称帝，但不是建立新的王朝，而是把刘汉的旗帜在成都重新树起来，刘协下去了，刘备上来接着干。

这是一招妙棋，能解决当前面临的政治问题和意识形态问题，可刘备却顾虑重重，不同意这么干（先主未许）。

《三国志》记载，诸葛亮对刘备进行了劝说：“过去吴汉、耿弇等人劝光武帝刘秀即帝位，光武帝辞让，前后多达四次，耿纯最后进言：‘天下英雄仰慕期盼着您登上帝位，大家跟着荣华富贵（天下英雄喁喁，冀有所望）。如果您不答应，大家就各自寻找新主人，不跟您了（士大夫各归求主，无为从公也）。’光武帝深感耿纯之言，终于答应。现在曹氏篡汉，天下无主，大王您是刘氏苗裔，理应代汉而起，现在即帝位正合时宜。众人跟随您这么久，吃了这么多苦，想法跟耿纯其实是一样的（士大夫随大王久勤苦者，亦欲望尺寸之功如纯言耳）。”

诸葛亮借耿纯之口向刘备说出了一个道理，称不称帝不是刘备个人的事，是大家的事，如果他执意不肯，就是伤了大家的心。

在共同的事业中，领导和下属其实是一个命运的共同体，大家休戚与共、荣辱共担，有成就一同分享，有困难共同克服。领导的一切都会对下属产生巨大的影响，所以在做出事关个人进退的决定时，假如有选择的可能，一定要想想这件事对下属们会带来什么后果。

刘备听完，跟刘秀一样也幡然醒悟，同意称帝。

汉献帝退位的消息在益州传开后，大多数人也都认为刘备应该称帝。率先向刘备上言称帝的是张裔、黄权、杨洪、何宗等人，他们在上言中把一些神秘预言和所谓瑞兆结合起来，用以论证刘备应当称帝的合法性和合理性。

但也有一些不同意见传出来，《三国志》记载，时任益州前部司马的费诗上言，认为曹操父子逼迫汉主退位，当务之急应当聚集力量、讨伐叛逆（纠合士众，将以讨贼），现在大敌在前，而先自立为帝，恐怕会招致大家的猜疑。

费诗的话还相当激烈，他说：“过去刘邦、项羽等人相约，先破秦者为王。后来刘邦攻破咸阳，俘获子婴，仍然谦让不为王。现在您还没有迈出去讨伐敌人，却在此谋求自立（况今殿下未出门庭，便欲自立邪），愚臣认为不可取！”

作为益州本地出身的官员，刘备和诸葛亮对费诗还是相当器重的，先任命他为牂牁郡太守，又调他回益州府任前部司马，前不久还派他前往荆州宣布对关羽的任命，没想到在称帝这个问题上他却持强烈反对的态度。

紧接着，继任法正担任汉中王秘书长（尚书令）的刘巴也反对称帝。《零陵先贤传》记载，刘巴认为现在这么做时机不成熟，应当缓一缓再说（巴以为如此示天下不广，且欲缓之），刘巴还拉上刘备的办公室主任（主簿）雍茂一起去劝谏。

费诗、刘巴可能并没什么别的政治动机，但他们不是战略家，只看到其一没看到其二，知小处却不识大体，不知道刘备现在称帝决不是满足个人野心那么简单，而是争霸大业的迫切需要。

这让刘备很为难，为防止反对称帝的人一哄而上，刘备祭出了狠招，找了个借口把雍茂杀了。刘巴吓得够戗，不再多言，费诗被贬到永昌郡任参事（从事）。

压住了反对声浪，上书拥护称帝的人多起来。史书记载，群下单独或联合上书的达800多人。最后，诸葛亮、许靖、糜竺以及太常卿赖恭、光禄勋卿黄柱、少府卿王谋等重臣做了总结性上书，劝刘备顺应民意。

魏文帝黄初二年（221年）4月，60岁的刘备在成都西北郊的武担山举行继位仪式，杀黑色公牛祭祀，宣读了由刘巴起草的祭天文诰，宣布承续汉祚，受皇帝玺绶，建年号章武，大赦天下。

《蜀本纪》记载，武都郡有个男子不知何故突然变身为女人，长得很漂亮，蜀王娶她为妻。由于不服水土，又思念家乡，她没多久就死了，蜀王很悲伤，命士卒涉长途去武都郡担土，把此女葬于成都附近，高10丈，称为武担。

虽然新朝廷一直自称是刘汉王朝的延续，刘备不称登基而称继位，但历史上还是把它与刘邦建立的汉朝予以区分，习惯称它为蜀汉。

蜀汉皇帝刘备下达诏令，宣布沿续献帝朝的做法，中央政府实行丞相制，由诸葛亮任丞相，这一年诸葛亮40岁，距他离开隆中有13年了。

刘备下诏拜马超为骠骑将军，仍兼任凉州牧，进爵为嫠乡侯。拜张飞为车骑将军，兼任司隶校尉，进爵为西乡侯。骠骑将军高于车骑将军，蜀汉阵营的武将排位又出现新变动，马超再次成为武将之首，刘备如果是蜀汉武装部队总司令，马超、张飞相当于副总司令。

刘备还策命穆王后为皇后，刘禅为皇太子。刘禅已经14岁了，为加强对他的教育，刘备选派了强大的辅导班子，任命董允、费祎、霍弋为太子舍人，任命来敏为太子家令，任命尹默为太子仆。

同时，刘备命太子刘禅纳车骑将军张飞的长女为妻，策命为太子妃，张飞的妻子、刘禅的岳母，就是之前提到过的夏侯妹妹。

愤怒的长江

刘备的心思并不在当皇帝，而是复仇。

孙权夺取荆州后，一方面对曹魏称臣，另一方面对蜀汉摆出了强硬姿态。《三国志》记载，孙权为了巩固荆州，把吴王的王都由建业迁到荆州刺史部的鄂县，即今湖北省鄂州市，孙权下令将其改名为武昌，划出附近的武昌、下雉、寻阳、阳新、柴桑、沙羡等6个县新设武昌郡。

春秋时楚王封儿子熊红为鄂王，在这里曾修过鄂王城，汉末此城已废，孙权下令在此基础上大规模修建城墙和护城河，具体位置大约在今鄂州市区东面的百子畈一带。不过，孙权所修的武昌城并不是今天人们所熟知的武昌，而是古武昌，距离现在的武汉有60多公里。

就在刘备武担山称帝的4个月后，武昌新城筑就，孙权正式入驻，随即向全军下达命令："存不忘亡，安必虑危，这是古人的教诲。从前隽不疑是汉朝的名臣，在太平年代也刀剑不离身，可见君子对于武备不能停止。"

孙权摆出要打仗、打大仗的准备，更激起了刘备的怒火，刘备决定马上东征，夺回荆州，教训孙权。

哪知蜀汉阵营里却起了争论，有人表示坚决支持，也有不少人表示反对（群臣多谏）。刘备意志已决，对于任何反对意见，一概不听（一不从）。

赵云反对最坚决，《云别传》记载，赵云劝刘备，当前最大的敌人是曹魏而不是孙权，应该先灭曹魏，到那时孙吴不用打自会臣服。赵云还进一步建议道："当前应当进图关中，占据黄河、渭河的上游，从那里征讨曹魏，关东义士必将响应。千万不能把曹魏搁置起来去伐吴，一旦与孙吴交兵，不能马上见分晓啊（兵势一交，不得卒解也）。"

副军长（偏将）黄权也坚决反对伐吴，他劝刘备："吴人战斗力很强，现在伐吴是顺流而下，进攻容易撤退很难（水军顺流，进易退难），请派我为先驱，先尝试进攻，陛下随后接应（臣请以先驱以尝寇，陛下宜为后镇）。"

劝谏的人还有多少，让刘备很心烦，干脆来了个杀一儆百。益州参事室主任（从事祭酒）秦宓也来相劝，他以博学著称，又通占卜谶纬，他认为此时伐吴并不吉利（宓陈天时必无其利），刘备下令把秦宓抓起来（下狱幽闭）。

刘备不算刚愎自用的人，在对待伐吴这件事上他为何如此坚决以至于近乎偏执呢？想起来恐怕有两个原因，一是过于悲愤，二是有点儿自信。

孙权反目，关羽被杀，荆州全失，刘备认为这场大败不是败于战场，而是败于阴谋和背叛，这样的恨会让人欲罢不能。孙权得手后的一系列举动更被认为是挑衅，刘备不能咽下这口气。

何况，荆州是未来攻取北方、统一天下的基础，如果不能把荆州夺回来，他只能退缩在益州一地，战略上失去了主动，这也是刘备不愿意看到的。

讨伐孙权是否有胜算，刘备的看法恐怕与赵云、黄权不同，他可能会认为曹操都不是对手，孙权更不在话下。占领益州、汉中后，刘备的军事实力确实增长很快，虽然荆州丢了，但整体军力应该高于孙权。孙权虽然迁都武昌，但在荆州他还立足未稳，自己在荆州毕竟经营了多年，只要大军一到，那些暂时投降了孙权的郡县必然响应支持，民心应该在自己这一边。

太愤怒和太高兴的时候都不要轻易做决定，因为这种时候头脑最不冷静。

蜀汉章武元年（221 年）7 月，刘备整合人马，出兵伐吴。

具体的部署是：刘备亲自率 4 万人马由成都出发东进，任命吴班、冯习为左右领军，相当于前敌正副总指挥，任命张南为前锋，偏将黄权以及赵融、廖淳、傅彤、杜路、刘宁、陈式等分别统领各部；车骑将军张飞率所部 1 万人马由巴西郡的阆中南下，两支人马相会于江州。

综合《三国志》的记载，随刘备出征的还有尚书令刘巴、侍中马良、太常卿赖恭、光禄勋卿黄柱、少府卿王谋、大鸿胪卿何宗、太中大夫宗玮、从事祭酒程畿、从事王甫等人。

刘备虽然很有信心，但还是有点不安。《神仙传》说，蜀郡当时有个奇人叫李意其，此人很神，大家都不知道他到底年龄有多大，传言他已经活了几生几世（传世见之）。而这个李意其也故弄玄虚，说自己是汉文帝时候的人，大军出发前，刘备专门把他请来对他尊敬礼遇，让他算一算此次讨伐孙吴的结果（先主礼敬之，问以吉凶）。

李大师很神秘，不说话，要来纸笔，画了几十张兵马军器仪仗之类的东西，画完一一撕了，又画了一个大人，挖了个坑埋于地下。弄完这些，李大师仍不说话，在众人目瞪口呆之际扬长而去。

刘备不解何意，但心里有点儿不舒服，一种不祥之感向他袭来。果然，噩耗来了，大军还没有出发，刘备突然接到报告，说阆中方面有人来紧急报告情况。

刘备大吃一惊，顺口说了句：“啊，难道是张飞不在了（噫，飞死矣)!?”

让刘备猜中了，确实是张飞的死讯。张飞接到刘备的命令，立即整顿所部人马准备开赴江州与刘备会合，但是临出发前发生了叛乱，手下部将张达、范强二人把张飞杀了，持其首级逃到了孙权那里。

《三国志》说，关羽善待士卒，看不起读书人，张飞和他相反，尊敬读书人却不爱惜士卒（羽善待卒伍而骄于士大夫，飞爱敬君子而不恤小人），刘备曾就此提醒张飞：“你待手下过于严厉，对下面的人整天责罚鞭打，又让他们在你左右，弄不好就会出事（卿刑杀既过差，又日鞭挝健儿，而令在左右，此取祸之道也）。”

张飞听了，但性格还是不能改，此次叛杀事件，可能与此有关。

大战在即，先损大将，刘备在悲痛之余心中的不祥之感更浓重了，但复仇之心又多了几分急切，刘备下诏，追谥张飞为桓侯，这是刘备称帝以来首位被赐予谥号的大臣。张飞的长子张苞死得比较早（早夭），由次子张绍承嗣张飞的爵位。

刘备下令，大军仍按原计划出发。

孙权立即做出部署，迎击蜀军。他任命 38 岁的镇西将军、右护军陆逊为总指挥（大都督），统一指挥集结于荆州各地的朱然、潘璋、宋谦、韩当、徐盛、诸葛瑾、步骘、鲜于丹、孙桓等部人马。《三国志》记载，上述各部人马总数约为 5 万人。

陆逊把前沿各部人马分成 6 部，从最西面的固陵郡一直到公安，组织起 4 道防线，各分重兵把守。

刘备率大军出了三峡，首站来到白帝城，在此建立总指挥部，命前锋张南以及吴班、冯习等部继续进军。双方的首战发生在巫县、秭归一带，吴班、冯习在此击破吴军的陆议、李异、李阿所部，分别占领了这些地方。

章武二年（222 年），刘备把总指挥部推进至秭归。

为防曹魏趁自己与孙权交战之际从江北发起突袭，刘备升任黄权为镇北将军，让他督率江北各路人马以防魏军。在江南方面，武陵郡的五溪蛮主动前来归顺，刘备大为高兴，命令侍中马良前往武陵郡招纳五溪蛮，分别授予各君长以官职，各部落都很满意（蛮夷渠帅皆受印号，咸如意指）。

原以为是场恶战，没想到开局这么顺利，刘备于是命令吴班和冯习等部继续向夷陵进军，如果再攻下此城，就扣开了荆州的大门。

负责指挥夷陵防守的是陆逊本人，他下令闭城不出，双方陷入对峙。

刘备命吴班以数千人平地立营，在夷陵城外发起挑战。《三国志》记载，吴将看到吴班人马不多，纷纷建议出击，陆逊认为刘备此举必然有诈，不能盲目出击，只能再观察一下（此必有谲，且观之）。

《吴书》记载，陆逊对大家说："刘备举军东下，锐气正盛，且居高守险，难以立即攻破，即使发起进攻可以把他们打退，也难以全歼（攻之纵下，犹难尽克），而稍有不利，则损我大局。现在应告诫将士，静观其变。此地如果是平原旷野，静观恐怕会遭受敌人突然袭击，而蜀军一直缘山行军，兵力难以展开，我们可以抓住这个弱点慢慢将其拖垮（若此间是平原旷野，当恐有颠沛交驰之忧，今缘山行军，势不得展，自当罢於木石之间，徐制其弊耳）。"

陆逊的意思是打持久战，不要幻想一战退敌。但这些话并没有说服大家，众人都认为陆逊胆小惧战，心里愤愤不平（诸将不解，以为逊畏之，各怀愤恨）。

这确实是刘备的一个计策，眼见陆逊闭城不出，刘备很着急，故意让吴班示弱于吴军，引诱吴军出城交战，他已在山谷间埋伏了重兵，准备打吴军的伏击。

见陆逊不上当，刘备下令把埋伏于山谷间的8000人马撤出，消息传到城内，众将对陆逊开始信服。

兵败夷陵

夷陵历来都是军事重镇，是吴军的第二道防线，这里城坚池深，城内物资储备充足，不是一朝一夕可攻下的。刘备改变思路，命张南率一部人马攻打夷陵附近的另一处战略要地夷道。

防守夷道的是安东中郎将孙桓，他是孙权的侄子。孙桓的父亲叫孙河，是孙坚的族子，早年追随孙坚四方征讨，深得信赖。

张南率部将夷道围住，孙桓不支，向陆逊求救。

陆逊不同意支援夷道，众将急了："孙桓可不是一般的人（孙安东公族），眼见他被围困，怎能不救?"

陆逊解释道："孙桓平时深得将士之心，夷道城内粮食充足，没什么可担忧的，等我运用计谋，夷道之围不救自解。"

陆逊虽然是总指挥，但手下这些将领多是孙策时代的旧将，有的是公室宗亲，有的是江东大族，他们依仗资历或者地位，向来骄傲自大，不大听话（诸将军或是孙策时旧将，或公室贵戚，各自矜恃，不相听从）。对于陆逊一再避战，众将领的不满情绪日增，有时也会当面表现出来。

有一次，陆逊火了："刘备天下知名，曹操都有所忌惮，现在就在我们的对面，他是很强大的（今在境界，此强对也）。诸君并受国恩，担当重任，应当和睦同力，共翦此敌。我虽是一介书生，但受命于主上（仆虽书生，受命主上），之所以让诸君屈居听命于我，是因为主上觉得大小事件我能把握分寸，又能忍辱负重。大家各自都有承担的任务，希望不要推阻!"说到这里，陆逊一按佩剑，厉声道："军令就在那里摆着，请别冒犯（军令有常，不可犯矣)!"

陆逊强压了大家的不满，但这苦了孙桓，听说陆逊不发兵来救，孙桓十分怨忿。

其实这又是刘备的一招，想通过进攻夷道逼迫陆逊出战，之所以选择夷道，也是看中了孙桓的身份。刘备以为夷道是陆逊的必救之地，哪知陆逊不吃这一套，他铁了心不出战，来了个油盐不进，刘备无奈。

这时候已经到了6月，围困夷陵已有几个月时间了，仍然看不到破城的希望。

在相持不下的情况下，刘备再次调整部署，命各路蜀军分头占据附近的要地，就地扎营，你打持久战，我也奉陪。

自秭归沿长江而下，蜀军各部人马先后扎下了50多处营盘，连绵不绝，有数百里，最东端抵达了猇亭。

猇亭目前是湖北省宜昌市所辖的一个区，在其周围分布着葛洲坝、三峡等重要水利输纽。在三国时代，这里还是一个小地方，位于长江岸边，地势险要，悬崖峭壁，江水湍急，暗礁丛生。

相传有一位将军驻防此地，见这里是兵家必争之地，就命工匠修了一座亭子以示纪念。亭子竣工，将军来视察，见亭上楹栏上刻一动物的图案，形似虎却类犬，将军大怒，责问工匠此为何物，工匠吓坏了，急中生智说此乃老虎猎食时的姿态，名为猇，将军由怒转喜，命工匠刻“猇亭”二字于亭上，这就是猇亭名字的由来，留传至今。

有人甚至说，这位将军就是张飞，他曾任宜都郡太守，驻扎过此地。但这只是传说，史书中没有记载。“猇”是虎的吼声，也引申为猛虎，以此作地名的还不少，山东省就有古猇县。“亭”是县以下的行政机构，相当于乡。猇亭应该是南郡所辖的夷陵县或夷道县的一个乡。

吴蜀这边大动干戈，曹魏那边也在紧张地注视着他们双方的一举一动。

《三国志》记载，曹丕之前曾召集谋臣讨论刘备会不会给关羽报仇。大多数人认为，蜀国是个小国，名将只有关羽，关羽死后，蜀国忧惧，无力惹起战端。

侍中刘晔不同意这个看法，他说：“蜀虽小国，但刘备这个人生性威武自强，势必兴师动众以显示他的力量。况且关羽和刘备，于公是君臣，于私形同于父子（且关羽与备，义为君臣，恩犹父子）。关羽死了不能为他兴军报仇，在情份上是始终说不过去。”

后来刘备果然出兵，孙权倾全国之力应对，对曹魏遣使称藩。孙权的使臣来到洛阳，朝臣皆贺，刘晔这时提出了一个颇为大胆的建议。

刘晔说：“孙吴以江、汉为天险，向来无内臣之心。陛下虽然功德盖天，但像孙权这样的人也无法让他感动改变。孙权因难求臣，不能相信他。孙权现在内外交困，所以才派使者前来，可见其情况之窘迫。现在正是时候，可以突然向他发起袭击（可因其穷，袭而取之）。一日纵敌，数世之患，不可不察!”

刘晔的这一招绝对够狠，从孙权本人到他手下的精兵强将此刻都在大气不敢喘地盯着蜀汉，后方十分空虚，如果曹魏从合肥方向突然出击，孙吴的长江天险就很容易攻破，三国之中孙吴十之八九先被灭了，三国鼎立的局面可能提前结束。

但不知为何，刘晔的建议提出后，没有下文。

《傅子》记载得更详细一些，刘晔替曹丕分析了形势，说当时天下虽然三分，然而曹魏独占其八，吴蜀各保其一，他们现在还相互攻伐，正是天欲亡之。刘晔建议趁着孙吴将重兵集结于夷陵一线的时机，渡江攻击孙吴的后方，孙吴外有蜀汉的进攻，内有我方的袭击，快则十天，慢则一个月，必然灭亡（蜀攻其外，我袭其内，吴之亡不出旬月矣）。

刘晔认为，孙吴灭亡蜀汉就孤单了，刘备即使趁机也侵占了孙吴的一些地盘，但他们必然不能长久，何况即便孙吴被一分为二，蜀汉得到的也是其外围，我们得到的才是核心（蜀得其外，我得其内）。

曹丕想了想，认为这个方案不可行。曹丕道："人家称臣愿降，而我们要讨伐他，这会让那些也想来投降的人失去信任（疑天下欲来者心），这个实在不可，我们为何不接受孙吴的投降，而去袭击蜀国的后方呢乎？"

曹丕的思路是反的，干脆联合孙吴，一块收拾蜀汉，效果不是一样吗？

刘晔不同意，他的理由是："蜀汉远而孙吴，如果听说我们兴兵讨伐，他自然会回军，我们的目的难以达到。现在刘备已经愤怒，听说我们也去攻打孙吴，知道孙吴必亡，一定会更加积极攻击而与我们争夺孙吴的地盘，不会改变原来的打算，这是必然的。"

刘晔看得很清楚，你要打刘备，是仓促间打不着的，因为益州北有秦岭、汉中，东有长江上的重重关隘，你要打他就会缩回去，你毫无办法。而孙权却是现成的一盘菜，如果下决心，他必定玩完。

曹丕还是没有接受这个建议，但也没有按照他说的借机攻打蜀汉，如果他这时出兵汉中，或者由上庸三郡向蜀汉的三巴地区攻击，虽然不是刘晔说的上策，但最少也是中策，结果怎么样很难说。

曹丕没有接受刘晔的建议，是因为他缺少战略眼光吗？不一定。曹丕比其父差点劲，但绝不是庸才，更不是蠢才，他之所以没有采取断然措施在吴蜀争斗中搅一下局，是因为他才登基，没有绝对把握的事不能做，现在做壁上观不失为一步稳棋。

《三国志》记载，就在刘备拉起数百里连营与吴军对峙时，曹丕评论说："刘备看来太不懂军事，岂有营寨连绵七里余里而可拒敌的？'苞原隰险阻而为军者为敌所禽'，刘备犯了兵家大忌，孙吴的捷报不日可至！"

曹丕在这里引用了一句现在已失传的古代兵法，其大意是在杂草丛生、地势平坦、潮湿低洼、艰险阻塞等处安营的军队，一定会被敌人打败擒获。

就在曹丕说完这些话后的几天，蜀军果然败了。

这一年的 6 月是个闰月，在相持数月后，陆逊决定发起战略反攻，他上疏孙权，报告了情况，准备立即行动。众将不解："要进攻也应该在当初，现在蜀军已深入 500 多里，双方相持 7 个多月了，各处要地都被他们占领固守（其诸要害皆以固守），发起攻击必无法得利。"

陆逊冰："刘备是狡猾的敌人，他经历过的事情很多，刚开始集结，他用心专一，此时不能进攻。现在他已经在这里很久了，不能取胜，士气受挫，又没有新的计策，夹击此敌，正是现在（犄角此寇，正在今日）!"

陆逊命令攻击蜀军其中的一营，但是未能取胜。众将更不满了，抱怨道："这是让士卒白白送死啊（空杀兵耳）!"

换成别的主帅，此时该崩溃了，但陆逊的内心很强大，也很有信心，他对众将说："我已经找到破敌的办法了（吾已晓破之之术）!"陆逊命令再次发起攻击，这回每个士卒手里拿一束干茅草，用火攻的办法对付蜀军，结果收到了奇效。

农历闰6月正是夏末秋初，长江中游一带气候干燥，有时还会刮起大风，这些都利于火攻。蜀军夹山筑营，地势狭促，一旦起火，施救困难，各地兵营同时燃起大火。

《孙子兵法》说："用火辅助进攻，必然会收到奇效；用水来辅助进攻，攻势必能增强（以火佐攻者明，以水佐攻者强）。"算起来，这已是十几年来长江沿岸燃起的第二把著名的大火了。就兵法而言，不必非得创新，那些好使的招数，照搬照学就行。

吴军趁势发起全面反击，蜀军被连破40多座营寨，蜀将张南、冯习及助战的胡王沙摩柯等战死，杜路、刘宁等被迫投降。刘备仓皇逃出兵营，退入马鞍山，赶紧部署兵力自卫（备升马鞍山，陈兵自绕）。现在叫马鞍山的地方有20多处，此马鞍山不在安徽省，而在湖北省宜昌市西南。

此时，除陆逊督本部猛攻外，韩当、朱然、诸葛瑾等也同时督率所部进击，蜀军士气瓦解。

《三国志》称，蜀军死了几万人。《傅子》的记载更具体，说蜀军被杀的超过8万人（杀其兵八万余人，备仅以身免）。夷陵之战蜀军战死的人数肯定没有8万人那么多，刘备带来的人马之前说是4万，加上张飞的1万也不过5万，再加上其他部队，总兵力也仅在"数万"这个层面上，《傅子》说法有点夸张了。

但无论如何蜀军损失惨重，一夜之间战局已经急转直下了。

刘备知道，如果待陆逊指挥大军合围上来，自己将被困于马鞍山无法脱身，于是连夜突围。

这次突围狼狈异常，《三国志》记载，山路崎岖，骑马很危险，刘备是被驿人抬着闯出的重围。为了逃命，驿人们焚烧了身边像铙、铠甲这样的东西，才阻住了敌人的追击（备因夜遁，驿人自担，烧铙铠断后）。

按照元代史学家胡三省解释，刘备发兵夷陵，沿路设置许多驿站，从夷陵直到白帝城，一路都有，刘备成功突围，最后依赖的是被这些驿站里的人。铙是一种乐器，驿人们烧的可能是它的木柄。

《水经注》记载，驿人烧铙铠之处名叫石门，在秭归县以西。《通典》有类似记载，说巴东县有石门山，是刘备烧铙断道之处。

这说明，刘备的亲随几乎打光了，《傅子》说刘备“仅得身免”不算夸张。

刘备一路狼狈而逃，一口气跑了几百里，总算退到白帝城。沿途刘备看到的全是惨像，蜀军的舟船军械、水军步军的物资损失殆尽，尸体漂流在江面上，有的地方堵起来很高（塞江而下）。

刘备是打了一辈子仗的老兵，但此情此景仍然让他惊骇悲愤，他大呼道：“我居然被陆逊打败羞辱，难道这是天意吗（吾乃为逊所折辱，岂非天邪）！”

刘备一行仓皇逃至上夔道时，发现情况不妙，前面的道路已被吴军截断。

挡在刘备逃亡路上的吴军将领，正是曾被蜀军围困于夷道的二十五岁小将孙桓。刘备听说是他，更是忿忿然，他曾在京口见过孙桓，孙桓是孙权的侄子，刘备是孙权的妹夫，孙桓见了刘备还得喊一声表姑父呢。那时孙桓还是个青春期没结束的少年，现在居然挡住表姑父不让走。

刘备忿恚道：“我在京口，孙桓还是小儿，没想到他今天也会逼迫我至此啊！”

后来，刘备一行放弃大路，从山里面翻越险隘才得通过。

到了白帝城，稍加喘息，各路战报陆续传来，不仅已知的张南、吴班、冯习等人战死，蜀军主要战将也几乎无一幸免。

《华阳国志》记载，傅彤为掩护刘备撤退而负责殿后，他们作战十分勇敢，傅彤身边的士卒一个个倒下，最后只剩下他一个，但傅彤依然斗志不减。吴军劝他投降，傅彤骂道：“吴狗，我大汉将军哪有投降的?”最后战死。

《华阳国志》还记载，益州参事室主任（从事祭酒）程畿乘船溯流而退，吴兵快要追到了，大家都说：“敌人马上就来了，快弃大船乘小舟逃命吧（后追将至，宜解舫轻行）！”程畿答道：“我在军中，从来不习惯在敌人面前逃命！”结果也战死。

刘备虽然到了白帝城，但这里蜀军并不多，依然危险重重，大家都劝刘备快走，但是刘备不想走了。

损失巨大，惨不忍睹，悲伤难忍，死就死在这里吧！

幸好，这时有两支蜀军人马迅速靠近白帝城，众人才稍稍安心。

一支是由牙门将向宠率领的队伍，《三国志》记载，当时蜀军各营几乎全部损失，只有向宠的军营得以保全。向宠，是诸葛亮的同学向朗的侄子。

另一支人马是由益州方向赶来的，巴西郡太守阎芝听说前线吃紧，紧急征兵，加上本郡原有人马，凑齐了5000人，命汉昌县长马忠率领赶到白帝城护驾。

马忠是巴西郡人，少为郡吏，后被举为孝廉，任汉昌县长。刘备和马忠谈话，对他大为赞赏，对身边的尚书令刘巴说，马忠是与黄权不相上下的人才。

夷陵方向兵败突然，负责警戒江北魏军的黄权毫无准备，想跑都来不及了，被吴将陆议率部围困，由于道路隔绝，黄权所部成为孤军，最后不得已投降了曹魏，被曹丕拜为镇南将军。

江南的一路也未免，马良奉刘备之命纠合武陵郡的五蛮溪等少数民族部落，本意是想助攻孙吴，结果陆逊在夷陵动手的同时，驻防长沙郡的吴将步骘也突然出击，马良不敌，被杀。

现在，刘备退至白帝城，而吴将李异、刘阿等率部跟踪而至，前锋已达白帝城外的南山。

《吴录》记载，刘备在白帝城给陆逊写了封信，信中说："听说曹魏大军已经进逼江陵，而我也要重新东进，将军认为有没有这样的可能呢（贼今已在江陵，吾将复东，将军谓其能然不）？"

陆逊接到刘备的来信，知道刘备的用意，于是回复道："贵军刚刚大败，元气大伤，现在请求和好是为自己考虑，哪还能再勉强用兵？如果还有其他打算，定会全军覆没，一个都跑不了（若不惟算，欲复以倾覆之馀，远送以来者，无所逃命）。"

这时孙权也亲自赶到了夷陵前线，见到陆逊。陆逊认为与蜀汉的战事可以告一段落了，现在战略重点已经发生了转移，当务之急是防备曹魏背后突袭，主力应迅速回防，不宜再追击刘备，朱然、骆统等人支持陆逊的意见。

而在此时，留守在江州的翊军将军赵云星夜驰援，率大部人马赶到了白帝城，刘备不担心了。孙权见状，命李异、刘阿等从白帝城外撤回，将前锋驻扎于秭归。

托孤感后人

刘备在白帝城，不想走了。

白帝城是鱼复县的治所，鱼复这个名字有点别扭，有点像“鱼腹”。刘备下诏改鱼复县为永安县，并在白帝城建行宫，打算长住。

尽管遭受一连串打击，但刘备并没有被击垮。越是艰难时刻，越显示出刘备身上的英雄本色，不急于回成都，就是他稳定目前蜀汉大局的重要决定。夷陵大败的消息传到益州，除了悲伤，还造成了极大的惶恐和震动，而这时刘备仍然在前线，说明蜀国虽然打了败仗，但并未伤及根本。而如果仓促回了成都，那谣言必然无法止住，益州南方一带的郡县本来就充满动荡，到那时还指不定会怎么样呢。

这时，诸葛亮派射援到白帝城，汇报益州的情况。射援是汉末名将皇甫嵩的女婿，诸葛亮让他除了汇报益州的军政大事外，还专门汇报了太子的情况。

刘备远征，太子等于监国，诸葛亮不仅尽心辅助，而且很关心太子的教育和成长。据《诸葛亮集》所载的有关资料，诸葛亮亲自为太子挑选阅读书籍，重点是《申子》、《韩非子》、《管子》和《六韬》4 部书。

为强化太子对这些经典著作的学习，诸葛亮在百忙之中把它们亲自抄了一遍给太子。仅《韩非子》一书就有 10 万多字，诸葛亮日理万机，却能完整地抄一遍，可见他对这些著作的重视，也体现出他希望刘禅尽早成材的殷切之情。

诸葛亮让射援向刘备汇报，说太子的智慧和度量成长得很快，超乎了期望（智量甚大，增修过于所望）。

刘备听到这些汇报，心情大为好转。

《三国志》记载，此时孙权突然做出了令人震惊的一件事，他派出使者来到白帝城向刘备请和（孙权闻先主住白帝，甚至惧，遣使请和）。

这的确匪夷所思，作为战胜者，孙权此时正兵强马壮，士气正旺，而刘备是败军之将，手下能打的武将死的死、降的降，哪有力量实施反击，在这种情况下孙权怎会主动求和呢？

几个月前还杀得人家尸横遍野，可能谈和吗？但孙权就是孙权，他认为不仅完全可行，而且势在必行。

后世有人评论说，曹操、刘备、孙权这三位三国基业的创立者各有所长，曹操长于军事，刘备长于政治，而孙权长于外交。

在外交方面孙权常有惊人之举，比如为了对付曹操他主动联合比自己弱小得多的刘备，比如为了抢夺荆州他突然放弃孙刘联盟转而与曹魏结盟，再比如他突然向曹魏称臣，这些需要的不仅是勇气，更是对时局和时机的精准把握，所以每一次都收到了奇效。

孙权认为，虽然跟刘备结下了深仇大恨，但对于自己的求和，刘备还得接受。从感情上说，刘备当然不愿意也不能接受，但理智起来，刘备觉得接受比不接受更为有利。

于是，刘备在白帝城派太中大夫宗玮回访孙吴，双方讲和。

孙权突然在此时求和，是因为他跟曹丕闹翻了。孙权向曹丕称臣后，曹丕让他把儿子送到洛阳当人质，孙权不愿意，一直拖着不办，等打败了刘备，曹丕又派人来催，孙权干脆不理。

曹丕大怒，认为自己上当了，决定讨伐孙吴，于这一年 9 月派征东大将军曹休出洞口、大将军曹仁出濡须口、上军大将军曹真包围南郡，三路大军齐发，孙权的压力巨大。

孙权一面组织力量反击，一面向刘备求和，希望刘备不要趁人之危，从背后再给自己一刀。

别说一刀，就是捅他三刀五刀都不解刘备心中的恶气，但是刘备无奈，因为他现在实在没那个力气了。

赵云率部移防永安后，刘备担心成都空虚，怕一旦生变，诸葛亮无法处置，于是在章武二年（222 年）年 10 月，诏令诸葛亮在成都南郊和北郊各建一座兵营（冬十月，诏丞相亮营南北郊于成都），以备不测。

这时已是深冬，刘备病倒了。据《诸葛亮集》所载刘备给太子的诏书，刘备得的是痢疾，后来引起了其他并发症，越来越严重（初疾，但下痢耳，后转杂他病，殆不自济）。

刘备已经 62 岁，在那个时候已经是人生暮年。一生戎马，几起几伏，备受磨难，在晚年又遭受一生中最大的挫折，对刘备的打击实在太大了。

刘备预感不好，章武三年（223 年）2 月，派人去成都，请诸葛亮来永安一趟。诸葛亮接到诏命赶紧动身，半点不敢耽误。

到了永安，诸葛亮赶紧去拜见刘备，刘备向他安排后事。

《三国志》记载，刘备对诸葛亮说："你的才能比曹丕高出十倍，必能安邦定国，可以成就大事。如果嗣子值得辅佐，你就辅佐他；如果他不是那块料，你可以自取（君才十倍曹丕，必能安国，终定大事。若嗣子可辅，辅之；如其不才，君可自取）。"

从字面上看，"君可自取"四字的意思是"你可以自己干"，也就是把帝位让给诸葛亮。诸葛亮闻言涕泣不已，立即向刘备表明心迹："我一定竭尽全力，忠心辅佐，至死不变（臣敢竭股肱之力，效忠贞之节，继之以死）！"

刘备于是宣布诏令，托孤于诸葛亮，以李严为副。

刘备又给太子颁布了一份遗诏，在遗诏里首先说了自己的病情，说明生老病死是人之常情，让他们兄弟不要悲伤。接着说射援来后，报告了刘禅的情况，他十分高兴。刘备还说，你父亲德行浅薄，不要效仿他（汝父德薄，勿效之），平时要多读一些书，诏令中除了提到诸葛亮为刘禅手抄过的 4 部书外，还增加了《汉书》、《礼记》和《商君书》等 3 部书，要求刘禅多读。

在这份遗诏里，刘备留下了一句名言："不要以为是小恶就去做，不要以为是小善就不去做，只有具备了贤能和德才，才能够服人（勿以恶小而为之，勿以善小而不为。惟贤惟德，能服于人）。"

《诸葛亮集》里保存的文献记载，刘备弥留之际把鲁王刘永叫到床前，对他说："我死之后，你们兄弟要把丞相当做父亲一样看待，你们和丞相只是共事而已（吾亡之后，汝兄弟父事丞相，令卿与丞相共事而已）。"

刘备共有 3 个儿子，除了太子刘禅，还有鲁王刘永和梁王刘理。《三国志》记载，刘备给太子刘禅颁布了另外一份诏令，让他今后要好好地和丞相诸葛亮一块共事，要待诸葛亮像父亲一样（汝与丞相从事，事之如父）。

刘备在留给儿子们的遗言中一再强调他们以后跟诸葛亮的关系是共事、从事，这在帝王的遗嘱中是少见的。刘备之所以这么说，是基于他对儿子们的了解，知道靠他们的才能不足以延续蜀汉的基业，同时刘备更了解诸葛亮，深知他的才能和人品，说这样的话正是对诸葛亮的无限信任。

安排完这些事，刘备才放心地闭上了眼睛，终年 63 岁。

这一天，是蜀汉章武三年（223 年）农历 4 月 24 日。